# Conclusiones

# Primer Encuentro Nacional
# de Pastoral Juvenil Hispana
# —PENPJH—

## Universidad de Notre Dame, IN
## Junio 8-11 de 2006

**National Catholic Network de Pastoral Juvenil Hispana — La Red**

La portada de esta publicación y el símbolo del Encuentro representan a la juventud hispana en la Iglesia —simbolizada por la barca— y llamada a tirar la red de su acción pastoral en mar abierto, como Jesús lo pidió, abarcando a todo Estados Unidos, representado en el mapa. Estas imágenes inspiraron la reflexión de las 126 diócesis participantes en el proceso del Encuentro.

En la fotografía de la p. 5, proporcionada por la Revista *Maryknoll* y usada con permiso, aparecen de izquierda a derecha: Obispo Plácido Rodríguez, presidente del Comité de Obispos para Asuntos Hispanos; Jesús Ábrego, presidente de la National Catholic Network de Pastoral Juvenil Hispana — La Red; Rey Malavé, Coordinador Nacional del Encuentro; Luis Soto, vicepresidente de La Red y Animador del Encuentro Nacional, y el Arzobispo José H. Gómez, moderador episcopal de La Red.

En la fotografía de la p. 43, aparecen Carole Goodwin, presidenta de la *National Federation for Catholic Youth Ministry;* Jesús Ábrego, presidente de La Red, y Patricia C. Manion, representante de la Mesa Directiva de la National Catholic Young Adult Ministry Association. Usada con permiso.

La fotografía en la p. 98 corresponde al encuentro diocesano de la Arquidiócesis de Atlanta y es usada con permiso de la Oficina de Pastoral Juvenil.

El resto de las fotografías fueron proporcionadas por el periódico *El Pueblo,* de la Arquidiócesis de Denver. Usadas con permiso.

Las citas bíblicas fueron tomadas de la *Biblia de América,* © La Casa de la Biblia 1994. Usadas con permiso.

Logo del Encuentro
y portada del libro  Alicia María Sánchez

OCUS
Comunicación visual

Impreso en Estados Unidos de América – Printed in the United States of America

United States Conference of Catholic Bishops - Publicación num. C2893

ISBN 978-0-6152289-3-8

# ÍNDICE

# TERCERA PARTE: ESTADÍSTICAS SOBRE LOS PARTICIPANTES

# CUARTA PARTE: APORTES DE LOS CONFERENCISTAS MAGISTRALES

# GLOSARIO DE TÉRMINOS

# INTRODUCCIÓN

# Archdiocese of San Antonio

P.O. Box 28410 • San Antonio, Texas 78228-0410
Phone (210) 734-2620
Fax (210) 734-0708

Office of the Archbishop

Mis muy queridos jóvenes y asesores juveniles,

Algunos de ustedes participaron en el valioso proceso del Primer Encuentro Nacional de Pastoral Juvenil Hispana, del cual presentamos las conclusiones; otros hubieran querido hacerlo, pero sus estudios y trabajos se los impidieron; otros recién conocerán este Encuentro histórico a través de esta publicación. A todos ustedes dirijo estas palabras de aliento y desafío.

Como Moderador Episcopal de La Red — National Catholic Network de Pastoral Juvenil Hispana — quien convocó y organizó este Encuentro, quiero animarlos a seguir siendo parte de la historia de la Iglesia entre nuestra juventud latina en Estados Unidos. Estas páginas representan horas, meses, años y décadas de labor en la viña del Señor, llevada a cabo por jóvenes hispanos que han transmitido a Jesús vivo y dador de vida a sus compañeros.

En muchas ocasiones, estos jóvenes apóstoles y profetas han pasado desapercibido a los ojos de las personas; pero no a los ojos de Dios ni de aquellos jóvenes cuya vida fue tocada, sanada y transformada por su mano amiga que anunciaba a Jesús. Ésta es la grandeza de la pastoral juvenil: Dios se hace presente en la juventud, manifestando el amor redentor de Jesús a través de otros jóvenes que al abrirse al Espíritu Santo, se convirtieron en discípulos y misioneros suyos.

Quiero hoy volver la mirada a esos jóvenes testigos de Jesús, que precedieron a la generación actual de jóvenes hispanos, líderes en sus parroquias y movimientos apostólicos. Quiero enfatizar mi gratitud al liderazgo juvenil hispano de hoy, ofrecerle mis oraciones y apoyo a través de La Red, en la que sirvo con alegría y esperanza. Quiero también agradecer a los asesores y coordinadores en la pastoral con jóvenes y adolescentes así como a los agentes de pastoral que los acompañan, porque con su acción eclesial permitieron que llegásemos a ese Primer Encuentro.

Pero no basta con esto. El número tan significativo de jóvenes hispanos en nuestra Iglesia de hoy y del mañana clama por una acción pastoral organizada y eficaz. Cada diócesis y parroquia necesita encontrar la mejor forma de servir a su juventud latina, ya sea en grupos hispano-parlantes, en un ambiente latino bilingüe, o integradas en grupos multiculturales.

Nuestra misión es que todo joven encuentre en la Iglesia su casa y su camino para llegar a Dios. Todo joven católico tiene el derecho de descubrir su vocación bautismal, de discernir el estado de vida al que está llamado, a ser evangelizador y misionero en su ambiente, a tener oportunidad de capacitarse como líder.

Pero todo derecho viene acompañado de responsabilidades. Exhorto a todos, jóvenes y asesores, obispos y sacerdotes, religiosos y laicos adultos, a que tengamos una opción preferencial por la juventud; desvivámonos por servirla, pues ella es fuente de energía y renovación para la Iglesia. Los invito pues, a "tejer el futuro juntos".

Acompañados de Santa María de Guadalupe, Emperatriz de América, sigamos nuestra labor,

+José H. Gomez

Mons. José H. Gomez, S.T.D.
Arzobispo de San Antonio
Moderador Episcopal de La Red

**La Red**
National Catholic
Network de Pastoral
Juvenil Hispana

## MESA DIRECTIVA

**Presidente**
Jesús Ábrego
Diócesis de Beaumont

**Tesorera**
Liliana Flores
Arquidiócesis de Denver

**Secretaria**
Elizabeth Torres
Diócesis de Yakima

**Vocales**
Marissa Esparza
Diócesis de San Diego

Leonardo Jaramillo
Arquidiócesis de Atlanta

**Moderador Episcopal**
Arzobispo H. José Gómez
Arquidiócesis de San Antonio

**Miembro ExOfficio**
Alejandro Aguilera-Titus
Oficina de Asuntos Hispanos
USCCB

**Consultores**
Carmen M. Cervantes, EdD
Instituto Fe y Vida

Mario Vizcaíno, SchP
South East Pastoral Institute

703 Archie St.
Beaumont, TX 77701
409-838-0451 Ext. 153
jabrego@dioceseofbmt.org

Queridos jóvenes y amigos en la Pastoral Juvenil,

Con gran humildad y alegría, tengo el privilegio de presentar a la iglesia de Estados Unidos, el resultado del trabajo que miles de jóvenes latinos hicieron a lo largo y ancho del país. Por año y medio, con dedicación y entusiasmo, analizaron, reflexionaron y oraron desde su realidad local —en muchos casos en unión con sus párrocos y sus obispos— con la esperanza de que su palabra sea escuchada y su acción pastoral considerada.

El contenido de este libro incluye las voces de adolescentes y jóvenes latinos, que representan a sus compañeros inmigrantes, hijos de inmigrantes y de familias con muchas generaciones en esta nación. Esta juventud constituye en la actualidad casi la mitad de la población católica joven estadounidense.

Por muchos años los líderes jóvenes en la Pastoral Juvenil Hispana soñaron con organizarse a nivel nacional. El proceso del *Primer Encuentro Nacional de Pastoral Juvenil Hispana* lo permitió, energizándolos para llevar el Evangelio de Jesús a todos los rincones del país donde los jóvenes latinos trabajan y estudian.

Junto con bellos signos de fe, amor y esperanza, las conclusiones en estas páginas denotan lágrimas de tristeza y un clamor que pide atención humana y apoyo pastoral. Es un trabajo de base, hecho por jóvenes convencidos de que Dios ha llenado de dones esta porción de la iglesia, para cumplir su misión como parte de la iglesia universal.

El recuerdo más grande que guardo del Encuentro Nacional que culminó tantos meses de trabajo, es la entrada de los 1930 participantes al centro de convenciones de la Universidad de Notre Dame. Sus paredes retumbaban con sus cantos y alegría apasionados.

Con el mismo entusiasmo y amor a nuestra iglesia y a nuestra juventud, hagamos que este escrito llegue a todas y cada una de las parroquias en este país. ¡Qué las voces y acciones de los jóvenes hispanos, continúen la misión de Jesús y transformen nuestra sociedad para que se asemeje más a la que Cristo desea ver!

Pidamos a Nuestra Madre de Guadalupe que nos haga instrumentos de evangelización, como en 1531, cuando convirtió a San Juan Diego en el máximo evangelizador del Continente Americano.

Con Jesús hasta el final,

*Jesús Ábrego*
*Presidente de La Red*

**Reinardo Malavé**
Coordinador Nacional del PENPJH
520 South Magnolia Avenue
Orlando, FL 32801
Tel. (407) 843-5120 * Fax. (407) 649-8664
rmalave@bsaorl.com

**Convocado por**

National Catholic Network
de Pastoral Juvenil Hispana
-La Red-

**Copatrocinadores**

Comité de Obispos
para Asuntos Hispanos, USCCB

Subcomité de Obispos
para Adolescentes
y Adultos Jóvenes, USCCB

Universidad de Notre Dame

**Colaboradores**

Asociación Nacional
de Sacerdotes Hispanos (ANSH)

Catholic Leadership Institute (CLI)

Center for Ministry Development
(CMD)

Directores y Coordinadores Regionales
del Ministerio Hispano

Federación de Institutos Pastorales
(FIP)

Instituto Fe y Vida

Instituto Nacional Hispano de Liturgia

Mexican American Cultural Center
(MACC)

National Catholic Association
of Diocesan Directors
of Hispanic Ministry (NCADDHM)

National Catholic Council
for Hispanic Ministry (NCCHM)

National Catholic Young Adult
Ministry Association (NCYAMA)

National Conference
of Catechetical Leaders (NCCL)

National Federation for Catholic
Youth Ministry (NFCYM)

National Organization
of Catechesis with Hispanics (NOCH)

North East Pastoral Center

Oregon Catholic Press (OCP)

Red de Campesinos Migrantes

Renew International

Southeast Pastoral Institute (SEPI)

William H. Sadlier Inc

World Library Publications

Queridos obispos, jóvenes delegados y participantes en el Encuentro Nacional:

Como coordinador del Primer Encuentro Nacional de Pastoral Juvenil Hispana, quiero darles a todos las gracias por haber participado en este evento tan histórico, en la Universidad de Notre Dame. Los miembros de las comisiones nacionales y yo estuvimos muy contentos con su presencia y con la participación de tantos jóvenes a través de la nación, no sólo en el evento nacional, sino en el importante proceso que generó las conclusiones del Encuentro.

Ustedes, jóvenes, son el presente de la Iglesia y en ustedes está también su futuro. Ustedes fueron y seguirán siendo el centro de todos nuestros esfuerzos. A todos, Dios nos ha encomendado la misión de seguir compartiendo, dialogando y trabajando juntos para implementar estas conclusiones y llevar a su madurez la Pastoral Juvenil Hispana en nuestro país. Contamos con la colaboración de los obispos y de las organizaciones que apoyaron el Encuentro, pero es la acción de ustedes, jóvenes, protagonistas de la Pastoral Juvenil, en quienes descansa el esfuerzo de llevar a Jesús a sus compañeros y forjar comunidades eclesiales juveniles.

Nos reunimos para "tejer el futuro juntos" en nuestra Iglesia católica de Estados Unidos y hemos dado pasos firmes y puesto cimientos sólidos. Gracias al liderazgo de miles de jóvenes, asesores laicos, religiosas, sacerdotes y obispos, llevamos a cabo un proceso de reflexión, oración y capacitación —desde nuestras parroquias, diócesis y oficinas regionales— que permitió identificar las necesidades pastorales más apremiantes de la juventud latina, así como sus dones y compromiso cristiano.

Con el compromiso y perseverancia de la juventud que vivió este Encuentro, de las siguientes generaciones de jóvenes que seguirán sus pasos y una pastoral de conjunto entre las instituciones que colaboraron en este bello proyecto, podremos responder al anhelo profundo de Dios y a las necesidades de formación en la fe, de los más de 9 millones de jóvenes hispanos católicos en este país. Ellos esperan nuestra orientación, ayuda y apoyo para desarrollarse como personas íntegras y discípulos fieles de Jesús, capaces de una participación activa, entusiasta e influyente en la vida y misión de la Iglesia en los Estados Unidos.

La paz de Jesús Resucitado para todos.

Su hermano en Cristo,

Rey Malavé
Coordinador Nacional del Encuentro

***Committee on Cultural Diversity in the Church***
***Committee on Laity, Marriage, Family Life and Youth***
3211 FOURTH STREET NE • WASHINGTON, DC 20017-1194

3 de octubre de 2008

Queridos hermanos y hermanas en Cristo,

Es con gozo que enviamos esta carta para acompañar estas conclusiones del Encuentro.

El *Primer Encuentro Nacional de Pastoral Juvenil Hispana* empezó en nuestras diócesis de Estados Unidos en enero de 2005 y culminó con una asamblea nacional en la Universidad de Notre Dame en junio de 2006. Este documento presenta con detalle esta jornada, proporcionando al mismo tiempo a la Iglesia recursos valiosos para realizar la tarea esencial de servir a nuestros adolescentes y jóvenes hispanos.

Las voces de nuestra Iglesia hispana joven resuenan en las páginas siguientes. Sus palabras nos ofrecen mucha esperanza y varios retos. Confiamos en que no serán ignoradas conforme seguimos creciendo en nuestra misión como ministros para la Iglesia entera.

Como Presidentes actuales del Comité para la Diversidad Cultural en la Iglesia y del Comité para Laity, Marriage, Family Life and Youth, afirmamos estas conclusiones y agradecemos a los miembros anteriores del Comité para Asuntos Hispanos y del Subcomité para Youth and Young Adults, por su apoyo a este Encuentro Nacional y por su trabajo para hacerlo realidad.

También expresamos nuestro agradecimiento a los miembros de la National Catholic Network de Pastoral Juvenil Hispana (La Red) y de las organizaciones colaboradoras, que fueron instrumentales en el éxito del proceso y los frutos que sigue dando. Para estas organizaciones, el trabajo continúa al colaborar en el desarrollo e implementación de un plan estratégico que dará lineamientos para que todas las organizaciones que sirven a la juventud hispana compartan una visión y lenguaje comunes. Estas conclusiones influirán y mejorarán significativamente su trabajo.

Oramos para que lean, reflexionen y oren con estas conclusiones. Al dejar que influyan y mejoren su propio ministerio, afirmarán la voz profética de nuestra Iglesia joven. Esto sólo puede servir para fortalecernos como Iglesia y para hacernos testigos poderosos de Cristo en nuestro mundo de hoy.

Sinceramente suyos en Cristo y María,

+ José H. Gomez

Mons. José H. Gomez
Presidente
Comité para la Diversidad Cultural en la Iglesia

+ Roger L. Schwietz

Mons. Roger L. Schwietz, OMI
Presidente
Committee on Laity, Marriage, Family Life and Youth

# ORACIÓN DE INTERCESIÓN POR EL ENCUENTRO

**S**eñor, hemos venido a revivir nuestro **Encuentro** contigo, después de haberlo experimentado en nuestros encuentros parroquiales, diocesanos y regionales. Queremos seguir fomentando un ambiente de bienvenida para que otros jóvenes también vivan este Encuentro contigo.

> *Coro:* *Llévame a donde los pueblos necesiten tus palabras, necesiten tus ganas de vivir; donde falte la esperanza, donde falte la alegría, simplemente por no saber de ti.*

**S**eñor, hemos venido a revivir la **Conversión** que experimentamos en nuestros encuentros parroquiales, diocesanos y regionales. Haznos fuente de paz y alegría en la escuela, en el trabajo, entre amigos y en nuestros barrios.

> *Coro*

**S**eñor, hemos venido a revivir la **Comunión** que experimentamos en nuestros encuentros parroquiales, diocesanos y regionales. Danos fuerza, visión y esperanza para ser una verdadera "comunidad de comunidades" en donde la diversidad sea vista como una bendición para tu Iglesia.

> *Coro*

**S**eñor, hemos venido a revivir la **Solidaridad** que experimentamos en nuestros encuentros parroquiales, diocesanos y regionales. Llénanos de tu Espíritu Santo y fortalécenos para seguir trabajando por la justicia y la paz de acuerdo con los principios básicos de la Doctrina Social de tu Iglesia.

> *Coro*

**S**eñor, hemos venido a revivir la **Misión** que experimentamos en nuestros encuentros parroquiales, diocesanos y regionales. Enciende nuestros corazones en el fuego de tu amor, para que podamos seguir transformando el mundo con nuestras acciones y con nuestro testimonio, como verdaderos embajadores de la Nueva Evangelización.

> *Coro*

Orgullosos de ser discípulos de Cristo y embajadores de su amor, terminemos orando al Padre con las palabras que Jesús nos enseñó...

*—Oración de Apertura, jueves 8 de junio de 2006*

# DECLARACIÓN
# DE LA MESA DIRECTIVA DE LA RED

*Esperanzados, llenos de amor, fe y espíritu profético, como Mesa Directiva de La Red, ofrecemos las **Conclusiones del Primer Encuentro Nacional de Pastoral Juvenil Hispana (PENPJH)** a los jóvenes católicos, sus asesores y todos aquellos que sirven hoy y servirán mañana a la juventud latina en Estados Unidos. Estamos conscientes de que el liderazgo joven hispano en nuestra Iglesia tiene una vivencia fuerte de la Cruz, al tiempo que goza de la vitalidad que da ser miembros vivos de Jesús resucitado y activo en la historia.*

*Que la experiencia de muerte, vivida con tanta intensidad por los jóvenes que sufren soledad por estar sin familia, por no lograr vencer los desafíos del sistema escolar, vivir en ambientes de violencia y adicción, ser discriminados y marginados... sea convertida en experiencia de vida, a través de una Pastoral Juvenil cada día más evangelizadora, comunitaria y misionera. Que el entusiasmo con el que se realizó este Primer Encuentro sea nutrido y multiplicado por el Espíritu Santo, para que el liderazgo juvenil aumente, madure y dé frutos en abundancia.*

*Jóvenes hispanos, como iglesia joven que son, reciban estas palabras de aliento de sus pastores y asesores, y sean siempre testigos de Jesús resucitado ante tantos jóvenes que, conscientes o inconscientes, están sedientos de Dios. Son ustedes una gran riqueza para nuestra Iglesia; tomen en cuenta su misión en ella y en la sociedad, y construyan una Pastoral Juvenil fuerte en comunión con toda la Iglesia. Valoren su lugar privilegiado en la historia como forjadores de una nueva cultura que, inspirada en los valores de Jesús, sea capaz de crear la Civilización del Amor y vencer así los antivalores que causan destrucción y muerte en la juventud actual. ¡Qué el Señor de la vida los bendiga y proteja siempre!*

## Riqueza de la juventud hispana

Gozosos, entusiastas y comprometidos, alrededor de 40,000 jóvenes hispanos participaron en el proceso del Primer Encuentro Nacional de Pastoral Juvenil Hispana. En 98 diócesis se llevaron a cabo los procesos locales durante 2005 y 2006, o sea en 58% de las diócesis del país. En el Encuentro Nacional, en Notre Dame, participaron delegados de 120 diócesis, o sea 68% de las diócesis del país.

¡Fue una gran alegría para nosotros, como organizadores y asesores, acompañarlos en sus procesos de reflexión! ¡Fue edificante participar en sus celebraciones litúrgicas y momentos de profunda oración! ¡Fue entusiasmante compartir su vitalidad en los ratos de socialización y fiesta! El trabajo arduo y detallado, liderado por los mismos jóvenes con el apoyo de sus asesores, fue un modelo espléndido de Pastoral Juvenil en acción.

Damos gracias a Dios por los 1,680 delegados de las 120 diócesis representadas en el Encuentro Nacional, en la Universidad de Notre Dame, del 8 al 11 de junio de 2006; 68% de las diócesis en el país. Nos sentimos felices de haber visto la efectividad con que 250 facilitadores y secretarios jóvenes, facilitaron el proceso para obtener las conclusiones que aquí se presentan.

Durante dos años, en encuentros parroquiales, diocesanos y regionales, adolescentes y jóvenes latinos identificaron los dones que Dios les ha dado para el servicio de otros, vieron su vida a la luz del Evangelio, reflexionaron sobre su misión bautismal y celebraron su fe en comunidad. Con esta rica experiencia, fortalecieron su fe y su compromiso apostólico, y establecieron lineamientos generales para expandir y mejorar su acción pastoral, los cuales forman parte de las conclusiones de este Primer Encuentro.

Con su fe comprometida y gozosa energía, creatividad y fidelidad a la Iglesia, la juventud que vive y comparte su fe, es una fuerza que da nueva vida al pueblo de Dios y promete un futuro rico de vida cristiana. Ella es para la

Iglesia entera de Estados Unidos, un tesoro para hoy y una esperanza para mañana.

En sus Encuentros diocesanos, regionales y Nacional, un número amplio de obispos y sacerdotes, religiosas/os y ministros laicos, los acompañaron, apoyaron y promovieron su participación plena en la vida y la misión de la Iglesia, en un auténtico espíritu de comunión en la misión. Este acompañamiento y la serie de diálogos que se dieron entre los jóvenes, sus obispos y otros sectores de la comunidad eclesial, han sido de gran provecho para todos.

Como Mesa Directiva de La Red, los motivamos desde el fondo de nuestro corazón a seguir respondiendo a los signos de los tiempos en nuestra Iglesia católica de Estados Unidos, animados por el Espíritu de Dios que ilumina nuestro caminar como pueblo sacerdotal a través de la historia (1 Pedro 2, 9). Invitamos a nuestros obispos, para que encuentren momentos propicios para continuar el diálogo en sus diócesis, y expresamos nuestro deseo de que este Encuentro sea sólo el primero de una serie de procesos que permita avanzar y profundizar el diálogo y la reflexión sobre la pastoral con la juventud latina.

## Jóvenes hispanos en la Iglesia de Estados Unidos

Mientras que la Iglesia católica en muchas partes del mundo envejece y carece de una juventud vibrante, relevante y con esperanza, en Estados Unidos está viva y llena de promesas..., y parte significativa de esta vida la da la juventud latina. Originarios de esta nación e inmigrantes, los jóvenes latinos estudian y trabajan en todo el país hoy día.

La nueva vida que están dando a nuestra Iglesia proviene del celo apostólico de jóvenes que, habiendo puesto a Jesús en el centro de su vida, dedican horas y más horas a compartir y fomentar la fe con sus compañeros en retiros y sesiones de reflexión. Con cantos y dramatizaciones, fiestas alegres y sanas, servicio a los más pobres; con su búsqueda de una vida más digna y plena, su solidaridad con los indocumentados, y su lucha por los derechos humanos, son forjadores de su presente, su propio futuro y el de nuestra Iglesia.

En movimientos apostólicos, grupos juveniles y comunidades de fe, los jóvenes hispanos son sal que da sabor cristiano a la vida de la juventud con la que conviven, levadura que fermenta con los valores del reino de Dios los ambientes donde se encuentran. ¡Qué felicidad es constatar que Dios sigue suscitando apóstoles jóvenes, en tantas diócesis del país!

## Invitación a participar en la misión de la Iglesia

Queridos jóvenes, como compañeros de jornada y en nuestro rol de líderes, les reiteramos la invitación de nuestros Sumos Pontífices a participar en la misión evangelizadora de la Iglesia.

> *Queridos jóvenes... ahora más que nunca es urgente que sean los "centinelas de la mañana", los vigías que anuncian la luz del alba y la nueva primavera del Evangelio, de la que ya se ven los brotes. La humanidad tiene necesidad imperiosa del testimonio de jóvenes libres y valientes, que se atrevan a caminar contra corriente y a proclamar con fuerza y entusiasmo la propia fe en Dios, Señor y Salvador... Anuncien con valentía que Cristo, muerto y resucitado, es vencedor del mal y de la muerte... Esfuércense por buscar y promover la paz, la justicia y la fraternidad.[1]*

¡Sueñen! ¡Vibren! ¡Construyan!

> *Déjense mirar a los ojos por Jesús para que crezca en ustedes el deseo de ver la luz, de experimentar el esplendor de la verdad... Sean testigos intrépidos en la vida cotidiana del amor que es más fuerte que la muerte, sean los amigos entusiastas de Jesús que presentan al Señor a quienes desean verle, sobre todo a quienes están más lejos de él. Siéntanse responsables de la evangelización de sus amigos y de todos los que tienen su edad.[2]*

> *¡Jóvenes, no creáis en falaces ilusiones y modas efímeras que no pocas veces dejan un trágico vacío espiritual!... La Iglesia necesita auténticos testigos para la Nueva Evangelización: hombres y mujeres cuya vida haya sido transformada por el encuentro con Jesús; capaces de comunicar esta experiencia a los demás. La Iglesia necesita santos. Todos*

---

[1] Juan Pablo II, *Mensaje para la XVIII Jornada Mundial de la Juventud*, 8 de marzo de 2003.
[2] Juan Pablo II, *Mensaje para la XIX Jornada Mundial de la Juventud*, 22 de febrero de 2004.

*estamos llamados a la santidad y sólo los santos pueden renovar la humanidad.*[3]

¡Peregrinen hacia Cristo! ¡Lleven la vida de Cristo a sus compañeros! Él es quien da sentido a la vida, libera del pecado y la opresión, y da vida nueva. Llenos de Cristo en la Eucaristía, salgan a ser otros Cristos para sus compañeros. ¡Urge un mundo nuevo y una juventud que, con sus sueños grandes, su pasión y su dedicación, haga la diferencia! No se dejen influenciar por los valores contrarios al Evangelio de Jesús. Antes bien, conviértanse en constructores de una nueva sociedad.

> *Jóvenes de la Iglesia... los envío para la gran misión de evangelizar a los jóvenes y a las jóvenes que andan errantes por este mundo, como ovejas sin pastor. Sean apóstoles [entre ellos], invítenlos a unirse a ustedes, que hagan la misma experiencia de fe, esperanza y amor; se encuentren con Jesús, para que se sientan amados, acogidos, con plena posibilidad de realizarse.*[4]

De manera especial aprendan a valorar el don maravilloso de su sexualidad y a prepararse para un matrimonio cristiano sólido. La vivencia cristiana de la sexualidad es fuente de grandes bendiciones, pues nace de una antropología y espiritualidad fundamentada en su gran dignidad como hijos e hijas de Dios, creados a imagen y semejanza suya. El afecto entre amigos, el amor entre novios y la intimidad entre esposos, requieren una delicadez profunda en el trato, que la Iglesia promueve al pedir abstinencia sexual fuera del matrimonio.

Ocupen su vida en esfuerzos de superación personal, haciendo el bien a los demás y dialogando a profundidad. Así las tentaciones de la pornografía y el libertinaje sexual, que abundan en todos los medios de comunicación, no encontrarán cabida en las veinticuatro horas de cada día a lo largo de su vida.

## La Pastoral Juvenil en la vida y la misión de la Iglesia

Apoyar la identidad hispana de nuestros jóvenes y su apertura a las demás culturas ha sido uno de los valores del proceso pastoral hispano.[5] Toda acción pastoral, para que sea eficaz, tiene que tomar en cuenta la persona, su historia y su cultura, como lo demostró Jesús al encarnarse en la historia y la cultura de su tiempo.

De ahí que toda Pastoral Juvenil eficaz tome en cuenta las raíces culturales del joven,[6] tanto del nacido y criado en este país, como del que se incorpora e integra como inmigrante a una cultura nueva. Es a partir de su propia identidad cultural que pueden ser sujetos de la historia en la sociedad en que viven y asumir su misión como cristianos en su Madre Iglesia, donde no hay extranjeros y se valora su dignidad humana en íntima relación con su identidad.

En el proceso de este Primer Encuentro la Iglesia afirmó al joven hispano en sus valores y características culturales, se abrieron espacios para que desarrollara su liderazgo y floreciera su fe rica e inculturada para el embellecimiento y enriquecimiento de toda la Iglesia. Invitamos a todos los participantes en el Encuentro —jóvenes y adultos— a continuar abriendo espacios en sus parroquias y otras instancias eclesiales, donde aún no existen. Es urgente promover jóvenes protagonistas de una Pastoral Juvenil que llegue a más adolescentes y jóvenes latinos, de habla inglesa y española, para que encuentren a Jesús y sientan la Iglesia como su casa.

Los invitamos a crear redes diocesanas y regionales que se integren a La Red nacional, y a crear y compartir modelos pastorales que permitan encarnar el Evangelio hasta lo más profundo de su cultura, con la complejidad de la dinámica diaria entre su cultura de origen, la cultura general de Estados Unidos y las particularidades de la cultura juvenil que se

---

[3] Juan Pablo II, *Mensaje para la XX Jornada Mundial de la Juventud*, 6 de agosto de 2004.
[4] Benedicto XVI, *Discurso del Papa a los jóvenes en Sao Paulo*, 10 de mayo de 2007.

[5] NCCB, *Plan Pastoral Nacional para el Ministerio Hispano (PPNMH)*, (Washington, DC: NCCB, 1987).
[6] USCCB, *Renovemos la visión: Fundamentos para el ministerio con jóvenes católicos*, (Washington, DC: USCCB, 1997), p. 22-24.

reinventa continuamente. Estos modelos de acción y formación pastoral deben estar siempre inspirados por el deseo de comunión y participación en la Iglesia, de fomentar la unidad en la diversidad y buscar la unión en la misión con sus compañeros de otras culturas y el resto de la comunidad eclesial.

Hay que crear y diseminar procesos donde los jóvenes conozcan su fe y desarrollen su espiritualidad como discípulos de Jesús. Debemos multiplicar los proyectos donde puedan poner sus dones al servicio de los demás y convertirse en evangelizadores de otros jóvenes. Es esencial fortalecer la Pastoral Juvenil, con programas serios de formación en la fe y capacitación de líderes. Es también indispensable establecer procesos de transición entre la pastoral con adolescentes y la pastoral de jóvenes, de modo que la juventud tenga el acompañamiento adecuado a lo largo de su proceso de madurez en esa etapa tan crítica de la vida.

## Pastoral Juvenil Hispana en una Iglesia pluricultural[7]

La realidad de nuestra Iglesia actual es pluricultural y esto es riqueza y reto a la vez. Es riqueza porque los muchos rostros en la casa de Dios manifiestan la catolicidad de la Iglesia y la esencia de un Dios Trinitario, que expresa su propio ser en la unidad de su naturaleza divina y su diversidad de personas, así como en la realidad de su pueblo que se

esfuerza por vivir la unidad en la diversidad.[8] Para construir esta nueva manera de ser iglesia, se necesita creatividad y diversidad de respuestas pastorales; un solo modelo no sirve para todos,[9] pues aunque el Evangelio es uno, debe penetrar hasta las raíces más profundas de cada cultura.[10]

La universalidad de la Iglesia se expresa en la inculturación del Evangelio en las distintas situaciones particulares en que vive la comunidad eclesial. En una Iglesia como la nuestra, constituida por dos grupos culturales mayoritarios y muchas minorías culturales, se requiere una formación adecuada para el clero, los seminaristas, los ministros eclesiales laicos en las diócesis y parroquias, así como para los asesores en la pastoral de jóvenes, los coordinadores del ministerio con adolescentes y los líderes jóvenes.

Todos los jóvenes —en especial quienes integran en sí mismos un nuevo mestizaje de su cultura de origen con la de este país— tienen la misión de aprender a ser apóstoles en esta realidad. Éste es el reto para las generaciones del siglo XXI. La juventud actual está llamada a ser la semilla que, al dar frutos, va creando una Iglesia donde el respeto y la valoración de todas las culturas es un hecho, donde todos juntos ponen a trabajar los dones complementarios que Dios ha dado a cada cultura, para cumplir con más efectividad la misión evangelizadora de la Iglesia.

## Esperanza de los jóvenes

En su Primer Encuentro Nacional de Pastoral Juvenil Hispana, convocado por La Red, los jóvenes identificaron innumerables modelos con que se lleva a cabo la Pastoral Juvenil en la nación. Analizar estos modelos y descubrir los más apropiados para cada diócesis y parroquia será el trabajo de cada uno de nosotros en los años venideros.

---

[7] El término *pluricultural* es usado en español por sociólogos y educadores para denotar una relación respetuosa, equitativa y recíproca entre las distintas culturas presentes en una sociedad u organización social. Este concepto es más descriptivo que el término *multicultural*, el cual indica la presencia de dos o más culturas, sin decir nada sobre su interrelación.

Como una institución pluricultural, la Iglesia busca el desarrollo integral de toda persona a la vez que respeta la identidad cultural de cada miembro de la comunidad. Esto implica un enfoque de "unidad en la diversidad", en el cual las tradiciones de fe, expresiones y valores de las distintas comunidades culturales en la Iglesia son respetadas de igual manera. Por lo tanto, una pastoral pluricultural es distinta a un ministerio multicultural que promueve "la unidad mediante la uniformidad", al tratar de no excluir a personas con diferentes culturas, buscando su asimilación en un grupo culturalmente homogéneo.

[8] USCCB, *Llamados a acoger al forastero entre nosotros: Unidad en la diversidad,* (Washington, DC: USCCB, 2004), p. 64.

[9] USCCB, *Encuentro y misión: Un marco pastoral renovado para el ministerio hispano,* (Washington, DC: USCCB, 2002), num. 70.

[10] Pablo VI, *Evangelii Nuntiandi,* (México, DF: Ediciones Paulinas, 1975), num. 20.

Analicemos las aspiraciones, sugerencias y necesidades de la juventud hispana que plasmó sus ideales, anhelos y necesidades en las conclusiones aquí presentadas. Demos nuestro apoyo a este pueblo joven católico de más de 15 millones de seres, para que con su fe y esperanza garantice una vida rica para nuestra Iglesia en el siglo XXI.

Pronto la juventud latina será la mayoría de la iglesia joven en nuestro país. Hemos constatado la vitalidad de quienes participan en la Pastoral Juvenil, pero estamos llegando a muy pocos jóvenes. ¡Urge ser misioneros: salir a buscar al hermano, a la hermana! ¡Urge llevar a Jesús a toda la juventud, ayudarla a descubrir su vocación y su misión cristiana, a valorar el reino de Dios y a convertirse en incansables promotores del amor, la justicia y la paz!

"¡La cosecha es abundante, pero los obreros son pocos!" (Mt 9, 37). Jóvenes, no desmayen ante las dificultades; trabajen con ahínco fortalecidos por el Espíritu Santo; busquen el apoyo que necesitan en la Iglesia. Inviten a más jóvenes a unirse a ustedes; creen nuevos grupos y comunidades en lugares donde aún no existen, y fomenten la unidad entre todos. Que el bello espíritu de entusiasmo y dedicación que se vivió durante el proceso del Encuentro sirva de inspiración para toda su vida.

Como sus asesores y compañeros de jornada, nos comprometemos a caminar con ustedes y a apoyarlos en su seguimiento de Jesús. Oren para que seamos capaces de ser faros en el camino y testigos de Jesús, el Buen Pastor, que da la vida por sus ovejas.

*Por todo esto, en unión a los obispos que acompañan al pueblo joven en esta etapa de nuestra historia, oramos con las preces con que los primeros obispos hispanos cerraron su carta pastoral "Los obispos hablan con la Virgen", hace casi veinticinco años:*

Madre de Dios,
Madre de la Iglesia,
Madre de las Américas,
Madre de todos nosotros:
¡Ruega por nosotros!

*Mother of God,*
*Mother of the Church,*
*Mother of the Americas,*
*Mother of us all:*
*Pray for us!*

**—Mesa Directiva de La Red**

15

# INSTITUCIONES QUE HICIERON POSIBLE EL PENPJH

## La Red

### y su

## Mesa Directiva

### Moderador episcopal

Arzobispo José H. Gómez, Arquidiócesis de San Antonio

### Directores

Jesús Ábrego, Presidente, Diócesis de Beaumont

Luis Soto, Vicepresidente, Arquidiócesis de Denver

Elizabeth Torres, Secretaria, Diócesis de Yakima

María Rivera, Tesorera, Diócesis de Charlotte

Marissa Esparza, Vocal, Diócesis de San Diego

P. Ángel del Río, Vocal, Frailes Dominicos

### Ex officio

Alejandro Aguilera-Titus, Director Asociado de Asuntos Hispanos, USCCB

### Consultores

Dra. Carmen María Cervantes, Directora del Instituto Fe y Vida

P. Mario Vizcaíno, Director del South East Pastoral Institute — SEPI

## Copatrocinadores

Comité de Obispos para Asuntos Hispanos, USCCB

Subcomité de Obispos para Adolescentes y Adultos Jóvenes, USCCB

Universidad de Notre Dame

# Instituciones colaboradoras

Asociación Nacional de Sacerdotes Hispanos (ANSH)

Catholic Leadership Institute (CLl)

Center for Ministry Development (CMD)

Directores y Coordinadores Regionales del Ministerio Hispano

Federación de Institutos Pastorales (FIP)

Instituto Fe y Vida (Fe y Vida)

Instituto Nacional Hispano de Liturgia

Mexican American Cultural Center (MACC)

National Catholic Association of Diocesan Directors of Hispanic Ministry (NCADDHM)

National Catholic Council for Hispanic Ministry (NCCHM)

National Catholic Young Adult Ministry Association (NCYAMA)

National Conference of Catechetical Leaders (NCCL)

National Federation for Catholic Youth Ministry (NFCYM)

National Organization of Catechesis with Hispanics (NOCH)

North East Pastoral Center

Oregon Catholic Press (OCP)

Red de Campesinos Migrantes

Renew International

South East Pastoral Institute (SEPI)

William H. Sadlier, Inc.

World Publications Library

# Instituciones que brindaron apoyo financiero

### Nivel I – Reparadores *(Menders)*

American Bible Society

Anonymous Donor

Knights of Columbus

### Nivel II – Alzadores *(Haulers)*

Comité de Obispos para Asuntos Hispanos, USCCB

Mexican American Cultural Center (MACC)

Oregon Catholic Press (OCP)

Secretariado para la Iglesia en América Latina, USCCB

Sisters of Mercy

Subcomité de Obispos para Adolescentes y Adultos Jóvenes, USCCB

Universidad de Notre Dame

### Nivel III – Lanzadores *(Casters)*

Campaña Católica para el Desarrollo Humano, USCCB

Catholic Relief Services, USCCB

Catholic Youth Foundation USA

Claretian Publications

Liguori Publications

National Federation for Catholic Youth Ministry (NFCYM)

Sisters of Saint Joseph of Carondelet

William H. Sadlier, Inc.

World Library Publications

### Nivel IV – Tejedores *(Weavers)*

Conventual Franciscan Friars

Federación de Institutos Pastorales (FIP)

National Catholic Aids Network

National Catholic Association of Diocesan Directors of Hispanic Ministry (NCADDHM)

# LA PASTORAL JUVENIL HISPANA Y SUS CONTEXTOS

## Contexto histórico de la Pastoral Juvenil Hispana

### La Pastoral Juvenil en Latinoamérica

En la Tercera Conferencia General del Episcopado Latinoamericano celebrada en Puebla (1979), los obispos proclamaron una opción preferencial por los jóvenes. Como una respuesta, la Sección de Juventud del Consejo Episcopal Latinoamericano (CELAM) coordinó el Primer Encuentro Latinoamericano de Responsables de Pastoral Juvenil en 1983. Fruto de ese encuentro fue la publicación *Pastoral juvenil: Sí a la civilización del amor* (1987), que ofreció la primera articulación de un marco teórico sobre la historia, práctica y teología de la Pastoral Juvenil.

Desde entonces se han celebrado quince encuentros de responsables de la Pastoral Juvenil y tres encuentros internacionales de jóvenes en Latinoamérica. Estos encuentros han sido el elemento principal para el crecimiento, maduración y consolidación de la pastoral con jóvenes en América Latina. Delegaciones de obispos y representantes de la Pastoral Juvenil en Estados Unidos han participado en dichos encuentros en las últimas dos décadas.

En 1992, la Cuarta Conferencia General del CELAM, celebrada en Santo Domingo, pidió más acompañamiento, apoyo, pautas nacionales y diocesanas para una Pastoral Juvenil "orgánica", o sea, que se organiza según especializaciones capaces de responder a distintas realidades de la población juvenil: adolescentes, trabajadores, novios, universitarios, indígenas, jóvenes en situaciones críticas, etcétera. La Sección de Juventud del CELAM respondió a esta petición, publicando *Civilización del amor: Tarea y esperanza*, en 1996.

Mientras tanto, los institutos latinoamericanos que ofrecen formación para la Pastoral Juvenil crearon la Red Latinoamericana de Institutos y Centros Nacionales y Regionales de Pastoral Juvenil. A ella pertenecen el Instituto Fe y Vida y el South East Pastoral Institute (SEPI) de Estados Unidos. La Red de Institutos se reunió por primera vez en 1991 y después se ha seguido reuniendo cada dos años para compartir recursos, identificar estrategias y tratar temas de interés para la Pastoral Juvenil en todo el Continente. Los institutos han sido instrumentales para crear programas de formación, capacitar líderes juveniles y asesores pastorales, producir diversos recursos e impulsar la Pastoral Juvenil.

### La Pastoral Juvenil en Estados Unidos

Hasta mediados del siglo XX, la educación cristiana de jóvenes católicos en Estados Unidos generalmente se confió a las escuelas católicas. A partir de los años 1970, fue adquiriendo más importancia el ministerio juvenil en las parroquias y a través de algunos movimientos apostólicos. Esto fue originado, entre otras cosas, por una menor discriminación de los católicos en las escuelas públicas y la disminución del número de religiosos/as dedicados a la enseñanza, lo que a su vez causó una baja de inscripciones en las preparatorias católicas.

#### Antecedentes a la etapa actual

En 1976, la Conferencia Católica de Obispos publicó *A Vision of Youth Ministry*, que propone una articulación integral para responder a las necesidades físicas, emotivas, psicológicas y espirituales de los adolescentes. Traducido al español en 1986, *Una visión del ministerio juvenil* contempla sólo a la juventud menor de dieciocho años y se dirige a la clase media-alta, sin considerar a los adolescentes hispanos en su especificidad ni a los jóvenes que han alcanzado su mayoría de edad.

Los líderes de la Pastoral Hispana han manifestado su preocupación por la juventud hispana desde el Primer Encuentro Nacional Hispano de Pastoral, en 1972. En el Segundo Encuentro, en 1977, se insiste en darle atención apropiada. Ese mismo año, se crea un Equipo Nacional Juvenil de Trabajo *(National Youth Task Force)* —con jóvenes elegidos por votación— para estudiar las necesidades pastorales de la juventud hispana y recomendar a la Conferencia Episcopal cómo responder a ellas. Este equipo funcionó por algunos años bajo el Secretariado de Asuntos Hispanos de la NCCB, generando esfuerzos pastorales y esperanza.

Algunas diócesis contrataron personal para la Pastoral Juvenil Hispana y ofrecieron programas de formación para el liderazgo juvenil. En California llegó el momento en que todas las diócesis tenían personal dedicado a la Pastoral Juvenil y se ofrecían cursos de formación a nivel subregional en el norte y en el sur. Se creó un comité juvenil representativo ante RECOSS *(Region Eleven Committee for the Spanish Speaking)*, un cuerpo cónsultativo de personal diocesano para los obispos de la región.

En el sureste, SEPI inició un esfuerzo continuo en favor del cuidado de la juventud, desde su fundación en 1978, bajo la dirección del P. Mario Vizcaíno. Ese mismo año se celebró el Primer Encuentro de Pastoral Juvenil Hispana del Sureste, los cuales han continuado hasta el presente. En 1980, creó el Curso de Pastoral Juvenil Hispana, con más de 1,000 jóvenes habiendo participado hasta hoy. En 1981, comienza su programa de la Pascua Juvenil y en 1982 crea la "Experiencia Cristo", un retiro intensivo de conversión facilitado por jóvenes.

En 1987, el SEPI crea el Taller para Asesores Adultos de Pastoral Juvenil en el Sureste. Recientemente creó su Programa de Certificación para Asesores.

En el noreste también se creó una escuela de líderes que generó un liderazgo juvenil fuerte. En otras regiones del país, los esfuerzos organizados por las diócesis o a nivel regional fueron menos intensos y consistentes, dando por lo tanto, frutos variados.

Varios movimientos apostólicos, con una acción evangelizadora constante entre los jóvenes, nacieron y algunos se expandieron por el país. Cada movimiento tiene su propia historia de crecimiento y acción pastoral, que no puede ser incluida en este breve resumen.

Esta labor pastoral en los años 1970 y 1980 dio como resultado la presencia numerosa de jóvenes en el Tercer Encuentro Nacional Hispano de Pastoral, en 1985. En la actualidad un grupo importante de agentes de pastoral al servicio del pueblo hispano proviene de la Pastoral Juvenil, en particular de quienes participaron como delegados al Tercer Encuentro.

Los jóvenes participaron a lo largo de todo el proceso y en el evento nacional, aportando ideas y ejerciendo roles de liderazgo. La juventud fue identificada como una de las cinco prioridades para la acción pastoral, junto con la evangelización, la educación integral, la formación del liderazgo y la justicia social. Se estableció una opción preferencial por los pobres y por los jóvenes, y se formó el Comité Nacional Hispano de Pastoral Juvenil, de nuevo bajo el Secretariado de Asuntos Hispanos. El Plan Pastoral Nacional para el Ministerio Hispano, promulgado en 1987, considera a las personas pobres y a los jóvenes como grupos prioritarios.

## Tiempos difíciles

En 1986, la Conferencia Episcopal hizo una decisión estructural y pasó el ministerio a la juventud al Departamento de Educación. La coordinación de la Pastoral Juvenil por el Secretariado de Asuntos Hispanos terminó y el Comité Nacional Hispano de Pastoral Juvenil fue disuelto. Como consecuencia, la mayoría de las propuestas en el Plan Nacional sobre la Pastoral Juvenil, quedaron sin realización.

Al desaparecer la coordinación nacional, varias diócesis eliminaron las oficinas de Pastoral Juvenil Hispana. Los jóvenes siguieron formando grupos parroquiales y participando en movimientos apostólicos, en muchos casos sin asesoría ni coordinación. En las diócesis y regiones donde se seguía trabajando en la formación de jóvenes se contaba con el apoyo y las ideas de personas inmigrantes con experiencia en América Latina y con la visión de pastoralistas de juventud latinoamericanos.

## Nuevos comienzos a nivel nacional desde ángulos diferentes

En 1988, Saint Mary's Press, después de un análisis de las necesidades de los jóvenes en catorce diócesis de Estados Unidos, comienza un proyecto de publicaciones bilingües para la evangelización de la juventud hispana, según las pautas del Plan Pastoral Nacional para el Ministerio Hispano. La colección Testigos de Esperanza, escrita por un equipo de agentes de pastoral hispanos con experiencia en pastoral juvenil, fue el primer proyecto nacional para promover el desarrollo de la Pastoral Juvenil Hispana.

En 1991, un grupo de líderes nacionales creó el Consejo Nacional Católico de Pastoral Hispana (National Catholic Council for Hispanic Ministry, NCCHM). La voz de la juventud latina no contaba con ninguna organización representativa que pudiera hacerse miembro de este consejo, constituido por más de 15 organizaciones.

En 1992, varios líderes hispanos forjados en la Pastoral Juvenil pidieron al NCCHM que promoviera la creación de una organización nacional de Pastoral Juvenil Hispana. El NCCHM tomó este proyecto como una prioridad y obtuvo fondos para llevarlo a cabo. Las instituciones que más colaboraron en este esfuerzo fueron Saint Mary's Press, el Secretariado Nacional de Asuntos Hispanos y SEPI.

En 1994, los Hermanos de La Salle crearon el Instituto Fe y Vida (Fe y Vida) para la evangelización y formación de liderazgo de jóvenes hispanos, bajo la dirección de la Dra. Carmen M. Cervantes. En 1995, Fe y Vida ofreció su primer Symposium Anual de Liderazgo en Pastoral Juvenil y en 1996 creó su Programa de Certificación para Asesores y Líderes Jóvenes.

Actualmente, Fe y Vida ofrece un Sistema de Formación de Líderes para la Pastoral Juvenil, con diez programas de enfoque complementario, desde el nivel de iniciación hasta el de capacitación de formadores y de liderazgo institucional. Más de 4,000 líderes jóvenes, asesores y agentes de pastoral, han participado en estos programas hasta la fecha.

Además de sus programas de formación, Fe y Vida desarrolla una pastoral bíblica juvenil, basada en *La Biblia Católica para Jóvenes* y publica otras obras diseñadas para la juventud hispana. También cuenta con el Centro de Investigación y Recursos, cuyos proyectos se centran en la población joven latina.

## Fundamentos para un futuro mejor

En 1997, se fundó la National Catholic Network de Pastoral Juvenil Hispana (La Red), con un nombre bilingüe que denota la naturaleza de la juventud latina en este país. La reunión constituyente se llevó a cabo en San Antonio, Texas, en Octubre 3-5, 1997. Las organizaciones que apoyaron su creación y sostuvieron la institución durante los primeros cinco años fueron: el NCCHM, el SEPI, el Instituto Fe y Vida y el Secretariado para Asuntos Hispanos. Entre las personas que hicieron posible el proyecto destacan la Dra. Carmen M. Cervantes, el P. Allan Deck y el P. Mario Vizcaíno.

Los primeros presidentes de La Red fueron Rudy Vargas IV, el P. Damián Hinojosa y Rey Malavé. Ron Cruz y Alejandro Aguilera-Titus, Director y Director Asociado del Secretariado de Asuntos Hispanos, respectivamente, siempre apoyaron la fundación y el desarrollo de La Red.

También en 1997, la Conferencia Episcopal —en colaboración con organizaciones nacionales responsables de la pastoral con la juventud— publicó dos documentos oficiales: *Renewing the Vision* y *Sons and Daughters of the Light*, un plan pastoral para el ministerio con adultos jóvenes:

- El primero tiene como metas formar discípulos de Jesús entre los adolescentes y motivar que asuman su misión en la iglesia; enfatiza una pastoral integral y llama a toda la Iglesia a servir a la juventud.

- El segundo se centra en los católicos entre los 18 y 39 años; se propone conectarlos con Cristo, la Iglesia y su misión en el mundo, así como con una comunidad de fe afín a ellos.

Ambos documentos reconocen la presencia de distintas culturas en la Iglesia católica en este país y fueron traducidos al español, como *Renovemos la visión* e *Hijos e hijas de la luz,* respectivamente. Sin embargo, su enfoque se mantiene centrado en la clase media de la cultura dominante e ignoran la tradición y trabajo de la Pastoral Juvenil Hispana, a pesar de los esfuerzos hechos por los líderes hispanos que fueron consultados.

### Iniciativa de Pastoral Juvenil Hispana

En 2001, el Instituto Fe y Vida elaboró un plan de diez años, conocido como la *Iniciativa de Pastoral Juvenil Hispana,* para promover una respuesta a la necesidad urgente de considerar a la juventud hispana como una prioridad eclesial. Esta Iniciativa enfatiza la necesidad de colaboración por parte de las instituciones nacionales cuya misión abarca la atención pastoral a la juventud, y señala las áreas principales en que se requiere trabajar como Iglesia católica en Estados Unidos.

Ese mismo año, en su reunión de membresía, La Red hizo suya la Iniciativa y apoyada por Fe y Vida, SEPI y el Secretariado Nacional para Asuntos Hispanos, la presentó al Comité de Obispos para Asuntos Hispanos. El Comité la asumió con entusiasmo e invitó a los obispos en el Subcomité para Adolescentes y Adultos Jóvenes a apoyarla. Estos aceptaron, dándose por primera vez en la historia una colaboración estrecha de ambos comités en beneficio de la comunidad joven latina.

La Iniciativa presenta la necesidad de convocar un encuentro nacional de jóvenes, el cual había sido pedido desde el Segundo Encuentro Nacional de Pastoral Hispana. Al año siguiente, en su reunión de membresía en Dallas, Texas (noviembre de 2002), La Red decide convocar el Primer Encuentro Nacional de Pastoral Juvenil Hispana, como una respuesta fundamental para implementar dicha Iniciativa.

### El PENPJH, fuente de energía y esperanza

La coordinación del Primer Encuentro Nacional de Pastoral Juvenil, con toda la riqueza de su proceso y su culminación en 2006, fue un esfuerzo heroico para el liderazgo de La Red, en especial para Ray Malavé en su doble rol de presidente de La Red y Coordinador Nacional del Encuentro.

Los resultados del Encuentro constituyen un fundamento firme sobre el que se puede construir un futuro mejor para la juventud latina en este país, el quinto de habla española en el mundo. Sus frutos a lo largo de la historia, dependerán de una auténtica pastoral de conjunto a todos los niveles.

# Contexto pastoral de la Pastoral Juvenil Hispana

En Estados Unidos, la Pastoral Juvenil Hispana provee formación y acompañamiento pastoral a jóvenes que hablan en español, durante su adolescencia y juventud, la cual en el contexto cultural hispano termina al contraer matrimonio o al acercarse a los treinta años. La mayoría de los grupos incluye jóvenes con distintos niveles académicos, desde la escuela primaria hasta la universidad e incluso graduados de ésta. Los dos modelos de ministerio más comunes son los grupos juveniles parroquiales y los movimientos apostólicos juveniles.

El sistema de pastoral con juventud en la cultura dominante está organizado de manera distinta. Existe una separación radical entre la pastoral con menores de 18 años (youth) y los llamados *young adults* o *adultos jóvenes,* que van de los 18 hasta cerca de los 40, independientemente de que sean solteros o casados, con o sin hijos.

Debido a estas diferencias conceptuales, en los materiales bilingües que se prepararon para el Encuentro, se usó el concepto en español de "Pastoral Juvenil Hispana" como término sombrilla, que abarca:

- **Pastoral con adolescentes:** Ministerio con los adolescentes hispanos/latinos de entre 13 y 17 años de edad.

- **Pastoral de jóvenes:** Ministerio realizado por los jóvenes solteros de entre 18 y 30 años de edad.

- **Grupos juveniles:** Grupos parroquiales que atienden a adolescentes y a jóvenes en las mismas instalaciones, ya sea en español o en forma bilingüe.

- **Movimientos apostólicos:** Comunidades de oración y acción pastoral organizadas de acuerdo con un carisma o espiritualidad particular, independientes de las estructuras parroquiales o diocesanas. Muchas tienen una gran eficacia evangelizadora y, en el contexto de Pastoral Juvenil, este término se refiere a esos movimientos que están dirigidos específicamente a los jóvenes.

Desde 2002, varias diócesis han hecho esfuerzos para separar a los jóvenes en sus grupos juveniles parroquiales en dos grupos conforme a su edad: aquellos que son mayores y aquellos que son menores de 18 años de edad.

Sin embargo, la mayoría de las parroquias que participó en los encuentros diocesanos en 2005 y 2006 todavía estaba atendiendo a jóvenes de 16 años y mayores en un grupo juvenil parroquial único. Algunos grupos también incluyeron a adolescentes entre los 13 y 15 años o, inclusive, preadolescentes. Los movimientos apostólicos aún muestran una variedad mayor respecto a las edades que atienden; algunos de ellos dan la bienvenida a familias enteras o a personas de todas las edades.

Los enfoques pastorales en la cultura dominante son diferentes y se distinguen las siguientes especializaciones:

- *Parish Youth Ministry:* Atiende a adolescentes que asisten a *middle* o *high school,* sean públicas o privadas. Comporta ciertas restricciones de tipo legal debido a su situación de jóvenes menores de edad.

- *High School Campus Ministry:* Atiende a estudiantes de *high schools* católicas. Las mismas restricciones legales se aplican por ser menores de edad.

- *Campus Ministry:* Atiende a estudiantes católicos que asisten a *colleges* o universidades. Como estos estudiantes en general tienen más de 18 años y son legalmente adultos, no se aplican las restricciones requeridas para los menores.

- *Young Adult Ministry:* Incluye programas dirigidos tanto a personas solteras como casadas, así como a padres jóvenes entre los 18 y los 39 años. No se permite la participación a menores de 18 años. Estos programas son mayormente diocesanos, aunque algunas parroquias también los comienzan a implementar.

En resumen, la Pastoral Juvenil se refiere en general al ministerio entre jóvenes hispanos solteros, entre 16 y 30 años en grupos mixtos y movimientos apostólicos. A la vez abarca el ministerio con adolescentes (13-17 años) y la pastoral de jóvenes (18-30 años), cuando éstas se desarrollan como especializaciones separadas.

En la cultura dominante, *youth ministry* sirve a los adolescentes entre 13 y 17 años, y *young adult ministry* a los adultos jóvenes entre los 18 y los 39 años, sean solteros, casados o con hijos. Existen jóvenes latinos bien integrados en la cultura dominante, que participan en el *youth ministry* o el *young adult ministry.*

Arquidiócesis y Diócesis de los Estados Unidos por Región

**Regiones de la Pastoral Hispana**

- Noreste
- Sureste
- Medio Oeste
- Nord Central
- Suroeste
- Estados Montañosos
- Noroeste
- Lejano Oeste

**Regiones de la NFCYM delineadas por** ▬▬▬

Este mapa presenta la estructuración del país en dos tipos de regiones:

- Los números romanos muestran las 14 regiones en las que se organizan nacional y regionalmente los directores de *youth and young adult ministry,* para su trabajo en la *National Federation for Catholic Youth Ministry (NFCYM).* A esta federación pertenecen prácticamente todas las arqui/diócesis del país.

- Los diversos tonos de gris señalan las ocho regiones en que se organiza la Pastoral Hispana. Esta estructuración distinta se hizo para crear regiones más grandes, que correspondieran a la densidad de la población hispana y facilitaran que las diócesis con pocos hispanos y recursos, pudieran reunirse con otras con mayores posibilidades.

El Primer Encuentro Nacional de Pastoral Juvenil Hispana se organizó según las regiones hispanas, con las diócesis de la Región Nord Central decidiendo hacer dos encuentros regionales, según su división en la cultura dominante. Los directores o coordinadores regionales de pastoral hispana asumieron la coordinación de las diócesis de su región y fueron instrumentos clave de organización y comunicación.

# PRIMERA PARTE

# EL ENCUENTRO
Y SU PROCESO

# Equipo de animación general del Encuentro Nacional

### Coordinador Nacional del Proyecto del Encuentro

**Rey Malavé**

*Director de Pastoral Juvenil Hispana,
Diócesis de Orlando y ex Presidente de La Red*

### Presidente del Encuentro Nacional

**Jesús Ábrego**

*Director Asociado de Pastoral Hispana,
Diócesis de Beaumont y Presidente de La Red*

### Maestra de ceremonias

**Elizabeth Torres**

*Directora de Youth and Young Adult Ministry,
Diócesis de Yakima y Secretaria de La Red*

### Animadores

**Marissa Esparza**

*Directora de Youth y Young Adult Ministry,
Diócesis de San Diego y Vocal en la Mesa Directiva de La Red*

**Luis Soto**

*Director de la Oficina de Pastoral Hispana,
Arquidiócesis de Denver y Vicepresidente de La Red*

# Objetivos del Primer Encuentro Nacional de Pastoral Juvenil Hispana

El Primer Encuentro Nacional de Pastoral Juvenil Hispana es un hecho histórico de gran importancia para la Pastoral Hispana de los Estados Unidos:

- Es la primera vez que alrededor de 40,000 jóvenes, en todos los ángulos de la nación, alzan sus voces proféticas para **analizar su realidad y articular sus contribuciones** a la Pastoral Juvenil y a la misión de la Iglesia.

- Es la primera vez en la historia de esta nación que los jóvenes hispanos, unidos en un esfuerzo común, trabajan para desarrollar una **visión común** del ministerio juvenil hispano y para delinear algunos **principios** para guiar esta acción pastoral.

- Es la primera vez en que, guiados por sus asesores y con el apoyo de las estructuras diocesanas y regionales existentes, identifican algunas de las **mejores prácticas y modelos** de Pastoral Juvenil en la nación.

- Es la primera vez que los jóvenes hispanos, convocados por una organización nacional de Pastoral Juvenil Hispana (La Red), indican **estrategias** para desarrollar el ministerio con jóvenes y adolescentes hispanos en este país, al tiempo que se **capacitan y promueven el liderazgo juvenil** mediante el proceso del Encuentro.

Es también la primera vez que un esfuerzo de Pastoral Juvenil Hispana a nivel nacional es copatrocinado por la Conferencia de Obispos Católicos y la Universidad de Notre Dame, apoyado por un número grande de organizaciones nacionales y regionales hispanas y de la cultura dominante.

Hubo varios intentos de organizar la pastoral juvenil al nivel nacional en los años 1972, 1977 y 1987, pero sin resultados efectivos y perdurables. El Primer Encuentro de Pastoral Juvenil Hispana es el primer esfuerzo que logra resultados importantes que, aunque no perfectos; son un primer paso hacia una articulación más sistemática y orgánica de la Pastoral Juvenil Hispana en Estados Unidos.

El objetivo general del Encuentro y sus objetivos específicos fueron, sin duda alguna, alcanzados a través de su proceso. Corresponderá al liderazgo juvenil hispano, sus asesores, sus pastores y múltiples organizaciones nacionales que apoyaron este esfuerzo, hacer realidad las conclusiones del Encuentro y continuar el camino hacia la madurez de la Pastoral Juvenil Hispana en este país.

## Objetivo general del PENPJH

El objetivo general del PENPJH fue involucrar a los adolescentes y jóvenes hispanos y al liderazgo profesional de la Pastoral Hispana, el Ministerio con Adolescentes y la Pastoral de Jóvenes, en un proceso de encuentro-conversión-comunión-solidaridad-misión, que promoviera la participación activa, entusiasta y corresponsable de la juventud hispana en la vida y misión de la Iglesia en Estados Unidos.[11]

## Objetivos específicos

1. Identificar y reflexionar sobre las **necesidades**, **aspiraciones** y **contribuciones** de la juventud hispano-católica en la Iglesia y en la sociedad (por medio de un proceso de consulta).

2. **Promover el liderazgo y la capacitación** de jóvenes hispanos involucrados en la Pastoral Juvenil, al tiempo que se llega a los jóvenes alejados de la Iglesia (por medio de un proceso de formación en la acción).

3. Desarrollar una **visión común** y unos **principios pastorales** que guíen la pastoral **con, hacia y desde** la juventud hispana en parroquias y diócesis, así como en movimientos apostólicos y otras organizaciones e

---

[11] La Red, *Manual del PENPJH: Nivel parroquial,* (Orlando, FL: National Catholic Network de Pastoral Juvenil Hispana, 2005), p. 2, adaptado para reflejar el cambio de vocabulario que se dio durante el Encuentro.

instituciones católicas (por medio de un discernimiento pastoral).

4. Identificar y promover las **mejores prácticas y modelos pastorales** que logran con éxito acompañar a la juventud hispana en su proceso de madurez como discípulos de Jesús (por medio de un proceso de evaluación).

5. **Desarrollar estrategias** y asignar recursos adecuados para equipar a las parroquias, diócesis, movimientos y otras organizaciones e instituciones católicas en su ministerio con la juventud hispana (por medio de una pastoral de conjunto).[12]

El proceso del Primer Encuentro de Pastoral Juvenil Hispana duró año y medio, de enero de 2005 a junio de 2006, y constó de cuatro etapas, que tuvieron lugar a distintos niveles eclesiales: (1) parroquial, (2) diocesano, (3) regional y (4) nacional. Su metodología fue deductiva e inductiva, según lo apropiado para alcanzar los objetivos establecidos.

# ENCUENTROS PARROQUIALES, DIOCESANOS, REGIONALES Y NACIONAL

## Encuentros parroquiales

Los encuentros parroquiales fueron el fundamento sobre el cual se desarrolló todo el PENPJH. El equipo diocesano que asumió la tarea de implementar el proceso del Encuentro, a partir de la iglesia local, se responsabilizó de las etapas parroquial, diocesana y regional, así como de asegurar que los delegados de su diócesis llegaran al Encuentro Nacional.

## Objetivos principales

- Presentar el marco teológico-pastoral en el cual se realizaría el proceso del Encuentro, mediante una catequesis temática, que ayudaría a los jóvenes a profundizar en su fe, a la luz de la Palabra de Dios y las enseñanzas de la Iglesia.

- Escuchar la voz de los jóvenes, mediante sus respuestas a las reflexiones y preguntas hechas a lo largo de cada sesión.

- Promover un espíritu de misión que lleve la Buena Nueva de Cristo a jóvenes hispanos que no participan en grupos y comunidades de fe.

- Afirmar la identidad católica de la juventud hispana e invitarla a participar activamente en la vida y misión de la parroquia.

- Motivar un compromiso a mejorar la Pastoral Juvenil parroquial.[13]

## Fases principales

1. Invitación a todas las diócesis y parroquias con población hispana a participar en el PENPJH.

2. Decisión diocesana de participar en el PENPJH, asumiendo la convocatoria y coordinación a nivel de iglesia local, así como la identificación y capacitación del liderazgo joven, quien sería el protagonista a lo largo de todo el proceso.

3. Identificación de líderes jóvenes y ministros de pastoral con adolescentes en las parroquias y capacitación para la facilitación del proceso parroquial.

4. Implementación de las cinco sesiones catequéticas.

5. Trabajo misionero y conducción de una encuesta con jóvenes católicos que no participan en grupos y comunidades juveniles de fe.

6. Día de encuentro parroquial:
   - Análisis de las notas de las reflexiones catequéticas y los resultados de la encuesta misionera.

---

[12] Ibid., *Manual parroquial*, p. 2.

[13] Ibid., *Manual parroquial*, p. 4, 13, 17.

- Elección de delegados al encuentro diocesano.
- Elaboración y entrega de resultados parroquiales.
- Eucaristía y ritual de envío.

# Encuentros diocesanos

En los encuentros diocesanos, los delegados utilizaron una metodología inductiva para la recolección, análisis y organización de las conclusiones de los encuentros parroquiales según fueron presentados en el Cuaderno de Trabajo Diocesano. Este cuaderno consistió de las Conclusiones de los encuentros parroquiales y de una serie de reflexiones enfocadas en los cinco objetivos específicos del PENPJH.[14]

## Objetivos principales

- Analizar y priorizar las conclusiones emanadas de los encuentros parroquiales.

- Analizar y priorizar las necesidades pastorales de los jóvenes emanadas de las encuestas hechas a jóvenes de afuera de los grupos juveniles.

- Identificar acciones que pueden mejorar la Pastoral Juvenil parroquial y diocesana, con base en las "metas, principios y elementos esenciales de la Pastoral Juvenil Hispana".

- Identificar los modelos pastorales a nivel parroquial o de movimiento, con base en las "metas, principios y elementos esenciales de la Pastoral Juvenil Hispana".

- Elegir a los delegados para el Encuentro Regional.[15]

[14] La Red, *Manual 2 del PENPJH: Encuentro Diocesano*, (Orlando, FL: National Catholic Network de Pastoral Juvenil Hispana, 2005), p. 1.
[15] Ibid., *Encuentro Diocesano*, p. 1-4.

## Tópicos y enfoques principales

1. Promoción y capacitación de líderes en la Pastoral Juvenil.

2. Análisis de las necesidades y contribuciones pastorales de los jóvenes en la Pastoral Juvenil.

3. Reflexión sobre la visión de la Pastoral Juvenil e identificación de estrategias para hacerla realidad.

4. Reflexión sobre los principios de Pastoral Juvenil e identificación de estrategias para su implementación.

# Encuentros regionales

La mayoría de los encuentros regionales tuvo lugar según la estructuración de las regiones pastorales hispanas: Noreste, Sureste, Medio Oeste, Nord Central, Suroeste, Estados Montañosos, Noroeste y Lejano Oeste (ver el mapa en la p. 24). La región Nord Central fue la excepción, pues tuvo dos encuentros según sus diócesis.

Como preparación al encuentro regional, se recogieron los resultados de las diócesis en la región y se creó un Documento de Trabajo, siguiendo instrucciones dadas por el Comité de Proceso en el Manual correspondiente. En la mayoría de estos encuentros se contó con la participación tanto de adolescentes como de jóvenes.

## Objetivos principales

- Sintetizar y priorizar las necesidades y aspiraciones pastorales identificadas en los encuentros parroquiales y diocesanos, tanto desde la perspectiva de la pastoral con adolescentes como de la pastoral de jóvenes.

- Identificar los elementos de visión común y los principios pastorales que guían la pastoral con adolescentes y la pastoral de jóvenes.

- Identificar modelos pastorales y mejores prácticas que realizan los adolescentes y los jóvenes en su acción pastoral.

- Identificar las estrategias pastorales prioritarias en la pastoral con adolescentes y la pastoral de jóvenes, a nivel parroquial, diocesano y regional.

- Identificar las características esenciales en la capacitación del liderazgo juvenil hispano y procesos apropiados para su promoción y participación en la Iglesia.

- Elegir a los delegados para el Encuentro Nacional.

- Fortalecer o establecer una red de comunicación, apoyo y colaboración entre las diócesis a nivel regional.[16]

### Tópicos y enfoques principales

1. Reflexión sobre el discipulado de Jesús y su misión evangelizadora.

2. Elaboración del perfil demográfico de los jóvenes que participaron en las tres primeras etapas del Encuentro (ver estadísticas en la parte 3, p. 83-102.).

3. Elaboración del documento de conclusiones de la región, como base para el Encuentro Nacional.

4. Elección de delegados diocesanos al Encuentro Nacional, quienes debían cumplir dos condiciones: (a) ser mayores de 18 años, y (b) haber participado en los encuentros a nivel parroquial, diocesano y regional.

# Encuentro Nacional

En el Encuentro Nacional participaron 1,680 jóvenes hispanos líderes y 250 observadores que sirvieron como asesores de Pastoral Juvenil y ministros de pastoral con adolescentes. Los jóvenes representaban 120 diócesis, 68% de las diócesis en el país. Hubo 26 diócesis que llevaron jóvenes a los encuentros regionales y al Nacional, sin haber realizado encuentros diocesanos y, probablemente, encuentros parroquiales. Los observadores iban de las mismas diócesis y de organizaciones colaboradoras en el PENPJH.

Los jóvenes llegaron llenos de vida y entusiasmo, conscientes de que eran voz profética de una juventud católica muy numerosa (9 millones de jóvenes entre 13 y 29 años). Ellos sabían que, por primera vez, la juventud latina tenía la oportunidad de hacer sentir su voz de manera significativa, gracias a La Red y a la coalición de organizaciones que se unieron a este esfuerzo profético del Pueblo de Dios hispano.

La apertura oficial del Encuentro Nacional fue magnífica. Cada región se organizó para entrar en procesión al salón de convenciones, reflejando su convicción de que, como iglesia joven, marcha a través de la historia proclamando el mensaje de la Buena Nueva de Cristo a innumerables jóvenes en sus parroquias y barrios.

Las banderas de todos los países de habla española, incluso Estados Unidos, ondeaban majestuosas, en manos de delegados nacidos en esos países, como un signo inequívoco de la composición del pueblo hispano en Estados Unidos, proveniente de todas las naciones hispanoparlantes. Los banderines de las diócesis presentes, en su mayoría diseñados por los mismos jóvenes con elementos simbólicos, elevaron aún más lo significativo de ese evento histórico. La presencia de 21 obispos de EUA resalta la importancia del Encuentro. La participación de la delegación del CELAM (Consejo Episcopal Latinoamericano) dio al evento una dimensión eclesial significativa al reconocer los lazos indiscutibles que existen entre la Pastoral Juvenil Hispana en EUA y la Latinoamericana.

A continuación se ofrece la reflexión teológico-pastoral sobre el Encuentro. La siguiente sección presenta el esquema del proceso total del Encuentro, seguido del proceso del Encuentro Nacional y las comisiones que facilitaron sus actividades. Las conclusiones del proceso, alcanzadas en el Encuentro en Notre Dame, forman la segunda parte del documento.

---

[16] La Red, *Manual 3 del PENPHJ: Encuentro Regional*, (National Catholic Network de Pastoral Juvenil Hispana: Orlando, FL: 2005), p. 4.

Primer Encuentro Nacional de Pastoral Juvenil Hispana

# REFLEXIÓN TEOLÓGICO-PASTORAL

En la primera fase del Encuentro, hubo cinco reflexiones catequéticas según las líneas centrales del papa Juan Pablo II en su exhortación apostólica, *Ecclesia in America:* (a) el encuentro con Jesucristo vivo, (b) el camino de la conversión, (c) el camino para la comunión, (d) el camino para la solidaridad y (e) el envío de Jesús a participar en su misión. Estas reflexiones crearon conciencia en los jóvenes de Jesucristo como el centro en su vida y su proceso de crecimiento en la fe.

## Jesús, centro y meta de la Pastoral Juvenil

Jesús es el eje y la meta de toda Pastoral Juvenil. Hay que conocer a Cristo vivo ya que él es el mensaje y el mensajero de nuestro Padre Dios. Él es la revelación y el revelador de Dios en nuestra historia; el principio y el fin, el *Alfa* y la *Omega*. Todo se hizo a través de él y sin él nada se hizo de cuanto llegó a existir (Jn 1, 3). En Jesús revela Dios todo lo que es (Heb 1, 3); él es el secreto escondido de Dios, revelado en nuestro tiempo (Ef 1, 9; Col 2, 2). En Jesús está contenida toda sabiduría y conocimiento (Col 2, 3). Él es el Nuevo Adán (1 Cor 15, 45), la Nueva Creación (2 Cor 5, 17); en Jesús todo se hace nuevo (Ap 21, 5).

Jesucristo no sólo revela en su persona al Padre misericordioso, sino que pone de manifiesto la grandeza del ser humano, con su dignidad inalienable y la sublimidad de su vocación. En realidad, la vocación suprema de toda persona es una sola: su vocación divina como hijo/a de Dios.[17]

## Nuestra relación con Jesús

A Jesús no sólo hay que conocerlo, sino encontrarlo existencialmente y relacionarse con él de tú a tú. Después de 50 años, San Juan aún recordaba la hora en que había encontrado al Señor, como lo dice en su Evangelio: "eran como las cuatro de la tarde" (Jn 1, 39).

Es a través de este conocimiento y encuentro existencial con el Señor que se da el proceso de conversión que nos hace discípulos suyos y nos motiva a continuar su misión en este mundo. Es a partir de nuestra relación profunda y completa con Jesús, gracias a la acción de su Espíritu en nosotros, que podemos ser evangelizadores: proclamar su mensaje con fe y entusiasmo; instaurar los valores del Evangelio en nuestro ambiente, y hacer presente su reino de amor, justicia y paz, como miembros de su Pueblo Santo, en comunión unos con los otros y en solidaridad fraterna con el mundo entero.

## La iglesia joven continúa la misión de Jesús

Todo bautizado, como miembro del cuerpo místico de Cristo activo en la historia, tiene la vocación de ejercer la triple misión de Jesús, como sacerdote, profeta y rey/pastor-servidor. La juventud cristiana tiene el llamado especial a realizar esta misión con sus compañeros de edad, mediante su testimonio de vida y acción evangelizadora.

La comunidad eclesial, encabezada por los obispos como pastores de la iglesia local, tiene la responsabilidad de velar para que la Pastoral Juvenil se desarrolle de manera orgánica y efectiva. Así podrán los jóvenes ejercer su vocación bautismal y poner los dones que el Espíritu Santo les ha dado, al servicio de la Iglesia y la construcción del Reino en la sociedad.

## Los jóvenes hispanos buscamos un encuentro con Jesucristo vivo

Los jóvenes hispanos que participamos en grupos y movimientos apostólicos juveniles gozamos frecuentes encuentros personales y comunitarios con Jesucristo vivo. Estos encuentros se favorecen en los modelos efectivos de pastoral con la juventud hispana.

Al tener un espacio en la Iglesia, podemos generar un ministerio de acompañamiento vibrante, que nos ayuda a madurar como jóvenes discípulos suyos. Así, con la ayuda del Espíritu Santo, podemos llevarlo a otros jóvenes.

---

[17] *Gaudium et spes*, en Concilio Vaticano II, Documentos (España: BAC, 1967), num. 22

Sin embargo, somos un porcentaje pequeño de los millones de jóvenes hispanos que viven en Estados Unidos, quienes tenemos esta gracia.

Los obispos consideran nuestra presencia activa una bendición de Dios y nos motivan a seguir adelante. También reconocen nuestro dolor cuando no somos bien recibidos y nos sentimos como extranjeros en la casa de Dios, y motivan a la comunidad eclesial a darnos la bienvenida y dejarnos ser nosotros mismos.[18]

Para que nuestro ministerio sea efectivo, necesitamos sentirnos en casa en la Iglesia y desarrollar nuestra identidad católica al participar en la vida y la misión de la Iglesia. Es al afirmar nuestra fe, valores culturales y tradiciones religiosas, que podemos compartir nuestros dones y talentos con la comunidad de fe.[19]

## El camino de la conversión genera un cambio de vida y la encarnación de la fe en la cultura

Es urgente que la Iglesia promueva la conversión continua de la juventud católica hispana. Sólo así podrán nuestros hijos heredar el don de la fe y el amor por nuestra Iglesia.

Para hablar de conversión, el Nuevo Testamento usa la palabra *metanoia*, que implica una manera distinta de pensar y la revisión del propio modo de actuar a la luz de los criterios evangélicos.[20]

La Iglesia necesita el entusiasmo, energía e ideales de los jóvenes para que el Evangelio penetre todas las fibras de la sociedad y ayude a crear una civilización guiada por la justicia y amor. Esto requiere la transformación de los corazones y las culturas.[21]

Urge que los jóvenes hispanos revisen cómo la cultura dominante en Estados Unidos, y su propia cultura hispana/latina, promueven su crecimiento e integración saludable en la sociedad. Esta reflexión crítica favorece el proceso de inculturación, necesario para la trans-

formación profunda de la cultura por los valores cristianos y su integración en ella.[22]

## Construimos la comunión desde nuestra realidad e identidad católica

La cultura define el contexto en el que actuamos, señala cómo interactuar con los demás y da identidad como miembros de una familia o comunidad específica. La cultura hispana, al dar un valor alto a los lazos comunitarios, forja un fuerte sentido de pertenencia, que a su vez da seguridad en la vida, consuelo en las penas y valor profético ante situaciones contrarias al Evangelio. Sin embargo, este valor es desafiado con frecuencia por el ambiente cultural en que vivimos en Estados Unidos.

La Iglesia tiene la misión de forjar el sentido de comunidad donde florece el Evangelio, cimentándola en el amor de Dios. De esta manera ofrece el sentido de identidad, propósito y comunidad que anhelamos como cristianos.

Rescatados por Cristo y bautizados con el Espíritu Santo, los jóvenes católicos hispanos de cualquier condición social, generación, estatus migratorio... somos miembros plenos de la Iglesia, dignos de amor, respeto y apoyo por la comunidad cristiana. De ahí que, enfrentados a una sociedad crecientemente diversa y, en cierta forma dividida, nuestra comunión con Cristo nos motiva a proclamar nuestra nuestra comunión viva con todos los creyentes.[23]

Debemos hacer de la Iglesia el hogar y la escuela de la comunión.[24] La comunidad de fe es el lugar donde el poder sanador de Jesús toca a los jóvenes, nos dice quienes somos a sus ojos y nos da la fortaleza y la gracia para enfrentar los retos de la vida.[25]

El liderazgo de la pastoral juvenil, el ministerio hispano y el *youth and young adult ministry* está cada vez más consciente de que los programas y actividades propios para la cultura dominante, no favorecen la participación de adolescentes y jóvenes hispanos, aunque hablen inglés. Esto sucede debido a las diferencias

[18] USCCB, *Hijos e hijas de la luz: Plan pastoral para el ministerio con jóvenes adultos*, (Washington, DC: USCCB, 1997), v.
[19] *Renovemos la visión*, p. 23.
[20] Juan Pablo II, *Ecclesia in América*, num. 26.
[21] *Hijos e hijas de la luz*, v.

[22] Juan Pablo II, *Redemptoris Missio*, num. 52.
[23] Juan Pablo II, *Ecclesia in America*, num. 33.
[24] Juan Pablo II, *Novo Millenio Ineunte*, num. 43.
[25] *Hijos e hijas de la luz*, p. 20.

económicas, culturales, educacionales, geográficas y lingüísticas,[26] especialmente cuando la pastoral en la parroquia se limita a un solo grupo juvenil. Esta realidad se refleja en reuniones diocesanas y nacionales, con valiosas excepciones, entre ellas de los sitios donde la mayoría de los fieles son hispanos.

Por otro lado, existe gran variedad de modelos pastorales que proveen espacios donde los adolescentes y jóvenes hispanos desarrollan su identidad, pertenencia y misión como cristianos católicos. Los modelos identificados durante el Encuentro ilustran esta riqueza. Ellos responden a nuestra realidad social, religiosa y cultural, y son conducidos en español, en inglés o bilingües, según sea mejor para los participantes.

Los grupos juveniles y los movimientos apostólicos, son campo fértil para promover un crecimiento personal total y espiritual en sus miembros. En algunos lugares comienza a haber interacción y experiencias comunitarias con jóvenes de la cultura dominante en parroquias y diócesis, lo que fomenta la integración eclesial y la unidad en la diversidad.

## La juventud hispana es una voz profética llamando a la solidaridad

En contraste con la mayoría los jóvenes involucrados en el ministerio y las escuelas católicas de la cultura dominante, un gran número de jóvenes hispanos enfrenta serias limitaciones económicas, bajo nivel educacional y rechazo social. En este contexto, la Pastoral Juvenil Hispana es motivo de esperanza, a la vez que un reto profético que clama por solidaridad en medio de diferencias sociales, económicas, educacionales, lingüísticas y migratorias. Unir realidades tan contrastantes en la casa del Señor es misión de la Iglesia y desafío para la construcción del Reino aquí y ahora.

El papa Juan Pablo II define la virtud de la solidaridad como: "Una firme y perseverante determinación de comprometerse uno mismo —y toda la comunidad de fe— al bien común; entendido como el bien de todas y cada una de las personas, porque todos somos responsables de todos".[27]

Esta solidaridad se basa en la santidad de la vida humana y la dignidad de la persona. Está profundamente enraizada en el Evangelio y articulada en la doctrina social de la Iglesia.

La Iglesia está llamada a alimentar en cada uno de los fieles una conciencia y compromiso a una vida de justicia y servicio... para impulsar a los jóvenes en el trabajo por la justicia... para vernos a nosotros mismos como "un pueblo escogido para el bienestar de los demás – una comunidad que se solidariza con el pobre, que lleva su servicio a los necesitados y que lucha por crear un mundo donde cada persona sea tratada con dignidad y respeto".[28]

Sabemos que no estamos solos ante estos retos y que los obispos continuarán escuchando nuestras preocupaciones y hablando en nuestro nombre.[29] Les agradecemos que lo expresen tanto con palabras como con acciones, como ellos mismos nos lo manifiestan:

"Nuestra fe nos llama a trabajar por la justicia; a servir a los necesitados; a buscar la paz; a defender la vida, la dignidad y los derechos de nuestros hermanos y hermanas",[30] especialmente aquellos en mayor necesidad... a contribuir al cambio de las políticas, estructuras y sistemas que perpetúan la injusticia, por medio de la acción legislativa, la organización comunitaria y el trabajo con organizaciones sociales para el cambio.

La Iglesia debe ser siempre ejemplo y promotora de justicia, afirmando y defendiendo el derecho de todos a la vida y a satisfacer sus necesidades básicas, incluyendo un trabajo y vivienda dignos, un salario justo, educación respetuosa de su cultura y acceso al cuidado de la salud.[31] El derecho de las personas a emigrar en búsqueda de sustento para sí y su familia es fuertemente defendido por la Iglesia y está en las raíces de la historia de Estados Unidos como país de inmigrantes.[32] Es por el espíritu de solidaridad y amor

---

[26] *Encuentro y Misión*, num. 70.
[27] Juan Pablo II, *Sollicitudo Rei Socialis*, num. 38

[28] *Renovemos la Visión*, p. 39.
[29] *Hijos e hijas de la luz*, p. 21.
[30] *Renovemos la visión*, p. 39.
[31] USCC, *La presencia hispana en la Nueva Evangelización en los Estados Unidos* (Washington D.C., USCC, 1996), p. 24.
[32] *Ya no somos extranjeros: Juntos en el camino de la esperanza* (Washington, DC: USCCB, 2003), num. 34.

cristiano, educado por la doctrina social de la Iglesia, que los retos que enfrentan algunos miembros del cuerpo de Cristo, se convierten en desafíos para toda la comunidad eclesial.

## Con espíritu misionero llevamos la Buena Nueva a los jóvenes hispanos donde quiera que se encuentren

Según la Oficina del Censo, la mitad de los 46 millones de hispanos que viven en Estados Unidos tiene 27 años o menos. Aunque casi todos son bautizados, la mayoría no ha sentido el amor de la Iglesia. Este hecho nos reta a todos los católicos, especialmente a los jóvenes, a llevar el Evangelio a millones de jóvenes hispanos e invitarlos a una participación activa en la vida y la misión de la Iglesia.

El ardiente deseo de invitar a los demás a encontrar a Aquel a quien nosotros hemos encontrado, está a la raíz de la misión evangelizadora que incumbe a toda la Iglesia.[33]

En esta misión radica la más profunda identidad de la Iglesia. La tarea fundamental que nos pide Jesús es la proclamación de la Buena Nueva en cada rincón del mundo y situación humana. Cristo Resucitado dijo a sus discípulos: "Como el Padre me ha enviado, yo también los envío a ustedes" (Jn 20, 21). Aceptar esta misión lleva a anunciar el nombre, la doctrina, la vida, las promesas, el Reino y el Misterio de Jesús de Nazaret Hijo de Dios, y a trabajar para que sus promesas sean realidad en la vida de las personas y los pueblos.[34]

Llevar la Buena Nueva a los jóvenes implica actuar fuera del templo, del edificio parroquial y de las reuniones semanales; cambiar los asientos por zapatos... Hay que buscar a los jóvenes en sus casas, sus escuelas, sus trabajos, sus barrios, así como en los cines, bailes, campos... donde quiera que viven y se reúnen.

## Los jóvenes somos los mejores apóstoles y misioneros de otros jóvenes

Hoy el acompañamiento pastoral es vital para los jóvenes. Las "culturas juveniles", el impacto de los medios de comunicación y la tendencia a aprender de los compañeros e inspirarse en ellos, clama por la acción misionera de los jóvenes activos en su propia generación.

Los jóvenes hispanos tienen una necesidad particular de este esfuerzo misionero pues muchos viven lejos de sus familias o sufren un desconecte cultural entre sus padres inmigrantes y su propia realidad bicultural. De ahí que los obispos nos pidan que asumamos este compromiso, cultivando nuestros talentos y dones, y poniéndolos al servicio de la Iglesia y la sociedad, en particular con otros jóvenes.[35]

Juan Pablo II llamó a una Nueva Evangelización de América: nueva en su ardor, métodos y expresiones.[36] Un número creciente de jóvenes están haciendo un esfuerzo por alcanzar a otros jóvenes con su convicción, gozo y creatividad. Los movimientos apostólicos, los grupos musicales católicos, las actividades misioneras, la lucha en favor de los inmigrantes y los aún no nacidos, los esfuerzos realizados a través de la Internet y otros medios de comunicación son testimonios vivos de la Nueva Evangelización que se realiza entre la juventud hispana hoy. Pero falta mucho por hacer.

A la luz de las vivencias del encuentro, Jesús nos invitó una vez más a ser pescadores con él; hagamos lo que nos dice. Echemos las redes con fe, levantémoslas con esperanza y recojámoslas con amor, pues con él, podemos obtener una pesca abundante para el bien de nuestra juventud y mayor gloria de Dios.

---

[33] *Ecclesia in América*, num. 68.

[34] *Evangelii Nuntiandi*, num. 22.

[35] *Renovemos la visión*, p. 17-18.

[36] Juan Pablo II, Discurso a la Asamblea del CELAM (9 de marzo, 1983), III: AAS 75 (1983), p. 778.

# PROCESO TOTAL DEL ENCUENTRO

## La Red

## ENCUENTROS PARROQUIALES

- Sesiones catequéticas
- Acción misioneras
- Consulta a nivel de base
- Encuentro parroquial
- Elección de delegados al encuentro diocesano

## ENCUENTROS DIOCESANOS

- Análisis de resultados parroquiales
- Identificación de metas, principios, elementos y modelos en la Pastoral Juvenil Hispana
- Elección de delegados al encuentro regional

## ENCUENTROS REGIONALES

- Síntesis de resultados de los encuentros diocesanos
- Priorización de necesidades y aspiraciones de los jóvenes
- Identificación de modelos y estrategias pastorales
- Identificación de elementos para la capacitación e integración del liderazgo juvenil en la iglesia
- Elección de delegados al Encuentro Nacional

## ENCUENTRO NACIONAL

- Complementación de la síntesis de los encuentros regionales
- Establecimiento de las conclusiones del PENPJH

## ELABORACIÓN de un plan estratégico de cinco años e IMPLEMENTACIÓN del mismo

# PROCESO DEL ENCUENTRO NACIONAL

A continuación se presenta el proceso del Encuentro Nacional. Todas sus partes tuvieron una importancia vital en la experiencia que vivieron los delegados. Se subrayan las sesiones plenarias y liturgias oficiales, por ser las que dieron dirección y significado profundo al Encuentro.

## Horario del proceso

### *Jueves, 8 de junio*

| | |
|---|---|
| 10:00 AM | Inscripción por diócesis en el Encuentro y asignación de los dormitorios |
| 11:30 | Eucaristía en la Basílica del Sagrado Corazón, Notre Dame (voluntaria) |
| 12:00 | Reuniones organizativas durante el almuerzo del Comité Nacional y de los coordinadores del Comité Regional |
| 1:00 – 2:30 | + Reunión informativa con líderes diocesanos y personas clave<br>+ Orientación para facilitadores del proceso |
| 3:00 – 4:00 | Reuniones regionales en distintos lugares del campus para preparar las procesiones |
| 6:15 | **Procesiones regionales hacia el Centro de Convenciones** |
| 7:00 | **Sesión de apertura** |

□ *Oración de apertura y proclamación de la Palabra:* La red como símbolo de nuestra fe y acción pastoral

□ *Apertura del Encuentro por la Mesa Directiva de La Red* (ver p.16)

□ *Bienvenida:* Mons. John D'Arcy, Obispo de Fort Wayne/South Bend

□ *Bienvenida:* Mons. Plácido Rodríguez, CMF, Obispo de Lubbock y Presidente del Comité de Obispos para Asuntos Hispanos, USCCB

□ *Bienvenida:* James E. McDonald, CSC, Asistente Ejecutivo Principal y Consejero del Presidente, Universidad de Notre Dame

□ *Conferencia magistral:* Mons. José H. Gómez, Arzobispo de San Antonio y Moderador Episcopal de La Red

□ *Oración de clausura*

| | |
|---|---|
| 9:30 | + Apertura de exhibiciones (ver p. 42) |
| | + *Noche social:* patrocinada por William H. Sadlier, Inc. y *¡OYE!* Magazine |
| | + *Concierto:* patrocinado por World Librabry Publications<br>Maestro de ceremonias: Eduardo Rivera<br>Música:<br>　o Grupo Huellas<br>　o Diego & Damaris<br>　o Jorge Rivera y amigos |
| 11:00 | Fin de las actividades del día |
| 12:00 AM | Buenas noches |

## Viernes, 9 de junio

7:00 AM      Eucaristía en la Basílica del Sagrado Corazón (voluntaria)

7:30         Desayuno

8:00         Apertura de exhibiciones

8:50         **Sesión plenaria 1: Necesidades y Aspiraciones**

           ☐ *Bienvenida*

           ☐ *Liturgia de la Palabra:* CONVERSIÓN, "¡Señor, sálvanos!" (Mt 8, 25)

           ☐ *Enfoque temático:* Marissa Esparza y Luis Soto, La Red

           ☐ *Conferencia magistral:* Hna. María Elena González, RSM, Presidenta del Mexican American Cultural Center (MACC), San Antonio, Texas

           ☐ *Sesiones miniplenarias:* Análisis, síntesis e identificación de conclusiones para votación [37]

12:00 PM     + Almuerzo y exhibiciones

          + Almuerzo formal: Obispos y Mesa Directiva de La Red

2:30         **Sesión plenaria 2: Prácticas exitosas y modelos pastorales**

           ☐ *Enfoque temático:* Marissa Esparza y Luis Soto, La Red

           ☐ *Sesiones miniplenarias:* Análisis, síntesis e identificación de conclusiones para votación

4:45            ☐ *Presentación de la Iniciativa de Educación Superior:* Panel de la Universidad de Notre Dame
              — Dr. Gilberto Cárdenas, Asistente del *Provost*, y Julián Zamora, Presidente del Instituto de Estudios Latinos
              — P. Virgilio Elizondo, Profesor de Teología y Ministerio
              — Daniel J. Saracino, Asistente del *Provost* de Inscripciones

           ☐ *Liturgia de la Palabra:* COMUNIÓN, "Hemos intentado toda la noche" (Lc 5, 5)

6:00         + Cena y exhibiciones

7:30         + Reunión informativa para directores diocesanos

          + Recepción para personas importantes (VIPs): Patrocinada por el Instituto de Estudios Latinos, Universidad de Notre Dame

          + Concierto y noche de fiesta: Patrocinado por Oregon Catholic Press
              Maestro de ceremonias: Pedro Rubalcaba
              Cantante: Santiago Fernández

11:00        Fin de las actividades del día

12:00 AM     Buenas noches

---

[37] El proceso mediante el cual se obtuvieron las conclusiones se presenta en la p. 39.

## *Sábado, 10 de junio*

7:00 AM     Eucaristía en las capillas de los dormitorios (voluntaria)

7:30     Desayuno

8:00     Apertura de exhibiciones

8:50     **Sesión plenaria 3: La visión en la Pastoral Juvenil**

       ☐ *Liturgia de la Palabra:* SOLIDARIDAD, "Vayan mar adentro" (Lc 5, 4)

       ☐ *Presentación de la Iniciativa sobre Vocaciones:* Hno. Jesús Alonso, CSC, Health Service Center, San Antonio, TX; P. Christopher Cox, CSC, Saint Adalbert Parish, South Bend, IN; Hna. Elvira Mata, MCDP, Directora de Pastoral Juvenil, Diócesis de Fort Worth

10:15     ☐ *Conferencia magistral:* Cardenal Óscar Andrés Rodríguez Maradiaga, SDB, Arzobispo de Tegucigalpa, Honduras

       ☐ *Enfoque temático:* Marissa Esparza y Luis Soto, La Red

       ☐ *Sesiones miniplenarias:* Análisis, síntesis e identificación de conclusiones para votación

11:15     *Diálogo entre la delegación del CELAM y los directores diocesanos sobre el impacto de la migración en la pastoral con jóvenes y posibilidades de colaboración:* Patrocinado por el Secretariado para la Iglesia en América Latina, USCCB

12:30 PM     Almuerzo y exhibiciones

2:50     **Sesión plenaria 4: Liderazgo**

       ☐ *Conferencia magistral:* Mons. Jaime Soto, Obispo Auxiliar de Orange y Presidente del Subcomité de Adolescentes y Adultos Jóvenes, USCCB

       ☐ *Enfoque temático:* Marissa Esparza y Luis Soto

       ☐ *Sesiones miniplenarias:* Panel de líderes eclesiales y diálogo abierto con ellos, análisis, síntesis e identificación de conclusiones para votación[38]

       ☐ *Liturgia de la Palabra:* MISIÓN, "¿Me quieres? Apacienta mis ovejas" (Jn 21, 17)

4:15     Exhibiciones

6:30     +   Cena

       +   Cena formal y diálogo de los obispos y los directores diocesanos: Patrocinada por Catholic Relief Services, USCCB

8:00     Fiesta de talentos: ¡Juventud Hispana, comparte tus talentos artísticos!

9:30     Baile: "Noche de Rumba"

11:00     Fin de las actividades del día

12:00 AM     Buenas noches

---

[38] Los paneles se llevaron a cabo en los salones donde se realizaban las sesiones miniplenarias. En cada panel participó cinco personas: obispos, directores de pastoral hispana y personal diocesano de Pastoral Juvenil. Los aportes de ese diálogo fueron la base para las conclusiones sobre el tema del liderazgo juvenil en la Iglesia.

## Domingo, 11 de junio

7:00 AM      Desayuno

8:00      Salida de los dormitorios

8:50      **Sesión plenaria 5: Estrategias y recursos**

           ☐ *Liturgia de la Palabra:* MISIÓN, "Echen la red al lado derecho" (Jn 21, 6)

           ☐ *Enfoque temático:* Marissa Esparza y Luis Soto, La Red

           ☐ *Sesiones miniplenarias:* Análisis, síntesis e identificación de conclusiones

11:15      Descanso y preparación para la Celebración Eucarística

11:30      **Celebración Eucarística: Fiesta de la Santísima Trinidad**
**Ceremonia de Envío a la Misión**

           Celebrante principal: Mons. José H. Gómez, Arzobispo de San Antonio y Moderador Episcopal de La Red

           Homilía: Mons. Gustavo García-Siller, MSpS, Obispo Auxiliar de Chicago

12:45      Despedida

# PROCESO DE ANÁLISIS Y SÍNTESIS PARA LA OBTENCIÓN DE CONCLUSIONES

El proceso de análisis y síntesis para someter conclusiones a votación en la asamblea plenaria, se llevó a cabo en ocho sesiones semiplenarias, constituidas por 250 personas, con un/a coordinador/a principal y un/a asistente. Cada semiplenaria estaba integrada por grupos pequeños de 25 personas, cada uno, con un/a facilitador/a y un/a secretario/a joven.

Hubo dos semiplenarias que se enfocaron en el ministerio con adolescentes y seis, que se centraron en la pastoral de jóvenes. Dos de las plenarias tuvieron como idioma principal el inglés; las otras se llevaron a cabo en español.

El proceso para aprobar las conclusiones consistió en los siguientes pasos:

1. Presentación del Cuaderno de Trabajo con sus dos elementos principales: (a) la síntesis de las conclusiones alcanzadas en los encuentros regionales sobre cada uno de los cinco temas del Encuentro Nacional, y

(b) instrucciones para complementar dichas conclusiones mediante los aportes, análisis y síntesis de los delegados.

2. Análisis, reflexión y síntesis a nivel de pequeños grupos y entrega de resultados a los coordinadores de la miniplenaria.

3. Elaboración de una síntesis por miniplenaria, realizada por facilitadores de los pequeños grupo y facilitada por los coordinadores.

4. Elaboración de una síntesis general por la Secretaría del Encuentro y presentación de ésta al Equipo de Animadores del Encuentro.

5. Votación para aceptar las conclusiones de los encuentros regionales sobre cada tema y votación sobre la síntesis complementaria realizada en las semiplenarias, con excepción del último tema, sobre el cual se dio un voto de confianza para que la Secretaría realizara la síntesis debido a la falta de tiempo.

# COMITÉS NACIONALES

**Coordinador Nacional del Encuentro:** Rey Malavé

**Coordinación del Evento**
  Responsable: Carolyn Adrian
  Asistente: Sammy Burgueño

**Programa**
  Coordinación: Jesús Ábrego
    Alejandro Aguilera-Titus
    Hna. Eileen McCann, CSJ
    Luis Soto

**Proceso**
  Coordinación:
    Luis Soto
    P. Mario Vizcaíno, SchP
  Miembros:
    Carmen M. Cervantes
    José Antonio Medina-Arellano

**Traducción**
  Carmen Aguinaco

**Recaudación de fondos**
  Ronaldo Cruz

**Finanzas**
  P. William Lego, OSA

**Becas a delegados**
  Rudy Vargas IV

**Movimientos Apostólicos**
  Salvador Mora

**Inscripción en Notre Dame**
  Rosizela Betancourt

**Hospitalidad**
  Enid Román-de-Jesús

**Liturgia y música**
  Pedro Rubalcava
  Santiago Fernández

**Facilitación del proceso**
  Carmen M. Cervantes

**Secretaría**
  Javier Castillo

**Exhibiciones**
  Dulce Jiménez

**Fiesta**
  Jorge Rivera

**Mercadotecnia**
  P. Ángel del Río, OP

**Comunicaciones**
  Leonardo Jaramillo

**Producción**
  Declan Wair Productions, Inc

**Guión**
  Lucien Costley

## COORDINACIÓN DE LAS SESIONES SEMIPLENARIAS

**Coordinadores:** José López y Walter Mena

| Semiplenarias | Coordinador principal | Asistente de coordinación |
| --- | --- | --- |
| 1. Adolescentes en inglés | Hna. Elvira Mata, MCD, Suroeste | Rico Sotelo, Nord Central |
| 2. Adolescentes en español | Juan Cruz, Sureste | Judith Reyes, Sureste |
| 3. Jóvenes en inglés | Patrick Mooney, Lejano Oeste | Rocío Zamarrón, Medio Oeste |
| 4. Jóvenes en español | Carlos Carrillo, Noroeste | Mónica Nápoles, Noroeste |
| 5. Jóvenes en español | Julie Arias, Lejano Oeste | Julia Sánchez, Nord Central |
| 6. Jóvenes en español | Hna. Guadalupe Medina, Suroeste | Liliana Flores, Estados Montañosos |
| 7. Jóvenes en español | Hna. Mary Jude, Noreste | Juan Pablo Padilla, Medio Oeste |
| 8. Jóvenes en español | César Segovia, Sureste | Homero Mejía, Lejano Oeste |

# Oración de los Facilitadores del Proceso

## Aquí estamos, ¡presente!

¡Oh Señor! que eres el amo de todo.
Nosotros, jóvenes hispanos líderes
en la Pastoral Juvenil en Estados Unidos,
conscientes de ser un pueblo de identidad propia
nacidos de unas raíces, tradiciones culturales,
lengua y fe comunes y unidos en esta diversidad
te dirigimos esta oración:

## Aquí estamos, ¡presente!

Amo y Señor de la historia,
nosotros, tu pueblo que experimenta hambre y dolor,
reforzamos nuestra opción preferencial
por los jóvenes y los pobres,
y nos erguimos en solidaridad con la humanidad que sufre
respondiendo a tu invitación en este
Primer Encuentro Nacional de Pastoral Juvenil Hispana.

## Aquí estamos, ¡presente!

De tu seno creador hemos nacido,
somos tu familia, tu pueblo creyente.
En este momento de gracia
sentimos tu llamado a seguir tu misión profética.
Trabajamos en equipo, participamos en comunidad
y hablamos en nombre tuyo a la Iglesia y a la sociedad.

## Aquí estamos, ¡presente!

Caminando como pueblo
y dispuestos a ser autores de nuestra propia historia,
caminamos con esperanza en un proceso continuo.
Juntos contribuimos a la venida del reino de Dios aquí y ahora,
luchando para establecer una nueva sociedad cuya economía,
relaciones y valores se basan en el amor y la justicia de tu Hijo.
En compañía de María, Madre de los creyentes,
te pedimos nos ayudes en la tarea que nos confías. Amén.

*—Basada en la oración final, Voces Proféticas, 1986*

# EXHIBICIONES

American Bible Society
Angelus Religious Jewelry
Asociación de Jóvenes para Cristo /
    Young Adults for Christ
Barry University
Boston College
Boy Scouts of America
Capuchin Franciscan Friars
Catholic Campaign for Human Development
Catholic Leadership Institute
Catholic Relief Services
Christian Life Community
Cielito Lindo Religious Articles & Gifts
Claretian Missionaries
Claretian Tape Ministry
Comunidad de Los Cabos
Congregation of Christian Brothers
Congregation of Sisters of Bon Secours
Conventual Franciscan Friars
Daughters of Charity
Divine Word College
Dominican Friars of Austin
Dominican Sisters of the Christian Doctrine
El Verdadero Amor Espera (EVAE)
Franciscan Missionaries of Mary
Glenmary Home Missioners
Heartbeat Records
Instituto Fe y Vida
Jesuit School of Theology at Berkeley
Liguori Publications
Liturgy Training Publications
Marianist Province of the United States
Marist Brothers
Maryknoll Fathers & Brothers

Maryknoll Sisters
Mexican American Cultural Center
Mission Office of Archdiocese of Indiana
Missionaries of the Sacred Heart
Missionary Catechists of the Divine
    Providence
Missionary Sisters of Our Lady of Victory
National Catholic AIDS Network
National Federation for Catholic
    Youth Ministry
Oregon Catholic Press
Piarist Fathers - Padres Escolapios
Producciones Dynamis, SA de CV
Renew International
Saint Mary's Press
Salesian Sisters
Scalabrini Missionaries
School Sisters of Notre Dame
Sisters of Notre Dame de Namur
Sisters of Providence
Sisters of Providence, Mother Joseph Pro
Sisters of Saint Francis of Assisi
Sisters of the Divine Savior
Sisters Servants of the Immaculate
    Heart of Mary
Society of the Holy Child Jesus
Southeast Pastoral Institute —SEPI
Tree of Life Imports, Inc.
United Sates Conference of Catholic Bishops —
    Church in Latin America
United Sates Conference of Catholic Bishops —
    Migration and Refugee Services
University of Saint Francis
William H. Sadlier, Inc.
World Library Publications

# Segunda Parte

# Conclusiones

# Primer Encuentro Nacional de Pastoral Juvenil Hispana

# ÍNDICE DETALLADO DE LAS CONCLUSIONES

First National Encounter for Hispanic Youth and Young Adult Ministry

PENPJH

Primer Encuentro Nacional de Pastoral Juvenil Hispana

# TEJIENDO EL FUTURO JUNTOS

# Introducción a las conclusiones

Esta parte constituye el corazón de la presente publicación. En ella se presentan las conclusiones aprobadas por los delegados al Encuentro Nacional. En este evento —cima de todo el proceso— se asumió la síntesis de las conclusiones alcanzadas a nivel regional, enriquecida por los aportes que salieron del proceso en Notre Dame.

Las conclusiones recogen la reflexión de miles de adolescentes y jóvenes adultos, que levantaron su voz en torno a los cinco temas comprendidos en el objetivo general y a los cinco objetivos específicos del Primer Encuentro Nacional de Pastoral Juvenil Hispana (PENPJH), ver p. 27-28. Como sólo jóvenes adultos participaron en el Encuentro Nacional, las voces de los adolescentes fueron representadas a este nivel por líderes jóvenes que sirven en grupos mixtos y que participaron con los adolescentes en las etapas parroquial, diocesana y regional.

Estas conclusiones expresan una síntesis de las necesidades, aspiraciones, ideales, visión y experiencias de la juventud católica latina, activa en la Iglesia de Estados Unidos. También incluyen una declaración de misión, compromisos y el Credo de la juventud reunida en el Encuentro Nacional.

Con el fin de facilitar la referencia a estas conclusiones, se utiliza la nomenclatura que se presenta a continuación:

**Ad** = Conclusiones sobre la pastoral con adolescentes

**Jo** = Conclusiones sobre la pastoral de jóvenes

**PJ** = Conclusiones sobre la Pastoral Juvenil, abarcando ambas especializaciones

Los cinco capítulos de esta parte corresponden a las cinco sesiones que se trabajaron en el Encuentro Nacional y se presentan de la siguiente manera:

1. Conclusiones sobre las necesidades, aspiraciones y compromisos pastorales.

2. Conclusiones sobre la misión, la visión y los principios de la PJH.

3. Conclusiones sobre las mejores prácticas y modelos pastorales.

4. Conclusiones sobre el perfil, formación y promoción del liderazgo en la PJH.

5. Conclusiones sobre estrategias para la PJH nacional y el rol de La Red.

# 1. Conclusiones sobre las necesidades, aspiraciones y compromisos pastorales

ENCONTRAMOS A JESUCRISTO VIVO
EN LAS NECESIDADES Y ASPIRACIONES
DE NUESTRA JUVENTUD HISPANA

*¡SEÑOR, SÁLVANOS! —MT 8, 25*

Los jóvenes estamos conscientes de que, sólo mediante un adecuado análisis de nuestra realidad pastoral, seremos capaces de estructurar y desarrollar programas y acciones en la Iglesia y en la sociedad, que nos ayuden en nuestro desarrollo personal y comunitario. Teniendo en cuenta la importancia de este análisis, hemos identificado nuestras necesidades más apremiantes. Como creemos que nuestra vida debe ser entendida y atendida de manera integral, hemos centrado nuestra atención tanto en nuestras necesidades espirituales, como en las personales y sociales.

Este capítulo presenta el análisis realizado por los delegados, en dos secciones: (1) Conclusiones de los adolescentes, y (2) Conclusiones de los jóvenes. Cada sección se subdivide en tres apartados:

1. **Necesidades pastorales más apremiantes.** Estas necesidades fueron catalogadas en tres áreas: (a) necesidades espirituales a nivel individual; (b) necesidades en relación con la Iglesia, y (c) necesidades relacionadas con el desarrollo personal y social.

2. **Aspiraciones.** Las aspiraciones son esperanzas, anhelos o deseos profundos expresados por los adolescentes y jóvenes, sobre su desarrollo humano, crecimiento cristiano y participación en la Iglesia y la sociedad.

3. **Compromisos.** Tanto los adolescentes como los jóvenes articularon algunos compromisos que podían asumir como iglesia joven, para responder a sus necesidades y aspiraciones.

## CONCLUSIONES DE LOS ADOLESCENTES

Los adolescentes señalaron un número menor de necesidades que los jóvenes adultos. De la atención pastoral a ellas depende su vida como jóvenes.

### Ad-10 Necesidades espirituales a nivel individual

- Aprender a comunicarnos mejor con Dios a través de distintos tipos de oración, incluyendo el canto, meditación, rituales y oraciones comunitarias, y aprender a usar la Biblia, para entenderla y orar con ella frecuentemente.

- Tener una pastoral que nos ayude a vivir los sacramentos con alegría, nos permita expresar nuestra fe, tenga actividades espirituales diseñadas especialmente para adolescentes y que favorezca nuestro crecimiento espiritual continuo después de la Confirmación.

- Contar con amor, apoyo, acompañamiento, orientación y ayuda, cuando nos vence el desánimo, así como con personas que nos sirvan de modelo y nos ayuden en nuestro proceso de formación.

- Elevar nuestra autoestima; sentirnos seguros de nosotros mismos; superar el miedo "al que dirán", al rechazo, a otras personas, a Dios y a hablar de Dios con otra gente. Aprender a comunicarnos mejor, para que nos entiendan y no nos juzguen mal, incluso en nuestra familia.

## Ad-11 Necesidades en relación con la Iglesia

- Que haga algo para atraernos y llevar su mensaje a los miles de adolescentes que no la conocen, con actividades apropiadas para nosotros y no aburridas.

- Que establezca programas que respondan a las necesidades culturales de nuestra familia y comunidad, pues somos muy numerosos y hay pocas actividades en las que podemos participar.

- Que nos brinde agentes de pastoral capacitados, comprometidos de verdad, que quieran servir y salir de sus escritorios para ir a donde estamos.

- Que dedique sacerdotes y líderes que nos atiendan en nuestro idioma, sirvan como guía espiritual, ofrezcan consejería y promuevan nuestra participación en los ministerios de la Iglesia.

- Que muestre un apoyo serio hacia la pastoral con adolescentes en todos los niveles: agentes de pastoral bilingües; apoyo económico y espacios para reunirnos; recursos bíblicos y materiales atractivos sobre educación sexual y otros temas de nuestro interés.

- Que dé seguimiento a la experiencia y conclusiones del Encuentro, por medio de un comité nacional.

- Que eduque a los párrocos sobre la diversidad cultural y que ofrezca programas de integración cultural para fomentar la unidad en la diversidad de la comunidad.

## Ad-12 Necesidades relacionadas con el desarrollo personal y social

- Programas que nos eduquen en los principios, valores y habilidades necesarias para la convivencia y las relaciones humanas.

- Programas para los padres de familia, para que sean más efectivos al guiarnos en la vida, la Iglesia, la escuela, el trabajo...

- Orientación para perseverar en la escuela y para que nuestros papás comprendan el sistema escolar americano.

- Programas que nos ayuden a evitar adicciones, pandillas, drogas y sexo irresponsable.

- Programas que nos preparen para asumir liderazgo en la estructura de la Iglesia.

## Ad-13  Aspiraciones de los adolescentes hispanos

- Deseamos progresar a través de una mejor educación académica y religiosa, y soñamos con que la educación católica sea accesible a todos.

- Anhelamos una sociedad donde todos los adolescentes tengamos igualdad de oportunidades en educación, economía, etcétera, donde no se desprecie al inmigrante y las personas puedan aprender inglés y su lengua materna.

- Anhelamos el apoyo de sacerdotes bilingües y biculturales, así como tener profesionales y mentores que nos ayuden en nuestras decisiones vocacionales y que haya recursos para nuestra pastoral.

- Confiamos en que tendremos una Iglesia que se preocupe por nosotros y que celebre los logros de los adolescentes; por ejemplo, las graduaciones.

- Soñamos con una organización nacional que provea una visión y oportunidades para que los adolescentes participen a nivel nacional, y que provea recursos e información actualizada.

- Queremos celebrar y reconocer la tradición de los hispanos, e incluir a las familias en experiencias religiosas, para que tengan un encuentro con la Iglesia.

## Ad-14  Compromisos de los adolescentes hispanos

- Vivir según las enseñanzas de Jesús, para evangelizar a través de nuestras palabras y acciones.

- Desarrollar y mantener vínculos de comunicación con otras diócesis.

- Prepararnos y desarrollarnos como líderes a través de programas de formación.

- Participar en los procesos de planificación y decisión de los eventos, actividades y programas juveniles, e incluir a la familia en la planificación y desarrollo de nuestras actividades.

- Conscientizarnos y abogar por diferentes aspectos de justicia social, para transformar nuestras comunidades; por ejemplo, derecho al voto e inmigración.

# CONCLUSIONES DE LOS JÓVENES

Como prólogo a esta sección queremos señalar que la falta de documentos legales en jóvenes que participan en la Pastoral Juvenil, intensifica muchas necesidades y genera otras específicas a su situación.

## Jo-15  Necesidades espirituales a nivel individual

- Saber cómo crecer en la fe; aprender a rezar y a crear espacios de oración; desarrollar habilidades musicales.

- Integrar la fe en nuestra vida diaria y tener recursos suficientes para superar las tentaciones, vencer los vicios y enfrentar situaciones de discriminación.

- Vencer la vergüenza para evangelizar a otros jóvenes y asumir más responsabilidades como jóvenes adultos.

- Conocernos y amarnos a nosotros mismos, y aprender a tomar decisiones, sobre todo en momentos cruciales y al discernir nuestra vocación.

- Profundizar en el entendimiento de la acción del Espíritu Santo y en el discernínimiento de la voluntad de Dios en nuestra vida, y aprender a reflexionar teológicamente, a la luz del Evangelio y las enseñanzas de la Iglesia.

## Jo-16 Necesidades en relación con la Iglesia

### Respecto al liderazgo eclesial

- Personal capacitado en PJH, en las oficinas diocesanas y en las parroquias; y mayor apertura y atención de los agentes de pastoral parroquiales, que se traduzca en más participación de jóvenes en la misión de la Iglesia.

- Apoyo y acompañamiento de sacerdotes, directores de PJH, asesores y personas en las estructuras eclesiales, familiarizados con el idioma y la cultura hispana, sobre todo en nuestro discernimiento vocacional y profesional.

- Orientación de los obispos, sacerdotes y agentes de pastoral, sobre el camino a seguir en la PJH.

- Fomentar la creación de pequeñas comunidades cristianas en la Pastoral Juvenil, con apertura a personas de otras culturas e igualdad de derechos en las distintas actividades de la Iglesia.

### Respecto a la formación y recursos para la pastoral

- Programas de capacitación y formación integral, para que los mismos jóvenes asuman el liderazgo de la PJH.

- Procesos de evangelización integral,[39] que respondan a la realidad juvenil y sean Buena Noticia frente al consumismo y al individualismo de la cultura dominante.

- Programas de catequesis juvenil que vayan mostrando la profundidad de los sacramentos, especialmente la santa Misa, así como los valores y principios en los que creemos los católicos, porque queremos crecer en nuestra fe.

- Salones para nuestras reuniones a nivel parroquial y diocesano; una página Internet para estar comunicados con todos los jóvenes a nivel nacional; más oportunidades de servicio voluntario.

- Materiales juveniles con temas bíblicos, de educación sexual y sobre situaciones actuales, que sean fáciles de implementar por los mismos jóvenes.

## Jo-17 Necesidades relacionadas con el desarrollo personal y social

### En la dimensión personal

- Elevar nuestra autoestima; encontrar motivaciones para lograr nuestras metas; perseverar en los estudios; cumplir nuestros propósitos, y profundizar en nuestra identidad.

- Superar nuestros miedos a aceptarnos como somos, al rechazo, a abrirnos a los otros, y superar el miedo que algunos jóvenes le tienen a Dios.

- Ser escuchados en los diferentes ambientes: personal, familiar, escolar, social y eclesial.

- Tener mentes amplias para entender las necesidades de los jóvenes en su realidad; ayudar al joven a reconocer sus talentos y ponerlos al servicio de la comunidad.

---

[39] Evangelización integral implica la conversión de la persona y la comunidad en todas las dimensiones y la transformación de la sociedad según los valores del Evangelio.

- Orientación para saber lidiar con las invitaciones al uso de droga, el alcohol y otros vicios, sin sucumbir por la presión social.

- Respetar a los compañeros, relacionarnos con personas de otras culturas y aprender a promover valores como la paz y la justicia.

- Capacitarnos como líderes, psicológica y sociológicamente, y en el área de las comunicaciones, en particular entre los jóvenes y sus papás.

- Superar la barrera del idioma, a fin de vencer obstáculos y encontrar mejores oportunidades en nuestro caminar por este país.

**En la dimensión sociocultural:**

- Recibir orientación y ayuda financiera para estudiar al tiempo que trabajamos y apoyamos la economía familiar; tener información adecuada sobre préstamos, agencias de trabajo, cómo invertir y administrar el dinero, asuntos de inmigración, pagos de trámites...

- Obtener apoyo ante problemas derivados de la falta de documentos legales como inmigrantes, como: no tener automóvil ni seguro; no poder visitar a la familia fuera del país, y abuso de patrones.

- Desarrollar medios de comunicación católicos para competir con los medios seculares a nivel nacional; adquirir orientación y acompañamiento sobre cómo participar en el ámbito político, y aprender a trabajar con las dos culturas.

- Aprender a manejar la situación de pobreza en que viven muchas de nuestras familias, con sus problemas de vivienda y tensiones, que llevan a los jóvenes a preferir estar en la calle.

- Obtener información sobre servicios de salud física y mental a disposición de los jóvenes; crear una Liga Nacional Católica de Deportes.

## `Jo-18` Aspiraciones de los jóvenes hispanos

- Queremos seguir siendo idealistas, soñadores e inquietos en la búsqueda de cambios que contribuyan a construir un mundo más fraterno, siguiendo los ideales de Jesús, en cada uno de nosotros, nuestra comunidad, la Iglesia y la sociedad.

- Aspiramos a ser parte de la sociedad en EUA, sin perder nuestra identidad y raíces culturales.

- Anhelamos tener familias estables, con las necesidades básicas cubiertas y sus relaciones sanas, donde los padres ejerzan su autoridad con amor y eduquen a sus hijos en la libertad y la responsabilidad; que los miles de jóvenes y sus familias, que no tienen documentos de estadía legal, normalicen su situación.

- Queremos una PJH organizada, con un buen liderazgo; en la que los jóvenes seamos responsables de sacar adelante proyectos que incrementan la auto-estima y la confianza en nosotros mismos y en los demás; que fortalezca nuestros principios espirituales y que ofrezca alternativas viables a las pandillas y la violencia.

- Deseamos promover el respeto a la vida e incluir nuestra fe en nuestra vida social, personal, familiar, cultural, económica y educativa, para fortalecernos en todos los aspectos.

- Queremos tener medios financieros para seguir nuestra educación y estudios superiores, lograr una buena formación académica y dar lo mejor de nosotros a la sociedad.

- Ansiamos un plan pastoral nacional y ejercer un liderazgo compartido entre sacerdotes y laicos.

## Jo-19  Compromisos de los jóvenes hispanos

Los jóvenes adultos queremos asumir nuestra responsabilidad para satisfacer las necesidades pastorales de la juventud, en espíritu de corresponsabilidad, por lo que nos comprometemos a:

* Crecer en la fe al participar en diferentes cursos, y perseverar en nuestros sueños y el logro de nuestras metas, al trabajar fuertemente con el apoyo de nuestros hermanos en Cristo, para que nuestra voz profética sea escuchada por todos, siendo voz de los sin voz y asumiendo un rol de liderazgo en la Iglesia.

* Promover la comunicación entre los jóvenes y los líderes de la Iglesia, manteniendo informados a los párrocos sobre nuestras actividades pastorales.

* Promover una evangelización vibrante y activa, conscientes de que siempre implica el testimonio de vida.

* Tener guías espirituales para crecer en nuestra relación personal con Cristo, frecuentar el sacramento de la Reconciliación y tomar decisiones apropiadas en la vida.

* Educarnos más y mejor, en beneficio de nuestra comunidad católica; vincular a nuevos líderes al proceso del Encuentro en nuestras parroquias y diócesis, para fortalecer la PJH, y servir como medio de unión y voceros, en nuestras diócesis, para que todos los grupos estén vinculados con La Red por medio de la Internet.

# 2. Conclusiones sobre la misión, visión y principios de la Pastoral Juvenil Hispana

### UNA IGLESIA, UNA VISIÓN

*¡LLEVA LA BARCA MAR ADENTRO! —LC 5, 4*

En el Encuentro Nacional entendimos la visión pastoral como el horizonte, el ideal que nos anima a seguir adelante, a superar las adversidades y a caminar con un objetivo preciso. Sabemos que sólo con una visión clara de nuestra misión pastoral, podemos aprovechar nuestra energía y recursos. Los temas, "Encuentro, Conversión, Comunión, Solidaridad y Misión", que inspiraron las reflexiones a lo largo del proceso del Encuentro, marcaron el horizonte para desarrollar la "Declaración de la misión" e identificar los elementos esenciales de la "Visión pastoral".

En los encuentros regionales, algunas regiones expresaron su visión en una "Declaración de misión" y otras describieron los elementos esenciales en toda visión de la Pastoral Juvenil Hispana. Este apartado se divide en cuatro secciones:

1. **Declaración de la misión.** Esta declaración fue elaborada como una síntesis de las declaraciones ofrecidas por las regiones, para tener una sola declaración que guíe la PJH en la nación.

2. **Elementos de la visión.** La visión apunta hacia donde se quiere llegar. Es el horizonte amplio que marca el futuro de la PJH en el país y se presenta en dos apartados: (a) elementos identificados por los adolescentes, y (b) elementos señalados por los jóvenes.

3. **Principios pastorales.** Los principios pastorales son los pilares sobre los que se fundamenta la PJH. Se presentan en tres secciones: (a) principios fundamentales de toda Pastoral Juvenil, sea con adolescentes o con jóvenes, según se presentaron en el Manual del Encuentro Diocesano;[40] (b) los principios pastorales que añadieron los adolescentes con base en su propia visión y experiencia, y (c) los que añadieron los jóvenes sobre las mismas bases.

4. **Credo de la Juventud Hispana.** El Credo es una profesión de fe, en la que los jóvenes delegados al Encuentro Nacional expresaron la suya, en nombre de la juventud hispana a la que representaban.

---

[40] La Red, *Manual 2: Encuentro Diocesano*, p. 7-8.

# DECLARACIÓN DE LA MISIÓN DE LA PASTORAL JUVENIL HISPANA

Nosotros, jóvenes católicos,
miembros de la Pastoral Juvenil Hispana en Estados Unidos,
nos sentimos llamados y comprometidos con la misión de la Iglesia,
a formarnos y capacitarnos integralmente en la acción,
y a evangelizar con amor a los jóvenes hispanos desde su realidad.

Queremos ofrecer a inmigrantes y ciudadanos,
la verdad siempre nueva y alegre del Evangelio,
resaltando los verdaderos valores evangélicos,
y haciendo un esfuerzo por llegar a
quienes más necesitan la Buena Nueva,
no conocen a Dios
o se han desviado del camino de Jesús.

Nos proponemos cumplir esta misión,
a través del testimonio de nuestra vida
y nuestro liderazgo profético entre la juventud,
invirtiendo nuestros dones y talentos
en una acción evangelizadora y misionera
donde viven, trabajan, estudian y se divierten nuestros compañeros,
siguiendo siempre el ejemplo de Jesús
y fortaleciéndonos en la Eucaristía.

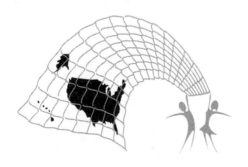

# ELEMENTOS ESENCIALES EN LA VISIÓN DE LA PASTORAL JUVENIL HISPANA

La visión que guía la Pastoral Juvenil Hispana debe llevarnos siempre a un discipulado y apostolado más auténtico y más amplio. Se trata de expandir y mejorar nuestra acción pastoral, de manera continua, con la mirada puesta en la renovación constante de la Iglesia y la extensión del reino de Dios en los ambientes inmediatos y en la sociedad.

## Ad-20 Elementos de la visión mencionados por los adolescentes

- Desarrollar una pastoral alegre y festiva, que anime a descubrir a Jesucristo vivo y a seguirlo con entusiasmo, por medio de enseñanzas amenas y adaptadas a nuestra edad, con dinámicas y métodos que fomenten la participación.

- Considerarnos protagonistas de la Iglesia, ser tomados en cuenta y prepararnos para llevar el mensaje, dirigir las oraciones, acercar a otros adolescentes, planear y programar las actividades que nos afectan.

- Ayudarnos a crecer en lo espiritual, intelectual y afectivo, con temas bíblicos, religiosos y culturales; a preservar el español y nuestras creencias, tradiciones y costumbres, y a que nos sintamos orgullosos de quienes somos.

- Apoyarnos en el discernimiento de nuestra vocación y fomentar nuestra conversión para alejarnos de todo lo que nos pueda enganchar al mal y a las dependencias, de manera que seamos discípulos en constante crecimiento para alcanzar nuestra madurez cristiana.

- Ayudarnos a madurar en nuestro sentido comunitario, para que nos identifiquemos con chicos de nuestra edad, veamos valor en los grupos de la Iglesia y evitemos las pandillas y otros grupos violentos que nos llevan por mal camino.

- Formarnos como misioneros, para que llevemos el amor de Dios a otros adolescentes y que ellos descubran ese amor por nuestro testimonio.

- Mantener a María como modelo y acompañante en la vida.

## Jo-21 Elementos de la visión mencionados por los jóvenes

- Llevarnos a un encuentro con Jesús y a seguirlo desde un profundo compromiso con su causa, desarrollando una espiritualidad que construya el reino de Dios en la sociedad, a través del testimonio personal y comunitario.

- Procurar siempre la conversión del corazón que se decide por Jesús, renuncia al mal y al pecado personal y social, sin condenar a ningún joven; acoger siempre al hermano como el buen padre al hijo pródigo y propiciar una experiencia de conversión continua.

- Mantener un ambiente de bienvenida, acogida y solidaridad, en nuestros grupos y comunidades; fomentar un espíritu de comunidad juvenil donde se supera toda forma de egoísmo, individualismo y sectarismo, sabiendo que donde dos o más se reúnen, Jesús se hace presente, y que amar a las personas de otras razas y comunidades es amar a Jesús.

- Aceptar que necesitamos un proceso continuo para crecer progresivamente en nuestra espiritualidad, formación en la fe y liderazgo como evangelizadores, mediante una relación estrecha con Jesús, la oración y los sacramentos, en particular la celebración de la Eucaristía.

- Manifestar en nuestra práctica pastoral una solidaridad con los jóvenes pobres, especialmente los inmigrantes recién llegados, y una caridad con los jóvenes en las cárceles y quienes sufren de diversas esclavitudes, para ayudarles a liberarse y que adquieran una nueva vida en Cristo Jesús.

- Llevar una vida alegre como miembros del cuerpo de Cristo vivo, que comparten su propia felicidad y los dones recibidos de Dios, con otros jóvenes, para que todos se realicen plenamente y hagan de su vida una obra maestra.

- Realizar nuestra acción pastoral desde la comunidad de fe que nos nutre y nos alimenta, en comunión con nuestros obispos y sacerdotes, a nivel parroquial y diocesano, manteniendo la comunicación con todos los ministerios y grupos de los diferentes idiomas y culturas, porque sólo así construimos juntos el reino de Dios.

- Vivir y fomentar siempre el amor, para que guíe nuestra acción evangelizadora y liderazgo profético con los jóvenes, nuestra familia, nuestra cultura y personas de cualquier raza y cultura.

- Asumir nuestra herencia cultural y preservar nuestro idioma y valores; usar los medios de comunicación social como herramienta evangelizadora, y dar a nuestra vida y acción pastoral un enfoque universal.

- Establecer proyectos dirigidos a la formación integral, con metas a corto, mediano y largo plazo, con procesos adecuados de planificación y estrategias que permitan que todos los jóvenes los hagan suyos.

- Realizar una entrega total a Jesús y su misión, reflejada en una actitud positiva ante la vida y un espíritu misionero hacia los jóvenes que tienen hambre y sed de justicia, o de tener una formación integral y/o capacitación como líderes.

# PRINCIPIOS GENERALES
# DE LA PASTORAL JUVENIL HISPANA

En el Manual del Encuentro Diocesano, se presentaron 18 principios pastorales, que fueron la base para los análisis relacionados con la práctica de la Pastoral Juvenil. En los Encuentros regionales y Nacional, los delegados identificaron varios principios complementarios. Las mejores prácticas y modelos en la Pastoral Juvenil Hispana, están cimentados en todos ellos. A continuación se presentan todos los principios que deben fundamentar la práctica pastoral con jóvenes y adolescentes hispanos. Están organizados en tres apartados:

1. **Principios generales de la Pastoral Juvenil Hispana.** Estos principios se presentan en tres áreas: (a) relacionados con el joven como persona; (b) relacionados con los modelos y prácticas pastorales, y (c) relacionados con las estructuras eclesiales.

2. **Principios y aspectos complementarios según los adolescentes.** Algunos de los principios estipulados por los adolescentes son complementarios a los generales; otros presentan elementos que enriquecen la perspectiva de los principios generales.

3. **Principios y aspectos complementarios según los jóvenes.** El mismo comentario que en los principios mencionados por los adolescentes aplica a los de los jóvenes.

**PJ-22** **Principios relacionados con el joven como persona**

La Pastoral Juvenil debe:

1. **Promover un encuentro personal y comunitario de los jóvenes con Jesús**, una experiencia profunda de la Trinidad y un espíritu eclesial, que fundamenten su fe, lo hagan partícipe de la historia de salvación, y den sentido cristiano a su vida.

2. **Partir de la realidad personal, sociocultural y religiosa de los jóvenes,** para que juzgándola con una conciencia crítica comprometida con el reino de Dios, sean capaces de transformarla con la gracia de Dios.

3. **Realizarse desde los jóvenes y con los jóvenes,** quienes son sujetos activos de sus propios procesos y son llamados a ser los primeros e inmediatos evangelizadores de otros jóvenes. Este protagonismo es elemento fundamental de la pedagogía, metodología y organización de la Pastoral Juvenil.

4. **Acompañar al joven en su desarrollo integral** —humano, espiritual, social, cultural y político— desde una perspectiva de fe y de crecimiento de su compromiso cristiano.

5. **Fomentar un proceso de conversión del joven** —participación en el misterio pascual de Cristo a través de una experiencia sacramental y de oración profunda— que lo desafíe cada vez más a vivir la plenitud de vida que Cristo vino a traernos (Jn 10, 10).

6. **Usar una metodología que cree en los jóvenes una conciencia crítica** comprometida con la extensión del reino de Dios, especialmente en sus ambientes inmediatos.

**PJ-23** **Principios relacionados con los modelos pastorales**

Los grupos, comunidades, programas y movimientos de Pastoral Juvenil deben:

1. **Proporcionar una formación en el discipulado de Jesús,** encaminada a que el joven descubra, conozca, siga y anuncie a Cristo, como modelo e inspiración para toda su vida.

2. **Crear espacios eclesiales** en los que el joven pueda descubrir, valorar y vivir la dimensión comunitaria, evangelizadora y misionera de la Iglesia, hasta asumir su compromiso bautismal.

3. **Estar dirigidos por líderes servidores,** que ejercen y fomentan un liderazgo compartido que responda a las etapas de madurez de los jóvenes y de su comunidad de fe.

4. **Contar con la participación de asesores adultos** que, con estrecha comunicación con la familia y los párrocos, den estabilidad y continuidad a los grupos juveniles.

5. **Integrar todas las dimensiones de la vida y la fe:** evangelización, catequesis, comunión, liturgia, testimonio cristiano, solidaridad social, así como aspectos de convivencia social, recreativos y de celebración de la vida.

6. **Fomentar un espíritu y acciones misioneras,** dirigidas hacia otros jóvenes, en especial los que se encuentran en situaciones de pobreza, soledad, crisis, marginación y discriminación.

**PJ-24** **Principios relacionados con las estructuras eclesiales**

El liderazgo eclesial, diocesano y parroquial, debe:

1. **Dirigir la Pastoral Juvenil con base en una planificación,** evaluada periódicamente para ajustar los planes a nuevas realidades e incrementar la efectividad de la acción pastoral.

2. **Tener un equipo de coordinación** responsable de mantener la dirección de la pastoral y dar continuidad a la misma.

3. **Promover la creación de modelos pastorales** apropiados para adolescentes y jóvenes adultos, sea en situaciones monoculturales o multiculturales, y establecer vehículos que favorezcan el paso de la pastoral con adolescentes a la pastoral de jóvenes adultos.

4. **Formar y capacitar líderes para la Pastoral Juvenil** a distintos niveles (grupal, parroquial, diocesano, formadores...); ministros de preadolescentes y adolescentes y asesores de jóvenes adultos, en las áreas de especialización necesarias para un ministerio integral eficaz.

5. **Dar a conocer la realidad de la juventud hispana y sus familias,** con el fin de que el liderazgo en los distintos ministerios eclesiales descubra la urgencia de atender las necesidades pastorales de los jóvenes latinos.

6. **Reconocer los dones de los jóvenes hispanos** y crear oportunidades de que los desarrollen y pongan al servicio de la comunidad eclesial.

7. **Establecer vehículos de pastoral de conjunto** que fomenten la unidad y el apoyo mutuo entre esfuerzos valiosos de pastoral con adolescentes y jóvenes —grupos y comunidades de fe, movimientos apostólicos, programas de prevención e intervención, programas recreativos y culturales—, y que integren la Pastoral Juvenil de manera activa y colaborativa en la pastoral parroquial y diocesana.

## **Ad-25** **Otros principios y recomendaciones para la pastoral con adolescentes**

- Conocer nuestra realidad concreta, dándonos oportunidad de expresar la situación sobre nuestro ambiente familiar, social, cultural y económico, para elaborar planes y programas pastorales que respondan a ella.

- Crear equipos de trabajo y coordinación con adolescentes, donde se nos incluya en las decisiones, se nos ayude a crecer y se nos permita cometer errores.

- Considerar a los adolescentes como la prioridad en la acción pastoral, en todos los niveles de decisión de la Iglesia, para que nos integremos a su vida mediante una auténtica pastoral de conjunto.

- Promover la formación académica, luchar contra la deserción escolar y dirigir las nuevas generaciones de hispanos a mayor superación personal y profesional.

- Establecer un diálogo continuo entre los *youth ministers* y nuestras familias, los párrocos y otros grupos parroquiales, para contar con su apoyo y dar estabilidad y continuidad a los grupos.

- Ofrecernos una formación integral según la tradición católica que sea sólida, sin ser aburrida, para que nos acompañe toda la vida.

## **Jo-26** Otros principios y recomendaciones para la pastoral de jóvenes

- Mantener la esencia de la Pastoral Juvenil, asegurando que sea realizada desde los jóvenes, con los jóvenes y para los jóvenes, creando un equipo de coordinación y un consejo diocesano de Pastoral Juvenil, que tome parte activa en la planeación, organización, ejecución y evaluación de los planes o proyectos.

- Basar la Pastoral Juvenil en un constante análisis y conocimiento de nuestra realidad; promover la conciencia crítica y social, con una metodología conscientizadora y liberadora; fomentar nuestra solidaridad con los jóvenes pobres, especialmente los inmigrantes, encarcelados y dependientes de diversas esclavitudes, para ayudarlos en su proceso de liberación y darles nueva vida en Jesús.

- Contar con el apoyo e integración del párroco a la Pastoral Juvenil y con asesores adultos, para que haya estabilidad y continuidad en los grupos.

- Despertar una actitud de servicio que nos permita desarrollarnos en todas las áreas de la vida, tanto a nivel personal, como social y espiritual, y permita desarrollar el sentido de comunidad universal, eminentemente misionera y solidaria con otras culturas y con los pobres de otros países.

- Integrar la fe y la vida para desarrollar nuestros dones y talentos, y ponerlos al servicio de la comunidad eclesial y la sociedad, favoreciendo nuestra creatividad y libertad para intentar nuevos caminos, pues está en juego la vida de millones de jóvenes que no hemos logrado atraer a Cristo y a su Iglesia.

- Fomentar comunidades juveniles, que superen toda forma de egoísmo, individualismo y sectarismo, y tengan un compromiso con la misión de la Iglesia, para evangelizar a los jóvenes a través de una pastoral viva, activa y profética.

- Ayudar a preservar nuestro idioma, creencias, tradiciones y costumbres, a sentirnos orgullosos de quienes somos, y a perseverar en la escuela y seguir estudios superiores o universitarios.

59

# CREDO DE LA JUVENTUD HISPANA

Nosotros, los adolescentes y jóvenes, que formamos la juventud hispana en Estados Unidos de América:

**Creemos** que el encuentro con Jesús vivo, nuestra relación profunda con él y seguirlo como nuestro modelo, guía y fuente de vida, nos llevará a una conversión de corazón, una fe plena y un compromiso que nos capacitan para llevar una vida alegre de santidad.

**Creemos** que tenemos un sólo Salvador y que todos somos uno en Cristo; que somos una sola familia unida en el altar de la Eucaristía; que formamos una comunidad con una sola voz y siguiendo un solo camino; que debemos trabajar unidos, en comunicación con nuestras parroquias y estructuras eclesiales.

**Creemos** que —guiados por el Espíritu Santo y poniendo al servicio de los demás nuestro entusiasmo, esperanza y talentos recibidos de él— podemos llevar la Buena Nueva a nuestras comunidades, siguiendo el ejemplo de la Virgen María y Cristo Jesús.

**Creemos** que —guiados por la Santísima Trinidad, en relación personal con Dios y centrados en la Eucaristía— somos cimiento de una comunidad que da testimonio de una fe viva, llena de energía y fidelidad.

**Creemos** en nuestra Madre María, que intercede por nosotros ante Dios; creemos en la paz y en tener como prioridad la evangelización de nuestras familias, según la visión y misión de la Iglesia, en comunión con nuestros obispos, sacerdotes y líderes, bajo la guía del Papa.

**Creemos** que somos el presente y el futuro de la Iglesia; que por nuestro bautismo, somos profetas llamados a la santidad y a evangelizar a otros jóvenes más intensamente, particularmente a los que viven en la oscuridad, siendo dóciles a la Palabra de Dios y partiendo siempre de la realidad de los jóvenes.

**Creemos** en un crecimiento espiritual continuo en nuestra vida diaria, para poder cambiar nuestra sociedad usando nuestros dones y talentos en un ministerio misionero.

**Creemos** que podemos forjar el reino de Dios, sin fronteras culturales, dando testimonio de que Dios vive entre los jóvenes, creciendo y formándonos en nuestra fe, venciendo los obstáculos que se presenten en la vida.

**Creemos** en las enseñanzas de nuestra madre Iglesia y que la impactaremos positivamente al ser conscientes de nuestra realidad, responder a nuestras necesidades y aspiraciones, y crear modelos de Pastoral Juvenil centrados en Cristo.

**Creemos** en llevar una vida de comunión y solidaridad, en ejercer un liderazgo profético con base en la oración y los sacramentos, en tomar riesgos y mantener un compromiso serio a la evangelización de joven a joven.

**Creemos** que, con la fuerza de la oración, los sacramentos y un espíritu misionero, podemos crear una nueva generación de líderes proféticos y activos, que resaltemos los verdaderos valores evangélicos a través de nuestra cultura, formación, capacitación integral y apertura a otras culturas.

**Creemos** en un profundo compromiso de la comunidad juvenil, en que podemos fomentar la vida en comunidad y el amor a personas de otras razas y comunidades, en solidaridad con los más necesitados y los inmigrantes recién llegados, para que se realicen plenamente mediante su formación académica y espiritual.

**Creemos** que la juventud es capaz de realizar una Pastoral Juvenil completa, bilingüe y unida, capaz de crear nuevas formas de evangelización y de encontrar nuevas maneras de enfrentar la vida en general.

**Creemos** que nuestra cultura hispana es un regalo a nuestra Iglesia y que, sin olvidar nuestras raíces, somos capaces de romper barreras de idiomas para relacionarnos con otros grupos culturales, que podemos ser reconocidos con igualdad por la Iglesia, y ser motivo de esperanza para la nación entera.

*—Jóvenes delegados al Encuentro Nacional*
*Universidad de Notre Dame, 2006*

# 3. Conclusiones sobre las mejores prácticas y modelos pastorales

## La Pastoral Juvenil Hispana, un ministerio que da nueva vida a la Iglesia en los Estados Unidos

*¡Hemos trabajado duro toda la noche! —Lc 5, 5*

Los proyectos de Pastoral Juvenil Hispana son muy variados y responden a las necesidades particulares de las comunidades locales. La mayoría está orientada al crecimiento espiritual, la formación en la fe, la acción pastoral y la acción social. Algunos se centran al interior de la Iglesia; otros se enfocan en la acción misionera en los ambientes inmediatos, los barrios, las cárceles y otros lugares. Vamos a mencionar los que consideramos mejores y a sintetizar lo que dijimos los jóvenes, en los encuentros regionales, sobre lo que debe tener un buen modelo de Pastoral Juvenil Hispana.

Esta sesión recoge la identificación de las mejores prácticas y modelos en la Pastoral Juvenil Hispana hecha en los Encuentros regionales y Nacional. Se incluyen dos secciones: (a) las cualidades, presentadas separadamente por los adolescentes y por los jóvenes, y (b) los modelos pastorales, que en muchos casos se aplican a ambos grupos. Cuando se aplican sólo a un grupo, está indicado así.

1. **Cualidades de las mejores prácticas.** Estas cualidades fueron identificadas por los jóvenes, con base en su propia experiencia.

2. **Mejores prácticas y modelos.** Las prácticas y modelos presentados aquí fueron identificados por los delegados en los Encuentros regionales y Nacional.

## CUALIDADES DE LAS MEJORES PRÁCTICAS Y MODELOS EN LA PASTORAL JUVENIL HISPANA

Los adolescentes y jóvenes identificaron las cualidades de sus "mejores prácticas y modelos", a partir de su experiencia. En los encuentros diocesanos las analizaron a la luz de los principios pastorales generales citados en el capítulo anterior. En los encuentros regionales identificaron modelos y prácticas pastorales que habían enriquecido su vida cristiana y acción pastoral, y las analizaron, para descubrir sus características.

### Ad- 30 Cualidades presentadas por los adolescentes

- Reconocen las realidades comunes y distintas en el adolescente y en el joven, y capacitan a los ministros para que se identifiquen con nuestras necesidades e intereses.

- Fomentan nuestra identidad y autoestima, para que aceptemos y nos alegremos con nuestra originalidad y la utilicemos como medio para abrirnos a los demás.

- Presentan a Jesús como ejemplo de vida y motivación para servir a los demás, y ofrecen contacto con personas que ejerzan buena influencia sobre nosotros.

- Promueven una participación más activa en la Iglesia, a través de experiencias de oración, culto y retiros espirituales que nos ayuden a crecer en la fe, y de dinámicas y actividades deportivas que nos ayuden a crear comunidad.

- Ofrecen orientación, consejo, educación y grupos de apoyo, para aprender a manejar los problemas y superar retos como: la desilusión y falta de motivación personal y apoyo por parte de los papás; la presión grupal y de los medios de comunicación; la atracción a las drogas, el alcohol, la sexualidad desordenada, tentaciones a pecar y otros problemas comunitarios.

- Forman líderes juveniles que posibilitan la evangelización y el acompañamiento de "joven a joven", la relación "joven-Iglesia" y la acción misionera del "joven activo en la Iglesia con los que están alejados de la Iglesia o no han sido evangelizados".

## Jo-31 Cualidades presentadas por los jóvenes

- Son juveniles y alegres, fomentan la participación de todos y permiten el entretenimiento sano por medio de dinámicas, actividades y juegos.

- Fomentan amistad, fraternidad, unidad, igualdad, tolerancia, respeto, aceptación de los demás y apoyo material y espiritual; buscan el bien personal y social, y nuestro desarrollo cultural.

- Están insertados en una pastoral de conjunto, tienen una intensa relación con la vida sacramental de la Iglesia, especialmente con la Eucaristía, y cuentan con el visto bueno del obispo.

- Responden a la realidad de los jóvenes y cuidan que quienes participan en la pastoral, den testimonio de vida cristiana.

- Transmiten nuestros valores y creencias: la humildad, el respeto, la sinceridad, la laboriosidad, la hospitalidad, la fe y el sentido comunitario.

- Utilizan medios probados de transmisión de la fe como retiros, predicaciones, reuniones, testimonios, instrucciones catequéticas, etcétera.

# MEJORES PRÁCTICAS Y MODELOS PASTORALES

En los encuentros regionales se mencionaron las prácticas o modelos de la pastoral con la juventud latina que destacaron en cada región. En contraste, en el Encuentro Nacional se identificaron un sinnúmero de ellos, tanto a nivel parroquial, como diocesano y nacional, así como varios movimientos apostólicos.

En esta publicación se incluyen 37 prácticas o modelos pastorales; los ocho que destacaron en las regiones y 29 de los identificados en el Encuentro Nacional. Estos fueron seleccionados por haber sido descritos de manera clara y con suficientes datos para asegurar que estaban siendo implementados en el país.

Además, los jóvenes presentaron "modelos o prácticas ideales" a ser realizadas para satisfacer sus necesidades y aspiraciones pastorales y otros presentes en sus países de origen. Ninguno de estos fueron incluidos por falta de espacio.

La experiencia de las prácticas y modelos identificados varía significativamente en el país. Algunos, como los grupos juveniles y los grupos de oración, existen en todas las diócesis que tienen Pastoral Juvenil; otros muchos se practican en algunas regiones o diócesis determinadas, y otros están presentes sólo en una parroquia o diócesis. Otras prácticas y modelos que hubieran aparecido en una investigación formal no están en esta publicación, por no haber sido mencionados por los delegados; por ejemplo, el programa RESPETO, creado por el Mexican American Cultural Center.

Algunas descripciones hechas por los delegados estaban completas; otras muchas fueron presentadas sólo a grandes rasgos. Cuando había suficientes elementos para identificar un movimiento apostólico o un modelo pastoral determinado, se optó por completar su perfil. Cuando se encontró la dirección en la Web, se ofrece ésta. Cuando había referencias concretas a diócesis o regiones donde se implementan, se mencionan con el fin de poder obtener más información.

Los grupos juveniles parroquiales y los grupos de oración, fueron presentados en múltiples ocasiones, con sus respectivas variaciones locales. En estos casos, su perfil presenta sus características más comunes y hay que estar conscientes de que son los dos modelos prevalecientes en el país.

Los perfiles de las mejores prácticas y modelos pastorales recogidos en esta sesión, están agrupados en cinco categorías; dentro de ellas se mencionan en orden alfabético:
- Modelos y prácticas diocesanas
- Modelos y prácticas parroquiales
- Movimientos apostólicos juveniles
- Programas e institutos de formación de líderes
- Modelos en otras áreas o dimensiones pastorales

## PJ-32 Modelos y prácticas pastorales diocesanas

### Comité de coordinación y animación, red o equipo de pastoral de conjunto diocesana

**Metas:** (1) Coordinar y animar la Pastoral Juvenil a nivel parroquial y de movimientos apostólicos; (2) contar con comités diocesanos de jóvenes líderes —adolescentes y jóvenes— que acompañen pastoralmente a los grupos, los apoyen en tiempos de crisis y compartan recursos y experiencias; (3) contar con un grupo de líderes jóvenes, capaces de planificar e implementar eventos juveniles a nivel diocesano, que ayude a que los jóvenes se encuentren con Jesús y definan su proyecto de vida.

**Espiritualidad:** (a) Cristocéntrica y evangelizadora; (b) promotora de desarrollo integral cristiano; (c) pastoral de conjunto.

**Estructura organizativa:** Coordinación a nivel diocesano, principalmente con jóvenes inmigrantes y con inclusión de jóvenes nacidos en Estados Unidos.

**...ividades:** Formación de jóvenes evan-g...ores que acompañen a sus compañeros en su acción pastoral.

**Necesidades a las que responde:** Apoyo a adolescentes y jóvenes solteros, en particular a los inmigrantes que no tienen familia en Estados Unidos.

**Implementación:** Varias diócesis con personal para la PJH, presenta particularidades locales. *Referencias: Arqui/diócesis de Chicago. Galveston-Houston y Yakima, y diócesis unidas de los estados de Illinois, Indiana, Michigan, Ohio y Wisconsin.*

## Comité Juvenil Diocesano de Pastoral Juvenil Hispana

Coordinación de tres actividades:

**Escuela de preparación para noviazgo y matrimonio:** Prepara al joven en su relación de noviazgo con miras a celebrar el matrimonio católico.

**Experiencia en Cristo:** Retiros espirituales, conocerse a sí mismos y conocer a Jesús.

**Encuentros Juveniles:** Reuniones parroquiales, diocesanas, regionales que permiten el encuentro de todos los jóvenes que participan en PJH.

## Concurso vocacional de coros

**Meta:** Involucrar al joven a participar y a sentirse parte del Cuerpo de Cristo como miembro activo de su misión, mediante una pastoral de conjunto que fomenta la formación y la espiritualidad del joven.

**Espiritualidad:** Tener un encuentro con Cristo y ver a Cristo en nuestro hermano.

**Estructura organizativa/actividades:** (a) Identificación del lema del concierto en la Biblia; (b) cada coro escribe un canto con el cual participan en ese día; (c) eliminatoria de coros y elección de ganadores con la ayuda de un jurado especializado en música; (d) colaboración de patrocinadores; (e) premio a la mejor composición y/o interpretación.

**Necesidades a las que responde:** Varias necesidades del inmigrante recién llegado.

**Implementación:** *Arquidiócesis de Denver.*

## Convocatoria a las artes latinoamericanas juveniles

**Meta:** Informar, difundir y apoyar las bellas artes de Latinoamérica —pintura, escultura, baile, poesía y drama— como expresión de la religiosidad popular latinoamericana.

**Espiritualidad:** Evento centrado en el arte cristiano, con un mensaje basado en las enseñanzas de Cristo.

**Estructura organizativa:** Reuniones de directores juveniles y jóvenes adultos, en conjunto con los representantes de la comunidad en general.

**Actividades:** (a) Concurso y exposición de pintura, escultura, baile, poesía, drama... con premios; (b) exposición general que visita las parroquias en la diócesis.

**Necesidades a las que responde:** (a) Culturalmente abarcar todas las artes; (b) espiritualmente enseñar la fe a través del arte; (c) fomentar unidad y hermandad entre diferentes grupos y culturas latinoamericanas, sin límites de idioma o recursos financieros.

**Implementación:** *Diócesis de Fort Wayne – South Bend.*

## Juventud Misionera

**Metas:** (1) Crecimiento espiritual en las virtudes, la vida sacramental y fidelidad a la Iglesia; (2) trabajo misionero con otros jóvenes, promoviendo su conversión; (3) ayuda a los menos afortunados y crea conciencia de caridad y amor hacia los demás; (4) unión entre los diferentes grupos juveniles en favor de esta causa.

**Espiritualidad:** (a) Tener a Jesucristo como el centro de nuestra vida; (b) práctica de diversas formas de oración; (c) participación en la Eucaristía; (d) vida de testimonio cristiano, con énfasis en la caridad.

**Estructura organizativa:** (a) Director y equipo directivo diocesano formado por sacerdote, misioneros, capellán, coordinador y animadores de grupo; (b) equipo de trabajo juvenil, con responsables de: formación bíblica, materiales de evangelización, retiros, formación de predicadores, misiones parroquiales, Horas Santas y formación sacramental.

**Actividades:** (a) Reuniones semanales de formación; (b) recaudación de fondos; (c) visitas a las casas; (d) difusión de material evangelizador; (e) organización de deportes, torneo de fútbol y eventos sociales que integran al joven: kermés, shows artísticos; (f) apostolado de evangelización a través de una revista, materiales, retiros, temas y pequeñas misiones a grupos juveniles.

**Necesidades a las que responde:** (a) Conversión de los jóvenes; (b) crecimiento en la fe y fortalecimiento ante las tentaciones; (c) vencer la vergüenza; (d) ser jóvenes misioneros y descubrir la vocación que Dios tiene para cada uno; (e) preparación para el liderazgo mediante una formación en la acción.

**Implementación:** *Arquidiócesis de Atlanta:* http://www.juvatlanta.com/index.html

## Olimpiadas Juveniles

**Meta:** Conocer grupos juveniles a nivel diócesis por medio del deporte.

**Espiritualidad:** Participación en la Eucaristía, oración y alabanza.

**Estructura organizativa:** Organización de ligas deportivas de fútbol y voleibol.

**Implementación:** *Diócesis de Fresno.*

## Pascua Juvenil

**Metas:** (1) Evangelización y formación en la fe; (2) celebración solemne de la Pascua de Resurrección, después de una reflexión sobre la vida a la luz de la fe, durante la Cuaresma; (3) formación de líderes jóvenes.

**Espiritualidad:** (a) Encuentro con Cristo sufriente y resucitado; (b) integración del Evangelio en la vida de los jóvenes, con sus situaciones desafiantes y de esperanza; (c) reflexión teológica sobre temas de la vida diaria a la luz del misterio pascual.

**Estructura organizativa:** (a) Coordinación regional o diocesana; (b) liderazgo juvenil capacitado mediante un proceso de formación en la acción; (c) participación de jóvenes en grupos parroquiales y movimientos apostólicos; (d) apoyo de sacerdotes, religiosas y agentes de pastoral laicos.

**Actividades:** (a) Preparación de las reflexiones para la Cuaresma por los jóvenes; (b) reflexiones realizadas en los grupos juveniles; (c) celebración de la Pascua Juvenil, con conferencias, momentos de oración, sesiones de reflexión espiritual, adoración al Santísimo y celebración de la Eucaristía.

**Necesidades a las que responde:** (a) Crecimiento en la fe; (b) mejor comprensión y vivencia de la Pascua, sea a nivel regional, diocesano o parroquial; (c) encuentro con otros jóvenes para un apoyo mutuo en la jornada de la vida.

**Implementación:** Múltiples diócesis. *Referencia: SEPI y diócesis del sureste; diócesis del estado de Washington.*

## Pastoral Migrante Campesina

**Metas:** (1) Proveer al joven inmigrante documentado e indocumentado información sobre las parroquias y servicios sociales y culturales; (2) dar atención social y religiosa a esta comunidad; (3) ayudar a su integración en Estados Unidos y apoyarla en su educación; (4) crear conciencia en la Iglesia sobre la necesidad y la importancia del trabajo de los jóvenes campesinos migrantes en el país.

**Espiritualidad:** (a) Acogida y servicio al extranjero; (b) opción preferencial por los más pobres; (c) espiritualidad evangelizadora y misionera.

**Estructura organizativa:** (a) Coordinada a nivel diocesano o parroquial; (b) dirigida por grupos juveniles establecidos, guiados por un líder capacitado en pastoral con inmigrantes; (c) apoyo de la Pastoral Juvenil organizada; (d) jóvenes que ofrecen atención social y religiosa.

**Actividades:** (a) Acción pastoral en los ranchos y campamentos de trabajo, realizada por grupos juveniles establecidos; (b) celebración de la Eucaristía; (c) sesiones de evangelización y catequesis, en especial preparación para los sacramentos; (d) sesiones juveniles, con dinámicas de integración y temas espirituales, sociales, políticos y de salud; (e) ayuda material: alimentos, ropa, medicinas, objetos para la casa; (f) referencias a agencias sociales; (g) organización de deportes. En algunos lugares hay una casa para recibir a los inmigrantes, por periodos cortos.

**Necesidades a las que responde:** (a) Desarrollo personal y social del joven inmigrante agrícola; (b) apoyo en las necesidades básicas; (c) abogacía por el bienestar del campesino migrante.

**Implementación:** Varias diócesis. *Referencia: Diócesis de Stockton.*

## Peregrinación mariana juvenil

**Meta:** Ayudar a los jóvenes a vivir y celebrar su fe a través del amor a María.

**Espiritualidad:** Mariana.

**Estructura organizativa:** (a) Etapa de preparación de tres meses, con una reunión mensual en que se reflexiona sobre un tema mariano; (b) elección de una parroquia que envía y otra que recibe; (c) convocatoria a los coordinadores de grupos y movimientos para su organización.

**Actividades:** (a) Organización de comisiones: propaganda, permiso de ciudad, recorrido, orden, primeros auxilios, danzas, Eucaristía, etcétera; (b) reuniones mensuales para ver el proceso de las actividades y si es necesario, reuniones más seguidas; (c) participación del obispo en la celebración y a veces en la preparación.

**Necesidades a las que responde:** (a) Vivir la fe con alegría; (b) poner los dones al servicio de Dios a través de María, para comprometerse y profundizar más en su fe; (c) forjar líderes capaces de reunir cerca de 3,000 personas.

**Implementación:** *Diócesis de Dallas.*

## Programa de quinceañeras

**Meta:** Acompañar a las adolescentes, sus familias y amigos en la celebración religiosa y social de la fiesta de quince años.

**Espiritualidad:** Descubrir la presencia de Dios en todos los acontecimientos de la vida, especialmente en el momento de transición de la adolescencia a la juventud de las chicas.

**Estructura organizativa:** (a) Dirección diocesana o parroquial; (b) participación de las jóvenes, sus chaperones y familias en las actividades.

**Actividades:** Clases, reuniones y retiros, para que todas las personas involucradas en la fiesta, redescubran la importancia de la fe a través de una fiesta familiar.

**Implementación:** Múltiples parroquias y diócesis del país, con sus particularidades propias. *Referencia: Diócesis de San Bernardino y de Stockton.*

## Retiro Experiencia Cristo

**Metas:** (1) Conocer a Jesús y desarrollar una relación personal con él; (2) conocimiento básico sobre nuestra fe y la Iglesia; (3) invitación a un cambio de vida.

**Espiritualidad/Actividades:** (a) Oración por el equipo de jóvenes voluntarios que facilitan el retiro; (b) adoración al Santísimo durante el retiro, por los servidores mientras los participantes viven el retiro; (c) participación en la Sagrada Misa; (d) confesiones.

**Estructura organizativa:** El equipo que da el retiro está compuesto de jóvenes, asesorados y coordinados por personal diocesano.

**Necesidades a las que responde:** (a) Evangelización; (b) crecimiento en la fe; (c) formación de líderes.

**Implementación:** Múltiples diócesis en el Sureste. *Referencia: Diócesis de Orlando y Arquidiócesis de Atlanta.*

# PJ-34 Movimientos apostólicos juveniles

## Búsqueda para una madurez cristiana – *Search*

**Metas:** (1) Conocerse mejor a sí mismo; elevar la autoestima del joven y reforzar su identidad; (2) conocer mejor al Señor; (3) evangelización juvenil, que promueve la madurez integral del joven.

**Espiritualidad:** Evangelizadora y formadora en la fe.

**Estructura organizativa:** (a) Movimiento nacional, con coordinación y asesoría diocesana y un director espiritual; (b) mesa directiva juvenil diocesana, que cambia cada año; (c) jóvenes como facilitadores del retiro, elegidos por votación para cada retiro; (d) uso de la guía para el retiro.

**Actividades:** (a) Ocho reuniones de preparación para cada retiro; (b) retiros de fin de semana para adolescentes y para jóvenes, en inglés y en español; (c) seguimiento con reuniones semanales y temas de formación; (d) "Re-Search", retiro de liderazgo para jóvenes que vivieron la experiencia *Search;* (e) apoyo al ministerio inmigrante y a otros grupos juveniles parroquiales; (f) actividades de recaudación de fondos.

**Necesidades a las que responde:** (a) Conocerse a sí mismo; (b) elevar la autoestima; (c) mejorar y madurar la conducta social; (d) mejorar la relación con los padres de familia.

**Implementación:** En varias diócesis. http://cursillos.ca/es/expansion/jeunes/search.

## El verdadero amor espera

**Metas:** (1) Conscientización sobre la sexualidad como parte del plan de Dios; (2) evangelización encaminada a vivir el amor a través de la castidad antes y en el matrimonio.

**Espiritualidad:** Integral.

**Estructura organizativa:** (a) Comité central; (b) comités regionales, diocesanos y parroquiales; (c) un sacerdote como guía espiritual.

**Actividades:** (a) Retiro inicial sobre la sexualidad, en el cual el joven hace voto de castidad; (b) retiro para un encuentro más profundo con Cristo, y descubrir el llamado a una vida santa y a la acción pastoral; (c) retiro para novios; (d) capacitación de líderes; (e) actividades sociales; (f) Misas, etcétera.

**Necesidades a las que responde:** Solución al desenfreno y desorientación sexual.

**Implementación:** Movimiento internacional, con presencia en varias diócesis del país. www.evae.org

## Encuentros de Promoción Juvenil

**Metas:** (1) Tener un encuentro personal con Cristo resucitado y entrar en proceso de conversión; (2) obtener una formación integral, con espiritualidad profunda, para ser evangelizador en el mundo actual.

**Espiritualidad:** (a) Conversión, alabanza y oración; (b) apostolado interno y externo al movimiento.

**Estructura organizativa:** (a) Dirección a nivel internacional, nacional, regional y local; (b) comités diocesanos, guía espiritual, mesa directiva y asesores espirituales, sacerdotes, diáconos; (c) formación del liderazgo para facilitar los retiros; (d) uso del manual de formación.

**Actividades:** (a) Retiro de tres y medio días, con temas, oración, análisis de la propia vida, Eucaristía, adoración al Santísimo, recreación y obras de teatro; (b) formación continua semanal en grupos pequeños; (c) apostolado de los miembros.

**Necesidades a las que responde:** (a) Relación con Dios; (b) elevar la autoestima y seguridad en sí mismos, superando el miedo a los demás, a Dios y a hablar de Dios; (c) ejercicio del liderazgo juvenil.

**Implementación:** Movimiento apostólico internacional, con presencia en varias diócesis. *Referencia: Arquidiócesis de Galveston – Houston.*

## Jornadas de Vida Cristiana

**Metas:** (1) Evangelizar a los jóvenes por medio de jóvenes, llamados *jornadistas;* (2) hacer cada día más visible el reino de Dios.

**Espiritualidad:** (a) Centrada en Jesús, llamado de cariño, *Chuito;* (b) fincada en el llamado bautismal a evangelizar; (c) inspiración mariana: "Todos a Jesús por María y todos a María por Jesús".

**Estructura organizativa:** (a) Dirigido por un equipo base, formado por jornadistas, asesorado por un director espiritual; (b) coordinado por delegados de zona de parroquias; (c) animado y apoyado por delegados parroquiales.

**Actividades:** (a) Preparación para el retiro de fin de semana, llamado *jornada;* (b) jornada; (c) seguimiento a través de reuniones semanales de formación en la fe en sus grupos parroquiales; (d) capacitación de líderes mediante un proceso de formación en la acción; (e) actividades complementarias como la Caminata, el Encuentro Anual en Haverstraw, o las Plegarias.

**Necesidades a las que responde:** (a) Ayudar a que los jóvenes encuentren el sentido de su vida y sacien su sed de Dios; (b) formar cristianos verdaderos, que deseen vivir la esencia del Cristianismo, consientes de la vocación personal e intransferible que les confiere el Bautismo.

**Implementación:** Movimiento apostólico en el área metropolitana de Nueva York, sobre todo en la diócesis de Brooklyn. www.jornadista.org/donaciones.html

## Legión de María

**Meta:** Llevar la comunión y la Palabra de Dios a enfermos en hospitales, casas y casas de ancianos.

**Espiritualidad:** (a) Llevar una vida cristiana, y (b) realizar obras de misericordia con los enfermos.

**Estructura organizativa:** Asignación de las visitas desde una oficina central, llamada *curia.*

**Actividades:** Reuniones semanales de oración y reflexión; un retiro al año para meditar sobre el Señor y la Virgen; visitas a los enfermos.

**Necesidades a las que responde:** Vida cristiana de los miembros y atención a los enfermos.

**Implementación:** Movimiento apostólico internacional, presente en varias parroquias del país. www.legiondemaria.org

## Movimiento de Jornadas Juveniles

**Metas:** (1) Llevar a los jóvenes a encontrarse a sí mismos, y a encontrar a Dios en su vida; (2) conversión de vida para dar testimonio de Dios a donde vayan.

**Espiritualidad:** (a) Centrar la vida en Dios y en nuestra fe católica; (b) lecturas bíblicas; (c) testimonios de fe.

**Estructura organizativa:** (a) Coordinación diocesana, mesa directiva juvenil y asesores adultos; (b) retiros de fin de semana para varones y para mujeres; (c) capacitación de líderes para facilitar los retiros; (d) promoción en todas las parroquias de la diócesis.

**Actividades:** (a) Sesiones de preparación del equipo; (b) retiros; (c) reuniones de seguimiento con temas de interés para los jóvenes; (d) recaudación de fondos.

**Necesidades a las que responde:** (a) Desarrollo espiritual y formación moral; (b) participación activa en la vida parroquial.

**Implementación:** Movimiento internacional, presente en varias diócesis del país, con variaciones locales. *Referencia: Diócesis de Austin y de Fort Worth.*

## Prevención y Rescate o Barrios Unidos en Cristo

**Metas:** (1) Capacitar a las familias, niños y jóvenes, para prevenir la caída en pandillas, drogas, alcohol y adicciones en general; (2) rescate a través de la evangelización de jóvenes y adultos con problemas de adicción al alcohol y drogas, así como a miembros de pandillas.

**Espiritualidad:** (a) Evangelizar con gran poder, para dar fruto abundante que permanezca (Jn 15, 8.16); (b) encuentro con Jesús; (c) oración ante el Santísimo; (d) oración con enfoque de liberación.

**Estructura organizativa:** (a) Mesa directiva; (b) coordinadores de zona; (c) jóvenes evangelizadores; (c) talleres de evangelización.

**Actividades:** (a) Asambleas familiares; (b) ministerio en las calles, para atender a las personas sin hogar *(homeless)* y rescatar a personas; (c) visitas a las casas; (d) referencia a centros de terapia individual, de rehabilitación y desintoxicación, de eliminación de tatuajes; (e) oportunidades de trabajo; (f) campamentos o retiros intensivos de formación humana integral; (g) visitas a cárceles y penitenciarías, para evangelizar y ofrecer apoyo para cuando sean puestos en liberad; (h) reuniones semanales; (i) retiros mensuales o bimensuales; (j) talleres y conferencias de conscientización.

**Necesidades a las que responde:** (a) Liberación de adicciones y de membresía en pandillas; (b) crecimiento en la fe, educación religiosa y valores cristianos; (c) formación de líderes evangelizadores.

**Implementación:** Sede en Los Ángeles y presencia en varias diócesis de California. www.prevencionyrescate.com

## Renovación Católica Carismática

**Metas:** (1) Renovación de la fe católica; (2) crecimiento en la fe y en la oración; (3) formación de comunidad en un ambiente de oración, alabanza y alegría.

**Espiritualidad:** (a) Derramamiento del Espíritu Santo, pidiendo su intervención; (b) profundización en la oración, predicación y enseñanza.

**Estructura organizativa:** (a) Mesas directivas que ser reúnen dos veces por semana; (b) reunión de movimiento una vez a la semana para los grupos de base; (c) guía espiritual; (d) escuela de formación para servidores; (e) retiros para servidores, a lo largo del año.

**Actividades:** (a) Reuniones semanales de grupo con oración, alabanza, enseñanza, convivencia, recaudación de fondos, actividades externas; (b) conciertos evangelizadores; (c) contribuciones a través de donaciones y patrocinios de los integrantes.

**Necesidades a las que responde:** (a) Reflexión teológica que anima a las pequeñas comunidades cristianas; (b) instrumento de unión entre generaciones y culturas; (c) oportunidades de trabajo voluntario, participación en la vida de la Iglesia, y expresión de la fe sin temor al rechazo; (d) crecimiento como persona en todos los sentidos; (e) formación de mejores laicos y una mejor sociedad; (f) atención a necesidades personales, espirituales y sociales.

**Implementación:** Movimiento internacional, activo en múltiples parroquias y diócesis, con particularidades en cada localidad.

## Sistema Integral de la Nueva Evangelización (SINE)

**Metas:** (1) Tener un encuentro vivo y personal con Dios; (2) convertirse en cristiano seguidor de Jesús, discípulo y apóstol; (3) formar pequeñas comunidades en la parroquia.

**Espiritualidad:** (a) Descubrir la vocación personal y los dones recibidos para el servicio a la comunidad; (b) facilitar la conversión personal, el discipulado y el apostolado; (c) catequesis ordenada y progresiva de la fe.

**Estructura organizativa:** (a) Aceptación del párroco como un modelo para toda la parroquia; (b) retiro de evangelización con un programa preestablecido; (c) preparación de las personas, visitándolas en sus hogares y conociendo su realidad; (d) varias etapas: pre-evangelización, con mensaje de salvación y amor; retiro de iniciación; seguimiento y formación de pequeñas comunidades sectorizándolas en la parroquia.

**Actividades:** (a) Reuniones semanales de comunidad, dirigidas por catequistas capacitados, donde se ora juntos, se comparte, se ayudan, se escuchan unos a otros y trabajan juntos; (b) visitas periódicas de los sacerdotes de la parroquia a las familias; (c) formación vocacional para los jóvenes, quienes están integrados en la comunidad con los adultos; (d) participación activa en la Iglesia, comunidad y sociedad, con el fin de un crecimiento espiritual y moral.

**Necesidades a las que responde:** Cubre las necesidades humanas y espirituales, desde los niños hasta los ancianos.

**Implementación:** Movimiento internacional, que está presente en varias parroquias. www.sinecentral.org

### Teens Encounter Christ - TEC

**Metas:** (1) Adquirir conocimiento sobre la vida cristiana y la Iglesia; (2) divertirse.

**Espiritualidad:** (a) Fuerte acercamiento a Jesús; (b) fortalecimiento de la identidad católica; (c) crecimiento en la fe; (d) promoción del servicio al prójimo

**Estructura organizativa:** (a) Coordinación desde la sede nacional; (b) oportunidades de voluntariado por un año, para jóvenes que deseen facilitar retiros para adolescentes; (c) a nivel parroquial, retiro facilitado por jóvenes para adolescentes.

**Actividades:** Promover acciones evangelizadoras y misioneras entre adolescentes y jóvenes.

**Implementación:** Movimiento nacional, con sede en Festus, Missouri, y posibilidades de ofrecer retiros a nivel parroquial en toda la nación. www.tecconference.org

# PJ-35 Institutos y programas de formación de líderes

## Escuela de Evangelización Juan Pablo II

**Metas:** (1) Formar evangelizadores; (2) ofrecer cursos de formación.

**Espiritualidad:** Adoración al Santísimo, con inspiración carismática.

**Estructura organizativa:** Alrededor de 34 cursos, divididos en seis niveles de cinco cursos cada uno; comienza con un curso de iniciación cristiana.

**Actividades:** (a) Promoción del curso en diferentes parroquias de la diócesis; (b) invitación a personas que a veces no están involucradas en la Iglesia.

**Necesidades a las que responde:** Formar a los laicos en la fe.

## Formación, Espiritualidad, Integración, Comunicación y Apostolado (FEICA)

**Metas:** (1) Ayudar a la formación, espiritualidad, comunicación y apostolado de los jóvenes; (2) promover la unidad en la diócesis, mediante un modelo común de Pastoral Juvenil.

**Espiritualidad:** (a) Seguir el ejemplo de vida de Cristo Jesús; (b) vivir en comunidad; (c) buscar la santidad; (d) participar activamente en la evangelización del mundo.

**Estructura organizativa:** (a) Coordinación desde la oficina de la Pastoral Juvenil; (b) en cada grupo juvenil, hay un responsable para cada área: formación, espiritualidad, integración, comunicación y apostolado; (c) participación activa de los jóvenes en las cinco áreas.

**Actividades:** (a) *Formación* a través de la Escuela Católica Arquidiocesana (ECA) y de temas para la reflexión a nivel de grupos parroquiales; (b) *espiritualidad* como rosarios, Misas juveniles mensuales, vigilias, adoración nocturna al Santísimo, noches de alabanza, retiros, Pascua Juvenil; (c) *integración*, como bailes, encuentros deportivos, voleibol, fútbol, cumpleaños, torneos, camisetas, soñar despiertos; (d) *comunicación* a través del periódico *JUV*, folletos, correo, Web, teléfono; (e) *apostolado:* ujieres, visitas a enfermos, misiones.

**Necesidades a las que responde:** Practicar la fe en cuatro áreas: formación humana y religiosa; crecimiento espiritual; integración en los grupos, parroquias y diócesis; utilización de los medios de comunicación para la vida de fe y la evangelización.

**Implementación:** *Arquidiócesis de Atlanta.* http://www.juvatlanta.com/index.html

## La Travesía del Héroe Católico — *Catholic Leadership Institute (CLI)*

**Metas:** (1) Adquirir claridad sobre el propósito y misión de Dios; (2) adquirir confianza en la habilidad para guiar a otros, valentía para responder al llamado y compromiso de liderazgo para servir siguiendo el ejemplo de Jesucristo.

**Espiritualidad:** (a) Descubrir el plan de Dios para cada uno; (b) integrar el proyecto de vida personal en la misión de Jesús, como miembros de la Iglesia; (c) compromiso en la oración, como líder servidor, siguiendo el ejemplo de Jesús.

**Estructura organizativa:** (a) Retiro inicial y final en Malvern Retreat House; (b) diez sesiones mensuales, por Internet, asesoradas por un profesor certificado, a ser realizadas según la conveniencia de tiempo y lugar de los participantes, quienes deben ser adultos jóvenes.

**Actividades:** (a) Retiro LEAP *(Leaders Experiential Adventure Program);* (b) diez sesiones mensuales dirigidas por un asesor de CLI, en el que se utilizan materiales accesibles a través del Internet, discos compactos y libro de trabajo; (c) retiro para integrar su misión con la de Jesucristo y de la Iglesia católica.

**Necesidades a las que responde:** Responde a las cuatro "Cs": (a) *claridad* sobre el propósito y misión de dios; (b) *confianza* en su habilidad para guiar a otros; (c) *coraje* para contestar el llamado; (d) *compromiso* de liderazgo para servir con oración siguiendo el ejemplo de Jesucristo.

**Implementación:** Noreste del país, a partir del McShain-Horstmann Family Life Center. www.catholicleaders.org

## Sistema de formación de líderes del Instituto Fe y Vida

**Metas:** (1) Capacitar a líderes jóvenes y a asesores adultos, mediante un sistema de formación integral y progresivo; (2) forjar un liderazgo compartido; (3) ayudar a crear un equipo diocesano interdisciplinario de Pastoral Juvenil; (4) ayudar a la profesionalización de la Pastoral Juvenil Hispana, como una especialización pastoral en Estados Unidos.

**Espiritualidad:** (a) Evangelizadora, comunitaria y misionera; (b) asume la vocación y misión del joven como base de su espiritualidad, convirtiéndose en profetas de esperanza en la Iglesia y la sociedad; (c) cristocéntrica, con sólido fundamento bíblico y de formación en la fe; (d) eclesial, con un modelo de Iglesia como comunidad de comunidades, y promoción de una pastoral de conjunto.

**Estructura organizativa:** (a) Oficina central con personal dedicado exclusivamente para la Pastoral Juvenil Hispana —con adolescentes y de jóvenes— bilingüe y bicultural; (b) equipo pastoral móvil, compuesto de personal profesional y paraprofesional (exalumnos capacitados como formadores); (c) serie de programas de formación ofrecidos a nivel diocesano y nacional: Curso de Iniciación a la PJH; Programa de Certificación de Asesores y Líderes en PJH; Curso *La Biblia desde la Óptica de los Jóvenes;* Symposium Nacional de Liderazgo; Seminarios de Especialización, y Programa de Capacitación para Formadores; (d) centro de investigación, departamento de publicaciones y fuerte actividad de abogacía, como apoyo para lograr las metas.

**Actividades:** (a) Cursos y programas para jóvenes y asesores adultos; (b) consultas y procesos de planificación; (c) talleres y conferencias de conscientización sobre las necesidades de la juventud latina; (d) investigaciones; (e) publicaciones; (f) promoción de la pastoral bíblica juvenil en EUA y en América Latina.

**Necesidades a las que responde:** (a) Formación de liderazgo juvenil, adulto y profesional, para la pastoral con la juventud latina; (b) conocimiento científico de la realidad del joven latino católico en Estados Unidos; (c) publicaciones para una Pastoral Juvenil evangelizadora, comunitaria y misionera.

**Implementación:** (a) Programas locales en aproximadamente 15 diócesis al año; (b) programa nacional anual con la participación de más de 30 diócesis; (c) conferencias y talleres en diócesis e instituciones ofrecidos en todo el país. www.feyvida.org, www.BibliaParaJovenes.org

## *South East Pastoral Institute (SEPI)*

**Metas:** Acompañar al joven en su crecimiento como ser humano y en el desarrollo de su compromiso cristiano. Esta meta tiene un aspecto de conversión (participación en el misterio pascual de Cristo) que retará al joven a vivir la plenitud de vida que Cristo vino a traer.

**Espiritualidad:** Participación en un proceso de conversión que paulatinamente presenta al joven retos cada vez mayores, que propician una experiencia sacramental y de oración profunda que los lleve a una vida eclesial y social, no sólo al nivel emocional, sino seria y comprometida.

**Estructura organizativa:** (a) equipo de profesores especialistas en Pastoral Juvenil que acompaña a los jóvenes de las diferentes diócesis en todos los programas de formación; (b) escuela de Asesores Adultos de PJ en las instalaciones del SEPI, y, ocasionalmente, con equipos móviles que se dirigen a alguna diócesis en particular; (c) Encuentros Regionales de PJ bianuales organizados por el equipo pastoral del SEPI.

**Actividades:** (a) Día de la Amistad, taller de un día para crear grupos juveniles; (b) taller para fijar objetivos de los grupos; (c) Experiencia Cristo: retiro de conversión de jóvenes para jóvenes; (d) Experiencia de experiencias: retiro de tres días para renovar el compromiso cristiano de los jóvenes y en su trabajo apostólico; (e) Curso de liderazgo en PJH con duración de una semana, contenidos: metodología pastoral, cultura hispana, espiritualidad y proyecto de vida; (f) Escuela de Asesores Adultos: curso de una semana, en Miami por tres años consecutivos para formar Asesores Adultos de PJH; contenidos: sociología, psicología del adolescente, metodología de PJ, discernimiento espiritual, vocacional y teológico; (g) retiros vocacionales; (h) proceso de la Pascua Juvenil, que incluye cuatro talleres de fin de semana y la producción por parte de los jóvenes del *Libro de la Pascua;* (i) celebración de un encuentro regional cada dos años para evaluar el estado de la PJH regional y planificar las grandes líneas para los próximos dos años.

**Necesidades a las que responde:** Preparación para la vida en la sociedad y la misión de la Iglesia, forjando líderes comunitarios, espirituales y culturales entre los jóvenes.

**Implementación:** Sede en Miami; trabajo en las diócesis del sureste del país. www.sepimiami.org

# PJ-36 Modelos en otras áreas o dimensiones pastorales

## *Catholic Campus Ministry en UTB*

**Metas:** (1) Encuentro estudiantil para conocerse; (2) celebrar juntos la Eucaristía; (3) estudiar la Biblia; (4) hacer servicio comunitario.

**Espiritualidad:** (a) Encuentro con Jesús; (b) unión; (c) humildad; (d) compartir los dones; (e) servir a la comunidad.

**Estructura organizativa:** Una reunión semanal.

**Actividades:** Además de las mencionadas en las metas, se hacen misiones en distintos lugares dentro y fuera del país, y actividades de recaudación de fondos.

**Necesidades a las que responde:** Promover actividades motivadas por la fe.

**Implementación:** University of Texas, Brownsville. www.cdob.org/utb

## Cenáculo vocacional de adolescentes

**Meta:** Formación espiritual de adolescentes, basado en oración por las vocaciones y en la guía espiritual.

**Espiritualidad:** Vocacional.

**Estructura organizativa:** Invitación a los jóvenes a responder con puntualidad y responsabilidad a las reuniones quincenales (máximo 1 ½ hora).

**Actividades:** (a) lectura de la Biblia, canciones, oración individual y en grupo, adoración al Santísimo Sacramento; (b) oración por las vocaciones y rezo del Santo Rosario; (c) colaboración en actividades diocesanas como jornadas vocacionales, vigilias por las vocaciones y alianza de oración por las vocaciones; (d) dinámicas juveniles; (e) paseos. Todas las actividades se planean con tiempo y solamente dos o tres en cada reunión.

## Programa Evangelizador de Liderazgo Hispano – *Hispanic Evangelization Leadership Program (HELP)*

**Meta:** Capacitación de líderes adolescentes para la evangelización de sus compañeros.

**Espiritualidad:** Encuentro con Cristo.

**Estructura organizativa:** (a) Coordinación a nivel vicariato; (b) los dirigentes son jóvenes activos en los grupos parroquiales.

**Actividades:** Ocho sesiones mensuales impartidas por agentes de pastoral.

**Necesidades a las que responde:** Formación de líderes.

**Implementación:** Vicariato del norte de Manhattan, New York.

## Respeto

**Meta:** Crear una forma de trabajo en que el joven exprese sus verdaderos ideales.

**Espiritualidad:** Profundización en la fe por medio de la catequesis.

**Estructura organizativa:** Coordinación por hermanas religiosas.

**Actividades:** Sesiones con cantos, dinámicas y oraciones.

**Necesidades a las que responde:** Formación de líderes.

**Implementación:** *Diócesis de Springfield, Missouri.*

# 4. Conclusiones sobre el perfil, formación y promoción del liderazgo en la Pastoral Juvenil Hispana

## LLAMADOS A SERVIR: NUESTRO LIDERAZGO

*"SIMÓN, HIJO DE JUAN, ¿ME AMAS? APACIENTA MIS OVEJAS" —JN 21, 7*

Los grandes cambios positivos en la sociedad y en la Iglesia se dan si hay buenos líderes. Todos los que hemos participado en este Encuentro ejercemos una forma de liderazgo, por eso nos parece que este tema es trascendental. En nuestros encuentros regionales nos preocupamos por identificar las formas concretas como se capacita a los líderes en nuestras diócesis y parroquias y las formas como se promueve allí el liderazgo para la sociedad y para la Iglesia. En el Encuentro Nacional identificamos las características de un/a joven líder cristiano y completamos trabajos anteriores hechos a nivel regional.

La capacitación del liderazgo a nivel personal, comunitario y social, es esencial, y en la Pastoral Juvenil Hispana es una prioridad. Sólo con líderes bien formados humana y cristianamente, y capacitados en las distintas habilidades necesarias para un ministerio eficaz, será posible expandir y mejorar la acción pastoral entre la juventud hispana. Desatender el liderazgo juvenil es desatender a la Iglesia de hoy y del mañana, pues muchos líderes hispanos de la Iglesia iniciaron en la PJH.

El análisis hecho por los delegados en los encuentros regionales estuvo basado en su propia visión y experiencia. En cambio, en el Encuentro Nacional se basó en un diálogo con un panel de líderes eclesiales, integrado por obispos, sacerdotes, religiosas/os y agentes de pastoral laicos que trabajan en la PJH.

Este capítulo presenta las conclusiones de los delegados al Encuentro Nacional en dos grandes secciones: (a) conclusiones para la pastoral con adolescentes y (b) conclusiones para la pastoral de jóvenes. En cada sección, se presentan tres apartados:

1. **Perfil del líder adolescente o joven.** Este perfil se forjó con base en la experiencia personal, enriquecida con los aportes de los panelistas y el diálogo de los delegados con ellos.

2. **Características de la formación y capacitación del liderazgo.** Como la formación y la capacitación son procesos complementarios, se presentan en una sola sección.

3. **Formas o medios para la promoción del liderazgo juvenil.** Los jóvenes sólo pueden ejercer su liderazgo si la Iglesia los promueve y acompaña en su proceso de madurez como líder; de ahí que este aspecto fue analizado tanto en los encuentros regionales como en el Encuentro Nacional.

# CONCLUSIONES DE LOS ADOLESCENTES

## Ad-40 Perfil del líder en la pastoral con adolescentes

Al hacer la síntesis, por la manera como estaban redactadas las conclusiones, no fue posible distinguir cuáles cualidades se referían a los adolescentes como líderes y cuáles a los agentes de pastoral que trabajan con ellos. Por lo tanto, se refieren a los líderes en la pastoral con adolescentes:

- Toma la iniciativa para hacer y empezar proyectos y asume responsabilidad de sus acciones.

- Tiene la educación y capacitación necesaria para ejercer un liderazgo eficaz y está dispuesto a trabajar arduamente para lograr las metas.

- Sabe trabajar en equipo y está preparado para tomar decisiones que favorezcan la vida de los adolescentes y su comunidad.

- Vive activamente su fe, da testimonio de vida cristiana y es crítico ante los signos de los tiempos.

- Aboga por los adolescentes y exige la respuesta de la Iglesia a sus necesidades, funciona como un puente entre ellos y las personas con capacidad de decisión en favor de la pastoral con adolescentes.

- Es proactivo, dedica tiempo para planear las actividades pastorales, de modo que los líderes en otros campos de la pastoral y la sociedad lo tomen en serio.

- Posee amor y pasión por lo que hace; reconoce y se centra en las fortalezas y dones de los otros; tiene apertura hacia la diversidad y capacidad para reconocer y perdonar errores.

- Es alegre, auténtico y positivo; honesto, respetuoso y sensible; conoce su cultura y está orgulloso de ella.

- Trabaja en una pastoral de conjunto con su comunidad; tiene habilidad de escuchar cristianamente y sabe delegar responsabilidades.

- Participa activamente en la Iglesia; se involucra políticamente en la sociedad; habla con valentía ante las injusticias y está dispuesto a trabajar con las autoridades y las estructuras institucionales.

- Se comunica efectivamente, tanto en situaciones positivas como negativas, a nivel personal, familiar y comunitario.

## Ad-41 Características de la formación y capacitación de líderes

Algunas de las características de la formación y capacitación de líderes para la pastoral con adolescentes se refieren sólo al liderazgo juvenil; otras son aplicables a éste y a sus agentes de pastoral. Leídas en conjunto, manifiestan el deseo del adolescente de que los agentes de pastoral ejerzan un liderazgo compartido con ellos, que los ayude a formarse como líderes a través de la práctica.

- Es urgente que se ofrezcan programas para evitar la deserción escolar, ayudar a los jóvenes a informarse sobre becas, planes de ayuda, alternativas positivas, etcétera. Se hace muy poco en torno a esta formación básica que está en el fondo de cualquier otra formación para el liderazgo.

- Los programas de formación para el liderazgo deben incluir los diferentes aspectos de la PJH: desarrollo y relaciones humanas, realidad del pueblo hispano en

EUA, educación sexual, Biblia, liturgia, espiritualidad, moral, teología, sociología y civismo.

- Los líderes deben ser capacitados en metodología para organizar y dirigir las reuniones con disciplina, y en cómo elaborar y desarrollar proyectos. También se deben ofrecer clases de idiomas, para que los líderes sepan hablar, leer y escribir, en español y en inglés.

- Los programas de formación deben prestar atención a los talentos y dones de todos y cada uno de los líderes, para ayudarlos a desarrollar lo mejor de sí mismos.

- Es muy importante que los párrocos entiendan que capacitar a los líderes juveniles es la mejor inversión y que es su responsabilidad no descuidar este aspecto.

- Hay que educar a los líderes en el sentido de la responsabilidad y la unidad, y apoyarlos para que mantengan una actitud positiva, superen la timidez, el miedo a las críticas y la desconfianza.

- Los cursos deben ofrecer herramientas culturales adecuadas para el trabajo con adolescentes latinos como: conocer su psicología, aprender a usar dinámicas y técnicas de motivación, organización y liderazgo participativo.

- Se sugiere crear un instituto móvil cuya finalidad sea formar líderes juveniles, a partir de sus necesidades, testimonios e ideas.

## Ad-42  Formas o medios para la promoción del liderazgo juvenil hispano

- Los adolescentes reconocen que su liderazgo depende de que los agentes de pastoral que trabajan con ellos sean capaces de ejercer un liderazgo compartido y de promoverlos como líderes mediante una formación en la acción.

- Las escuelas diocesanas de liderazgo son una excelente estructura para mantener constantemente a los líderes en formación, de modo que puedan comprender bien al adolescente hispano.

- Los líderes deben ayudar a que los adolescentes descubran su vocación; delegarles responsabilidades; ejercer un liderazgo compartido, y mostrar alegría al servir en la comunidad.

- Formación en la acción, a través de marchas cívicas, coordinación de eventos parroquiales, trabajo voluntario, especialmente en la ayuda a los pobres y en la educación religiosa.

- Aprender a ser líderes al seguir el ejemplo de líderes que toman en serio, afirman y valoran al adolescente; que saben responder a su realidad y mejorar su vida; que saben manejar sus propios problemas y se dan cuenta que pueden ayudar a otros en las cosas espirituales y, sobre todo, descubren que son hijos muy amados de Dios.

- Los líderes promueven el liderazgo de los adolescentes cuando: están motivados para servirlos y apoyar sus iniciativas; les permiten participar activamente en las celebraciones y actividades de la Iglesia; los invitan a planificar actividades; comparten su esperanza en un mundo nuevo y una Iglesia nueva, con horizontes abiertos para hacer las cosas nuevas según la voluntad de Dios.

- El intercambio de recursos entre las parroquias cercanas es una buena estrategia para que los líderes de distintas comunidades sean conocidos por los grupos.

# CONCLUSIONES DE LOS JÓVENES

## Jo-43    Perfil del líder en la pastoral de jóvenes

Los jóvenes especificaron las cualidades que se exigen a sí mismos como líderes, las cuales deben ser consideradas tanto por ellos como por sus asesores adultos. El joven líder en la Pastoral Juvenil:

- Lleva una relación con Jesús, con quien se identifica, y se convierte en instrumento suyo; lee la Sagrada Escritura, escucha su llamado y responde a él; sabe aceptar su cruz; participa en la Eucaristía y sigue el modelo de los discípulos de Emaús.

- Tiene sensibilidad y apertura para aceptar la realidad de los demás; es amigo de todos, acompaña y camina junto a los demás, al tiempo que tiene iniciativa y sirve de puente y guía.

- Participa en la pastoral de conjunto; tiene un deseo claro de formar una sola comunidad eclesial; es amistoso con otros ministros y sabe llevarse bien con todos; se mantiene en comunicación y espíritu de colaboración con los sacerdotes.

- Reconoce el valor y la riqueza de cada persona; es honesto y franco en sus relaciones; sabe acompañar y ayudar a otros en el discernimiento de su vocación, y es forjador de líderes entre sus compañeros.

- Está involucrado en una formación continua; tiene deseos de superación; recibe dirección espiritual y busca la asesoría y el apoyo de líderes con más experiencia; sabe discernir los signos de los tiempos, y está dispuesto a asumir responsabilidad en el ministerio.

- Se identifica con los hispanos, es bilingüe, sabe trabajar a partir de su realidad, enfrenta con amor la diversidad cultural en que vivimos, y busca el bien común.

- Es un líder servidor, hospitalario y honesto; valiente y capaz de vencer miedos y temores; tiene entrega y comparte con los demás; está seguro de sí mismo, acepta correcciones, actúa con naturalidad y sabe perdonar; es compasivo ante las necesidades de los demás; no se desanima y aprende que las cosas tienen su tiempo.

- Anima y escucha sin agenda propia; sabe organizar, negociar, capacitar y dejar que otros descubran sus talentos y potencial; tiene facilidad y profundidad para hablar sobre temas de interés para los jóvenes.

- Confía en el Espíritu Santo como guía; es un joven de oración; da testimonio de vida con fidelidad en la Palabra; se compromete por amor para servir a los pobres y marginados con espíritu misionero, y trabaja en la pastoral con un énfasis en la justicia social.

- Es decidido y energético; sabe actuar y está dispuesto a correr riesgos; es equilibrado y flexible; aprende a tomar decisiones y sabe manejar conflictos y presiones.

- Tiene o está en proceso de adquirir educación en la fe, lo profesional y lo académico; busca los conocimientos necesarios en cursos, libros, Internet, organizaciones eclesiales, movimientos o grupos de formación; posee formación para capacitar a los demás.

- Tiene paciencia, pasión, visión amplia, eficacia y perseverancia en el trabajo pastoral; se mantiene en contacto con la comunidad para poder dirigirla; trabaja con los recursos disponibles, al tiempo que sabe crear nuevas herramientas pastorales.

- Es abogado de los jóvenes; reza por ellos y los ayuda a encontrar apoyo por medios adecuados, como cartas a los obispos y a los directores diocesanos; es insistente con personas en puestos de autoridad en la Iglesia, para cubrir las necesidades de los jóvenes.

## Jo-44    Características de la formación y capacitación de líderes

Los jóvenes adultos mencionaron varias características para su formación y capacitación. El tono inclusivo en que las escribieron manifiesta que han asumido el compromiso a su formación como líderes.

- La Sagrada Escritura, la liturgia, la oración y la formación espiritual, son la universidad de todo buen líder.

- Debemos desarrollar una espiritualidad de líderes, porque sólo podemos ser buenos líderes si lo hacemos al estilo de Jesús.

- Todo líder debe prepararse para ser un buen misionero, no sólo predicando, sino asumiendo los valores de Cristo en su vida y aprendiendo a dar cuenta de ellos.

- Necesitamos clases de liderazgo para aprender técnicas psicológicas, habilidades pastorales y destrezas espirituales que nos ayuden a realizar nuestra misión.

- Debemos desarrollar nuestro liderazgo para ser puente entre las culturas. Nos toca vivir en un ambiente multicultural y debemos prepararnos para ellos. Una buena manera de logarlo es aprendiendo a hablar y a escribir con corrección el inglés y el español.

- Debemos aprender a dar cuenta de nuestras responsabilidades, trazándonos metas evaluables y revisándolas periódicamente.

- Debemos superar la timidez, el miedo a las críticas y la desconfianza.

## Jo-45    Formas o medios para la promoción del liderazgo juvenil

En cuanto a las formas o medios para promover el liderazgo, los jóvenes mencionaron algunas responsabilidades del personal diocesano y los agentes de pastoral, otras de ellos y otras de ambos.

- Las escuelas de ministerios y las escuelas especializadas en la promoción del liderazgo son recurso básico para los grupos juveniles.

- Los líderes jóvenes se promueven a sí mismos al:

  - Cuidar de tener buenos sentimientos, ser capaces de amar; conocer la realidad de la comunidad en la que trabajan, y tomar el liderazgo con naturalidad.

  - Tener, compartir y transmitir, una visión de compromiso solidario en el servicio, siendo capaces de pedir y de dar, recíprocamente.

  - Tocar puertas, para encontrar o buscar medios necesarios para su capacitación; leer la Sagrada Escritura y los documentos eclesiales, buscar vehículos y lugares donde servir: parroquias, movimientos, grupos juveniles, asociaciones de acción social católicas, etcétera.

- Al líder se le promueve, se le fomenta su vocación, conversión y vida de oración; se le ofrece formación social, moral, espiritual, sexual y teológica, desde una perspectiva integral, y trabajando en conjunto con él.

- El Encuentro ha sido una experiencia muy positiva en la promoción del liderazgo; hay que repetir experiencias semejantes.

- Es necesario fomentar el liderazgo, ofreciendo ayuda espiritual y material a los jóvenes, para que no dejen de estudiar.

- La atención a los jóvenes en su propio idioma —español, inglés o bilingüe— es muy importante, para que nadie se sienta excluido. En especial, la atención a los jóvenes alejados, entre ellos hay muchos talentos que la Iglesia y la sociedad necesitan.

- El testimonio y el apoyo de los líderes con más experiencia y mayores, ayudan a los líderes nuevos y más jóvenes, a actuar con más confianza.

# 5. Conclusiones sobre estrategias para la Pastoral Juvenil Hispana nacional y el rol de La Red en ella

## La mies es mucha, organicemos nuestra misión: Estrategias y recursos

*"Echen la red a la derecha y encontrarán pesca"* —Jn 21, 6

No podemos terminar este evento sin sugerir maneras prácticas para implementar lo que hemos aprendido y reflexionado a lo largo de todo el proceso. La mejor manera de que nuestro Encuentro dé los frutos esperados, es poniéndonos en acción organizadamente. Es importante que en las diócesis y regiones pongamos en práctica las conclusiones que obtuvimos en los respectivos encuentros. Es también vital que trabajemos en una auténtica pastoral de conjunto, para impulsar la pastoral a nivel nacional, lo que a su vez, repercutirá positivamente en nuestras pastorales locales.

Este capítulo presenta las estrategias propuestas por los delegados a los Encuentros diocesanos, regionales y Nacional, para cumplir la misión de la Pastoral Juvenil Hispana y responder efectivamente a sus necesidades y aspiraciones. Este capítulo se subdivide en dos secciones:

1.  Estrategias propuestas por los adolescentes.
2.  Estrategias propuestas por los jóvenes.

A su vez, cada sección se subdivide en:

1.  **Estrategias a nivel parroquial.** Estas estrategias fueron propuestas a lo largo de todo el proceso.
2.  **Estrategias a nivel diocesano.** Estas estrategias fueron propuestas en los encuentros regionales.
3.  **Estrategias a nivel regional.** Estas estrategias fueron propuestas en los encuentros regionales.
4.  **Estrategias a nivel nacional.** Estas estrategias fueron propuestas en el Encuentro Nacional, por lo tanto no cuentan con los aportes directos de adolescentes, quienes no estuvieron presentes.

# ESTRATEGIAS
## PROPUESTAS POR LOS ADOLESCENTES

Algunas estrategias para la pastoral con adolescentes fueron propuestas por ellos y otras, por agentes de pastoral. Algunas no se sabe de dónde provienen, así que se presentan todas unidas.

### Ad-50 Estrategias a nivel parroquial

- Involucrar a los adolescentes y fomentar su compromiso como servidores en los ministerios y actividades parroquiales, sabiendo escucharlos sin criticarlos, permitiéndoles que se expresen y pongan en práctica sus cualidades y dones.

- Permitir que los grupos de adolescentes anuncien sus actividades en los boletines parroquiales para dar a conocer sus actividades a la comunidad.

- Contar con el apoyo de los párrocos y sacerdotes, lugar para sus reuniones y un agente de pastoral profesional bilingüe, para los adolescentes y jóvenes hispanos.

- Crear grupos parroquiales donde los adolescentes latinos se sientas acogidos y se les ofrezcan planes de formación integral, temas bíblicos y actividades culturales y educativas interesantes.

- Ofrecer celebraciones y servicios de sanación para adolescentes y jóvenes.

### Ad-51 Estrategias a nivel diocesano

- Realizar actividades diocesanas periódicas, que promuevan la unión y la comunicación entre todos los grupos de la diócesis, tales como Misas de jóvenes, retiros, talleres, reuniones de análisis y evaluación..., que sean adecuadamente anunciadas y promovidas.

- Permitir que los adolescentes y los jóvenes sean parte del proceso de planeación de eventos diocesanos, religiosos y culturales donde se busque responder a las necesidades de la comunidad hispana.

- Lograr que las diócesis den prioridad a la Pastoral Juvenil Hispana, contratando líderes profesionales bilingües que se encarguen de ella, a nivel diocesano, no sólo como un recurso, sino ofreciendo acompañamiento para los grupos y comunidades hispanos, dado que en las parroquias no suele haber encargados de pastoral con la juventud hispana.

- Implementar la Pastoral de Conjunto, para que el ministerio con adolescentes no sea una actividad más, sino una prioridad para el bien de la Iglesia en su conjunto.

- Preparar al liderazgo para que sirva a los adolescentes de manera especializada, respondiendo a sus necesidades según van creciendo y madurando.

### Ad-52 Estrategias a nivel regional

- Establecer una red regional de PJH, que atienda a los adolescentes con un plan de acción que parta de la realidad y que sea liderada por los adolescentes.

- Contar con presupuesto para apoyar la elaboración de material apropiado a la realidad regional y para investigar lo que pasa en la vida de los adolescentes, de modo que podamos responderles con programas de formación integral.

- Instituir una reunión regional anual sobre la PJH, que abarque tanto la pastoral con adolescentes como la pastoral de jóvenes.

- Crear un instituto móvil cuya finalidad principal sea la formación de líderes juveniles, a partir de los testimonios, necesidades e ideas aportadas por los jóvenes.

- Contar con más presencia de los obispos y sacerdotes en la pastoral con adolescentes.

# ESTRATEGIAS
## PROPUESTAS POR LOS JÓVENES

### Jo-53  Estrategias a nivel parroquial

- Motivar a los sacerdotes para apoyar espiritual y financieramente la PJH, al tiempo que los jóvenes aceptamos servir en ministerios litúrgicos y catequéticos.

- Contar con una formación integral y con ministros juveniles profesionales, que nos ayuden a llegar a los alejados.

- Establecer y utilizar los canales de comunicación con otros ministerios parroquiales, fomentando así una pastoral de conjunto.

- Fomentar convivencias, retiros y actividades que mantengan viva la PJH.

- Mantener la continuidad en todos los programas en la PJH.

### Jo-54  Estrategias a nivel diocesano

- Dar prioridad a la PJH, teniendo un coordinador pagado de PJH, bilingüe y bicultural, que facilite la participación de los adolescentes y jóvenes en la planificación y ejecución de actividades diocesanas y la formación integral de líderes.

- Elaborar un plan diocesano de PJH evaluable anualmente, convocado por el obispo; que tome en cuenta las conclusiones del Encuentro y la realidad local; realizado por el liderazgo juvenil y los responsables de parroquias, movimientos y oficinas diocesanas.

- Establecer un consejo o equipo diocesano de PJH que una los grupos y movimientos en la diócesis, así como ésta con la región y la nación; que apoye las parroquias, y que realice actividades diocesanas periódicas, que mantengan vivo el ministerio juvenil, como: Misa de jóvenes, retiros, talleres, análisis y evaluación, adecuadamente anunciadas y promovidas.

- Motivar a los sacerdotes para apoyar espiritualmente y con recursos económicos y de formación, la PJH, para formar una Pastoral de Conjunto con otros movimientos y tener continuidad, manteniéndonos abiertos al cambio.

- Crear un fondo monetario para que los jóvenes puedan contar con ayuda económica para sus programas y actividades.

- Que los líderes o coordinadores de la PJH diocesanos y parroquiales participen en La Red, a través de la membresía anual para enriquecer su ministerio.

- Que los líderes o coordinadores de la PJH tengamos más convivencia con el obispo y las autoridades de la diócesis y empecemos a hacernos visibles y a trabajar con los líderes del *youth and young adult ministry*.

- Tener institutos de formación pastoral integral que incluyan a los jóvenes, usando recursos interdiocesanos, regionales, nacionales e internacionales, y que los líderes en la PJH participen.

- Realizar encuentros o retiros de discernimiento vocacional a nivel diocesano, que permitan un seguimiento a los jóvenes del Encuentro Nacional que han sentido este llamado.

- Promover programas de educación musical entre músicos y en la comunidad, para aumentar un espíritu de gozo más sano.

## Jo-55  Estrategias a nivel regional

- En regiones donde no es posible contratar personas capacitadas a nivel diocesano, sea por razones financieras o porque la PJH está en sus inicios: (a) contratar a una persona a nivel regional, para que apoye las diócesis con recursos de formación, asesoría, capacitación y esquemas de evangelización probados en esa región, y (b) crear equipos itinerantes de PJH, que visiten las diócesis para hacer misiones, retiros, cursos, capacitaciones, etcétera.

- Establecer una red regional de PJH gestionada por los jóvenes, con un plan de acción para una reunión regional anual, donde se compartan recursos y experiencias y se fomente la unidad entre las diócesis de la región, para aprovechar las muchas opciones de intercambio y comunicación que abrió el Encuentro.

- Los coordinadores regionales deben interactuar y ser parte de la *National Federation for Catholic Youth Ministry (NFCYM).*

## Jo-56  Estrategias a nivel nacional y el rol de La Red

- Tener una organización nacional (La Red), que recomiende, apoye y promueva las conclusiones del Encuentro; sea un vínculo y abogado de los jóvenes ante los obispos; elabore un plan nacional de PJH con la participación del liderazgo juvenil y los directores de PJH; ofrezca oportunidades de formación de líderes, no sólo en las grandes ciudades, sino también en zonas rurales, y facilite que se compartan experiencias y recursos.

- Contar con un instituto nacional que capacite líderes, ofrezca una certificación nacional en PJH, similar al *National Certificate in Youth Ministry Studies,* y proporcione información y recursos para la PJH.

- Recaudar fondos anualmente para becas de capacitación como líderes para la PJH, realizando eventos como conciertos, retiros, encuentros, que atraigan a los jóvenes.

- Hacer uso extenso de los medios de comunicación —Internet, TV, radio y periódico nacional— para la evangelización, promoción de la fe católica, compartir información e ideas, sobre el desarrollo de la PJH y el liderazgo juvenil.

- Crear una página Web bilingüe, con acceso abierto y material interactivo para la formación de la PJH, en que se compartan programas, actividades y materiales que se usan con éxito en las diócesis, y que mantenga a las diócesis y regiones comunicadas.

- Asegurar que el proceso de Encuentros continúe periódicamente, para actualizar las necesidades y aspiraciones de los jóvenes; compartir las estrategias efectivas en la PJH; forjar líderes, actualizar los avances de la PJH y evaluar las prácticas pastorales.

- Establecer un plan nacional que sirva de referencia a las diócesis o parroquias que deseen empezar o renovar su Pastoral Juvenil.

- Promover la membresía de La Red más intensa y ampliamente, para que llegue hasta las parroquias, a través de los medios de comunicación, creando y compartiendo un

directorio de todos los participantes en el Encuentro, usando un equipo de mercadotecnia. Conseguir patrocinadores para que pueda realizar su misión.

- Formar un comité nacional de jóvenes, auspiciado y asesorado por La Red, que com-
parta la visión juvenil y tenga miembros en su Mesa Directiva.

- Diseñar e implementar una estructura de PJH, que articule parroquias, diócesis y
regiones, garantizando la unidad en el caminar nacional, y aprovechar las oficinas
diocesanas de PJH y de *youth and young adult ministry,* para hacer llegar información a las parroquias.

# TERCERA PARTE

# ESTADÍSTICAS
# SOBRE LOS PARTICIPANTES

# ESTADÍSTICAS SOBRE LOS PARTICIPANTES EN EL PROCESO DEL ENCUENTRO

## Introducción

El Primer Encuentro Nacional de Pastoral Juvenil Hispana fue diseñado, desde el principio, como un proceso que recopilaría experiencias religiosas, esperanzas, frustraciones y percepciones pastorales de tantos jóvenes católicos latinos como pudieran ser contactados en un plazo de 18 meses. Como resultado, este documento representa las voces de miles de jóvenes hispanos que participaron en el proceso y que fueron representados en el evento nacional por delegados de su diócesis.

Dado que el proceso del Encuentro fue organizado principalmente por personal diocesano y parroquial que trabajaba con jóvenes latinos en la Iglesia católica, el nivel de participación en él es —en cierta forma— una medida del acompañamiento pastoral actual a los jóvenes hispanos en parroquias y movimientos apostólicos a lo largo del país. Por esta razón, es importante analizar los datos generados por el proceso sobre el número, ubicación y tipo de personas que participaron a nivel parroquial, diocesano, regional y nacional.

El propósito de esta parte es resumir la información reunida y destacar preocupaciones pastorales que aparecen en ella. Pero antes de entrar en detalles, resulta útil entender cómo se recopilaron los datos durante el proceso y las limitaciones que aplican a los datos aquí presentados. El Encuentro consistió en cuatro etapas (ver diagrama en la página 35):

1. **El proceso del encuentro parroquial** empezó con cinco sesiones catequéticas llevadas a cabo en grupos juveniles parroquiales, movimientos apostólicos y pequeñas comunidades de jóvenes hispanos, tanto en español como en inglés. El proceso guió a los participantes a conducir una misión hacia sus compañeros católicos que no estaban activos en la Iglesia, solicitando sus opiniones sobre la Iglesia por medio de una encuesta.

Los jóvenes inactivos hispanos también fueron invitados a participar en el encuentro parroquial, el cual sirvió como culminación de las reuniones locales. Todos los grupos parroquiales y movimientos apostólicos participaron juntos en este evento, y los jóvenes eligieron a algunos de sus compañeros como sus delegados al encuentro diocesano.

2. **Los encuentros diocesanos** reunieron a delegados de todas las parroquias participantes para reflexionar sobre la situación pastoral de la juventud católica hispana en sus diócesis. Juntos identificaron una serie de metas, principios, elementos importantes y modelos pastorales para la pastoral con la juventud hispana. Después seleccionaron a delegados para llevar los aportes de sus conversaciones al encuentro regional.

3. **Los encuentros regionales** brindaron la oportunidad a los delegados de cada diócesis de compartir necesidades pastorales, esperanzas, compromisos, principios y las mejores prácticas para la Pastoral Juvenil Hispana. Se pidió a los organizadores de los encuentros regionales llevar registros del número y edad de los delegados de cada diócesis, así como de los idiomas usados en los procedimientos del encuentro, y el número de agentes laicos, sacerdotes y obispos asistentes.

Durante los encuentros regionales, los delegados de cada diócesis reportaron la siguiente información de sus respectivos encuentros diocesanos, sea basada en sus expedientes o según lo que recordaban de memoria:

- El número de grupos parroquiales representado en los encuentros diocesanos, así como las edades atendidas y los idiomas usados en grupo.

- El nombre y el modelo pastoral de los movimientos apostólicos representados, así como las edades atendidas, los idiomas usados, y el número aproximado de grupos de cada movimiento presente en la diócesis, aunque no estuvieran representados en el encuentro diocesano.

- El número y edad de los delegados a su encuentro diocesano, los idiomas usados en éste, así como el número de parroquias representadas y el número de agentes laicos, sacerdotes, y obispos presentes.

4. **Para el Encuentro Nacional,** cada una de las ocho regiones preparó un resumen de sus necesidades pastorales, esperanzas, compromisos, principios, y mejores prácticas. Estos reportes fueron después sintetizados para formar el documento de trabajo para el Encuentro Nacional. Debido a problemas en el proceso de inscripción, los únicos datos disponibles sobre los participantes en el Encuentro Nacional fueron sus nombres y los de sus diócesis, y si asistieron como delegados o como observadores.

Como se indicó anteriormente, los datos en esta sección fueron recopilados sólo a nivel regional y nacional. Debe recordarse que las personas que compilaron la información eran trabajadores pastorales no científicos sociales, por lo que no siempre tuvieron el mismo nivel de cuidado al reportar sus resultados. Es más, los formatos en sí no fueron piloteados ni validados antes de ser usados. Como resultado, hubo variaciones significativas en su interpretación entre diócesis y regiones, y varias diócesis no los completaron porque no tenían todos los datos disponibles.

Por lo tanto, hay que considerar las siguientes limitaciones al leer los datos en el resto de esta sección:

- Datos nacionales sobre los participantes en los encuentros parroquiales no existen; entonces, no es posible determinar con exactitud el alcance del proceso a nivel de la base. Los 40,000 participantes mencionados en la página 11 son un cálculo basado en la experiencia pastoral del número promedio de jóvenes en los grupos juveniles parroquiales y movimientos apostólicos.

- Los datos sobre los encuentros diocesanos tienen una mezcla de cálculos y registros reales de participación. En consecuencia, deberán considerarse como cálculos.

- Un sondeo de los datos diocesanos, regionales y nacionales muestra que muchas diócesis que no tuvieron encuentro diocesano participaron en el Encuentro regional o Nacional. Igualmente, no se debe suponer que las parroquias y movimientos apostólicos representados en los encuentros diocesanos realmente completaron el primer paso del proceso del encuentro. Pruebas anecdóticas sugieren que hubo considerable variación y adaptación en cada etapa del proceso antes del evento nacional.

# El Encuentro Nacional

Como se mencionó en la introducción, varias diócesis enviaron delegaciones al Encuentro Nacional sin haber participado en los encuentros previos. Pero también hubo algunas diócesis que habían participado en eventos regionales y que no enviaron delegaciones. La mayoría de las últimas fueron diócesis que tuvieron pocas parroquias participando en su encuentro diocesano y una delegación muy pequeña en su encuentro regional. Ver el mapa de las regiones y las diócesis incluidas en la página 24.

Según lo planeado, los delegados al Encuentro Nacional serían jóvenes hispanos (de 18 a 30 años), quienes habían sido enviados de su parroquia o movimiento apostólico, a la diócesis y región para compartir las conclusiones alcanzadas en cada una de las etapas del proceso. Los datos de la inscripción indican que algunas diócesis enviaron ministros laicos (se desconoce el número), religiosos/as (34 de ellos), y sacerdotes y diáconos (28 de ellos) como delegados, en lugar de como observadores.

Algunos de estos ministros no eran ni hispanos ni jóvenes; sin embargo, fueron incluidos en los conteos de delegados y diócesis en la Tabla 1 porque, aparentemente, participaron en el proceso nacional como tales. Quizás hubo algo de confusión sobre quién debería ser enviado como delegado. En cualquier caso, era obvio en el evento que la gran mayoría de los delegados (fácilmente 90% o más) era las dos cosas: hispanos y jóvenes.

## Tabla 1 – Participación en el Encuentro Nacional por región

| Región de pastoral hispana | # de diócesis que participó | % de las diócesis en la región | # total de participantes | Delegados | Observadores | Expositores | Medios de comunicación | Voluntarios y otros | Sacerdotes y diáconos | Hermanas y hermanos religiosos |
|---|---|---|---|---|---|---|---|---|---|---|
| Noreste | 25 | 68% | 319 | 278 | 41 | 0 | 0 | 0 | 15 | 9 |
| Sureste | 22 | 71% | 477 | 416 | 61 | 0 | 0 | 0 | 15 | 10 |
| Medio Oeste | 22 | 76% | 283 | 243 | 40 | 0 | 0 | 0 | 6 | 11 |
| Nord Central | 14 | 56% | 107 | 93 | 14 | 0 | 0 | 0 | 4 | 4 |
| Suroeste | 11 | 61% | 180 | 153 | 27 | 0 | 0 | 0 | 7 | 8 |
| Estados Montañosos | 7 | 70% | 142 | 126 | 16 | 0 | 0 | 0 | 3 | 1 |
| Noroeste | 6 | 55% | 71 | 61 | 10 | 0 | 0 | 0 | 0 | 1 |
| Lejano Oeste | 13 | 87% | 338 | 310 | 28 | 0 | 0 | 0 | 6 | 4 |
| Organizaciones | N/A | N/A | 165 | 0 | 13 | 116 | 4 | 32 | 14 | 21 |
| **Total** | **120** | **68%** | **2082** | **1680** | **250** | **116** | **4** | **32** | **70** | **69** |

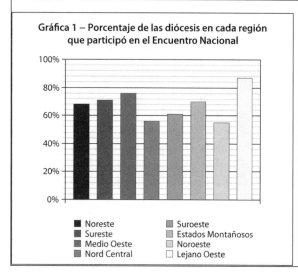

Gráfica 1 – Porcentaje de las diócesis en cada región que participó en el Encuentro Nacional

Noreste, Sureste, Medio Oeste, Nord Central, Suroeste, Estados Montañosos, Noroeste, Lejano Oeste

Gráfica 2 – Número de delegados de cada región que participó en el Encuentro Nacional

Noreste, Sureste, Medio Oeste, Nord Central, Suroeste, Estados Montañosos, Noroeste, Lejano Oeste

También debe hacerse notar que el conteo de sacerdotes, diáconos, y religiosos/as en la Tabla 1 se basó sólo en los datos de la inscripción. Específicamente, éstas son personas que se inscribieron con su título como parte del nombre de pila. Probablemente participó más clero y religiosos que no se inscribieron usando su título. Además, había por lo menos 21 obispos que asistieron o visitaron el Encuentro Nacional, aunque la mayoría no se inscribió por el canal regular en el evento.

# LOS ENCUENTROS REGIONALES

## Tabla 2 – Participación en los encuentros regionales

| Región de pastoral hispana | # de diócesis que participó | % de las diócesis en la región | # total de delegados jóvenes | Delegadoes menores de 18 años | Delegados de 18 a 21 años | Delegados de 22 a 29 años | Delegados mayores de 30 años | Delegados que no indicaron edad | Agentes laicos de pastoral | Sacerdotes | Obispos | Idiomas usados en el encuentro regional ** |
|---|---|---|---|---|---|---|---|---|---|---|---|---|
| Noreste | 26 | 70% | 328 | 1 | 89 | 198 | 38 | 2 | 25 | 12 | 2 | 1 |
| Sureste * | 24 | 77% | 606 | 0 | 272 | 289 | 45 | 0 | 45 | 16 | 1 | 2 |
| Medio Oeste * | 22 | 76% | 360 | 28 | 104 | 192 | 35 | 1 | 64 | 14 | 3 | 2 |
| Nord Central | 17 | 68% | 164 | 46 | 54 | 58 | 3 | 3 | 36 | 7 | 1 | 2 |
| Suroeste | 10 | 56% | 218 | 37 | 60 | 121 | 0 | 0 | 43 | 5 | 1 | 3 |
| Estados Montañosos | 6 | 60% | 172 | 21 | 102 | 40 | 9 | 0 | 7 | 3 | 1 | 1 |
| Noroeste | 6 | 55% | 203 | 25 | 60 | 69 | 49 | 0 | 9 | 5 | 4 | 1 |
| Lejano Oeste | 13 | 87% | 398 | 20 | 195 | 139 | 44 | 0 | 30 | 4 | 11 | 1 |
| **Total** | **124** | **70%** | **2449** | **178** | **936** | **1106** | **223** | **6** | **259** | **66** | **24** | |

\* No reportaron las edades de los participantes mayores de 18 años; se hizo un cálculo basado en las proporciones de sus encuentros diocesanos

\*\* 1 = Sólo español    2 = Español con traducción al inglés    3 = Español e inglés por igual

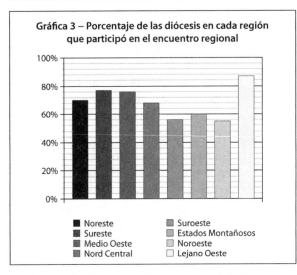

Gráfica 3 – Porcentaje de las diócesis en cada región que participó en el encuentro regional

Gráfica 4 – Número de delegados a los encuentros regionales por edad y región

Un logro significativo del proceso del Encuentro fue que más de la mitad de las diócesis en las ocho regiones enviara delegaciones a sus encuentros regionales. La región del Lejano Oeste se distinguió por tener el porcentaje más alto de diócesis participantes: 87%.

Es interesante que las regiones del Noreste, Sureste y Medio Oeste tuvieran el número más alto de sacerdotes presente, mientras que las regiones del Noroeste y Lejano Oeste tuvieran el número más elevado de obispos. En comparación, la participación de agentes eclesiales laicos estuvo distribuida en forma más equitativa; sin embargo, las regiones del Medio Oeste y Nord Central tuvieron una proporción más alta en relación con el número de delegados a sus eventos.

Se pidió a los encuentros regionales llevar registro del parámetro de edades entre los delegados presentes. Evidentemente las regiones Noreste y Sureste optaron por no aceptar delegados menores de 18 años, y las otras regiones que aceptaron menores tuvieron sólo una proporción pequeña de delegados adolescentes.

La gran mayoría de los delegados tenía entre 18 y 29 años, como muestra la Gráfica 4. Se debe resaltar que el Sureste y el Medio Oeste no reportaron la edad de los delegados mayores de 18 años. Para poder comparar con las otras regiones, sus delegados mayores de 18 años fueron deducidos proporcionalmente de los datos de los delegados en los encuentros diocesanos de cada región. Por lo tanto, esos totales son sólo un cálculo cercano.

El idioma usado en los encuentros regionales es un buen indicador del éxito de convocación a distintas generaciones. El proceso fue diseñado para levantar la voz de la juventud hispana católica independientemente de su idioma y el tiempo que su familia ha vivido en este país.

Según los cálculos del Instituto Fe y Vida, en 2007 había cerca de 9 millones de católicos hispanos entre los 13 y 29 años de edad, en EUA (casi 47% de los católicos en ese rango de edad). De estos, más o menos 45% son inmigrantes, 32% hijos de inmigrantes, y 23% nacidos ciudadanos de EUA. En este contexto, el hecho de que 7 de los 8 encuentros regionales hayan sido dirigidos en español, al menos en su mayoría, indica que el proceso del encuentro tuvo más éxito atrayendo a jóvenes inmigrantes que de generaciones más antiguas. Sólo en el Suroeste, donde gran proporción de hispanos ha estado en EUA por muchas generaciones, el encuentro regional se realizó totalmente en forma bilingüe.

# PERFIL NACIONAL DE LOS ENCUENTROS DIOCESANOS

En comparación con las estadísticas del Encuentro Nacional y los regionales descritos anteriormente, hay más datos sobre los encuentros diocesanos, percibiéndose por lo tanto un panorama más variado en ellos. Por ejemplo, hay diferencias considerables entre las edades representadas, el uso del idioma, y el número y tipo de movimientos apostólicos que participaron. Estas diferencias se deben a realidades distintas entre las diócesis y las regiones, tales como:

- La Pastoral Juvenil Hispana a nivel regional:

  - En regiones con larga historia de formación y una red de contactos en la Pastoral Juvenil, las líneas de comunicación entre la región, las diócesis, las parroquias, y los movimientos apostólicos estaban establecidas y listas para desarrollarse más.

  - Otras regiones tuvieron que establecer canales de comunicación e identificar a líderes para llevar a cabo el proceso.

  - Algunas veces se quiso usar las redes del *youth ministry,* pero como hay pocos agentes hispanos de pastoral con adolescentes, con frecuencia fue difícil explicar lo que se esperaba o cómo debería llevarse a cabo el proceso.

- La Pastoral Juvenil Hispana a nivel diocesano:

  - Las diócesis que tenían coordinador/a de Pastoral Juvenil o que habían participado en La Red, pudieron empezar los preparativos para el proceso del encuentro en una fecha más temprana.

  - En diócesis donde se compartió la responsabilidad del encuentro entre varias oficinas, con frecuencia no era claro quién debía ser la persona contacto a nivel nacional. En algunos casos no tenían contactos en las parroquias ni movimientos apostólicos para trabajar.

  - En diócesis donde no se estableció la colaboración, una u otra oficina llevó a cabo el proceso, excluyendo con frecuencia ciertos segmentos de la población juvenil hispana.

- Comunicación entre oficinas diocesanas y movimientos apostólicos:

  - Aun en diócesis con un coordinador de Pastoral Juvenil de tiempo completo, con frecuencia había existido poco contacto o colaboración entre las oficinas diocesanas y los líderes de movimientos apostólicos en la diócesis.

  - Muchos movimientos apostólicos operan independientemente de las estructuras parroquiales, por lo que es posible que no hayan sido incluidos en la etapa a nivel parroquial, al principio del proceso del encuentro.

# PARTICIPACIÓN EN LOS ENCUENTROS DIOCESANOS

## Tabla 3 – Participación en los encuentros diocesanos por región

| Región de pastoral hispana | # de diócesis con un encuentro | % de las diócesis en la región | # total de delegados jóvenes | Delegaoes menores de 18 años | Delegados de 18 a 21 años | Delegados de 22 a 29 años | Delegados mayores de 30 años | Delegados que no indicaron edad | Agentes laicos de pastoral | Sacerdotes | Obispos |
|---|---|---|---|---|---|---|---|---|---|---|---|
| Noreste | 23 | 62% | 2738 | 1086 | 605 | 792 | 214 | 41 | 160 | 79 | 15 |
| Sureste | 24 | 77% | 2365 | 609 | 786 | 835 | 130 | 5 | 139 | 59 | 12 |
| Medio Oeste | 13 | 45% | 2461 | 525 | 607 | 1115 | 203 | 11 | 123 | 39 | 8 |
| Nord Central | 11 | 44% | 618 | 364 | 100 | 74 | 26 | 54 | 86 | 20 | 2 |
| Suroeste | 7 | 39% | 702 | 332 | 134 | 164 | 56 | 16 | 53 | 13 | 6 |
| Estados Montañosos | 2 | 20% | 295 | 55 | 160 | 60 | 20 | 0 | 12 | 3 | 3 |
| Noroeste | 5 | 45% | 358 | 139 | 101 | 88 | 22 | 8 | 31 | 4 | 4 |
| Lejano Oeste | 13 | 87% | 2224 | 494 | 611 | 721 | 201 | 197 | 93 | 34 | 14 |
| **Total** | **98** | **56%** | **11761** | **3604** | **3104** | **3849** | **872** | **332** | **697** | **251** | **64** |

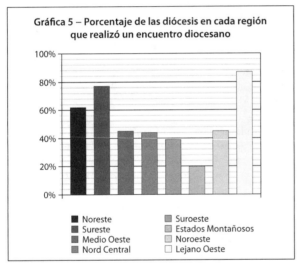

Gráfica 5 – Porcentaje de las diócesis en cada región que realizó un encuentro diocesano

- Noreste
- Sureste
- Medio Oeste
- Nord Central
- Suroeste
- Estados Montañosos
- Noroeste
- Lejano Oeste

Gráfica 6 – Número de delegados a los encuentros diocesanos por edad y región

- Noreste
- Sureste
- Medio Oeste
- Nord Central
- Suroeste
- Estados Montañosos
- Noroeste
- Lejano Oeste

Una gran diferencia entre los encuentros diocesanos y regionales es que hubo una participación mucho más alta de adolescentes a nivel diocesano. Esto es evidente al comparar las Gráficas 6 y 4.

Los adolescentes participaron especialmente en las regiones Noreste, Nord Central, y Suroeste. En contraste, las regiones del Medio Oeste, Sureste, y Lejano Oeste tuvieron concentraciones más elevadas de jóvenes mayores de 22 años.

Debe hacerse notar que las estadísticas diocesanas del Medio Oeste estuvieron dominadas por la Arquidiócesis de Chicago, cuyo encuentro arquidiocesano tuvo 1,236 delegados de 61 parroquias. Ninguno era menor de 18 años, y 71% era mayor de 22 años.

De las diócesis representadas en los encuentros regionales, 21% no tuvo encuentro diocesano. Estas diócesis fueron más frecuentes en las regiones Medio Oeste, Nord Central y Estados Montañosos, lo que sugiere que tuvieron un reto fuerte para organizar a sus parroquias y movimientos apostólicos para el proceso del encuentro. El Lejano Oeste fue la única región en que todas las diócesis que participaron en el encuentro regional tuvieron encuentro diocesano.

Otro éxito importante que revela la Tabla 3 es el alto nivel de apoyo moral proporcionado por los agentes pastorales en la Iglesia, como lo mostró su asistencia a los encuentros diocesanos. En 98 eventos hubo 697 agentes eclesiales laicos (incluyendo religiosos y religiosas), 251 sacerdotes y 64 obispos presentes, además de los 11,761 jóvenes hispanos que participaron como delegados.

# REPRESENTACIÓN Y USO DE IDIOMAS EN LOS ENCUENTROS DIOCESANOS

**Tabla 4 – Representación y uso de idiomas en los encuentros diocesanos por región**

| Región de pastoral hispana | # de parroquias representadas | % de parroquias con misa en español | # de grupos parroquiales representado | % de encuentros diocesanos con grupos parroquiales | # de grupos de movimientos apostólicos en las diócesis* | % de encuentros diocesanos con movimientos | # de encuentros que usó sólo español | # de encuentros en español con traducción al inglés | # de encuentros que usó español e inglés por igual | # de encuentros en inglés con traducción al español | # de encuentros que no indicó el uso de idioma |
|---|---|---|---|---|---|---|---|---|---|---|---|
| Noreste | 239 | 31% | 240 | 91% | 106 | 52% | 10 | 5 | 4 | 3 | 1 |
| Sureste | 213 | 31% | 417 | 100% | 218 | 54% | 17 | 3 | 4 | 0 | 0 |
| Medio Oeste | 141 | 33% | 170 | 100% | 54 | 46% | 4 | 2 | 7 | 0 | 0 |
| Nord Central | 61 | 39% | 78 | 100% | 24 | 55% | 4 | 3 | 3 | 1 | 0 |
| Suroeste | 87 | 11% | 100 | 100% | 48 | 71% | 2 | 0 | 3 | 2 | 0 |
| Estados Montañosos | 14 | 5% | 13 | 100% | 8 | 100% | 2 | 0 | 0 | 0 | 0 |
| Noroeste | 39 | 22% | 42 | 100% | 52 | 60% | 3 | 1 | 0 | 0 | 1 |
| Lejano Oeste | 219 | 28% | 246 | 100% | 241 | 100% | 9 | 2 | 2 | 0 | 0 |
| **Total** | **1013** | **25%** | **1306** | **98%** | **751** | **61%** | **51** | **16** | **23** | **6** | **2** |

* Entre los movimientos que participaron en los encuentros diocesanos, este número es un cálculo del número de grupos activos que tienen en las diócesis. No quiere decir que todos estos grupos fueron representados, ni se cuentan los movimientos que no participaron.

Gráfica 7 – Porcentaje de las parroquias hispanas* que participó en los encuentros diocesanos de cada región

Noreste
Sureste
Medio Oeste
Nord Central
Suroeste
Estados Montañosos
Noroeste
Lejano Oeste

* Para esta gráfica, las "parroquias hispanas" son las que celebran misa dominical en español.

Gráfica 8 – Uso del español e inglés en los encuentros diocesanos por región

Sólo español
Español con traducción al inglés
Español e inglés por igual
Inglés con traducción al español
No indicado

Noreste
Sureste
Medio Oeste
Nord Central
Suroeste
Estados Montañosos
Noroeste
Lejano Oeste

Hubo 1,013 parroquias con delegados en los encuentros diocesanos llevados a cabo en todo el país. Esto representa ligeramente más del 5% de las parroquias católicas en EUA; sin embargo, no sería realista esperar que cada parroquia tenga suficientes jóvenes hispanos para poder enviar representantes a las reuniones diocesanas. Una medida más realista del número de parroquias que en teoría podía enviar una delegación, es el número total de parroquias que celebra por lo menos una Eucaristía dominical en español. Aunque éste es un cálculo probablemente bajo, dado que hay muchas parroquias que no tienen Misa en español, en las cuales participa un buen número de familias hispanas nacidas en EUA.

Además, es un reto conocer el número exacto de parroquias con Misas dominicales en español en el país. Para ese efecto, el Secretariado de Asuntos Hispanos de la USCCB contactó a todas las diócesis en la primavera de 2007, proporcionándoles una herramienta para medir los servicios que sus parroquias proporcionan a los católicos hispanoparlantes, e invitarlas a compartir su evaluación con el Secretariado. Para noviembre de 2007, 82 diócesis habían enviado sus resultados.

Para realizar un análisis completo, se condujo una investigación de las Misas en español en las diócesis restantes, usando los datos disponibles en el sitio Web www.masstimes.org el 13 de noviembre de 2007. En total hubo 4,019 parroquias identificadas que proporcionaban regularmente celebraciones eucarísticas en español los fines de semana. Probablemente es un cálculo conservador, pues el número de parroquias identificado por el sitio Web fue sistemáticamente menor que el número proporcionado por las oficinas diocesanas en las 82 diócesis que respondieron al Secretariado. De cualquier forma, los porcentajes listados en la segunda columna de la Tabla 4 indican el número de parroquias representado en los encuentros diocesanos de cada región como una fracción del número total de parroquias con al menos una Misa en español durante el fin de semana.

En cada región, excepto en los Estados Montañosos, hubo más grupos parroquiales representados en los encuentros diocesanos que parroquias. De hecho, la región del Sureste tuvo un promedio de dos grupos parroquiales por parroquia. Esto indica que algunas parroquias tenían grupos separados para adolescentes

y jóvenes adultos; otras tenían grupos separados en español e inglés; algunas habían desarrollado un ministerio basado en múltiples pequeñas comunidades, e inclusive otras tenían sólo un grupo juvenil que atendía a todos los jóvenes juntos en un ambiente bilingüe. Algunas de estas variaciones son exploradas con más detalle en la siguiente sección.

Es interesante notar que hubo dos encuentros diocesanos que no incluyeron a ningún grupo parroquial, ambos en el Noreste. Sólo participaron en ellos jóvenes de movimientos apostólicos.

En contraste, 39% de los encuentros diocesanos no tuvo delegados de movimientos apostólicos. Esto no significa que no hay movimientos trabajando activamente con los jóvenes católicos hispanos en estas diócesis, sino que no participaron en el encuentro. Sólo el Lejano Oeste y los Estados Montañosos tuvieron representación de movimientos apostólicos en todos sus encuentros diocesanos.

El número de grupos de los movimientos listados en la quinta columna de la Tabla 4 es un estimado del número total de grupos activos a nivel local por cada movimiento apostólico que tuvo por lo menos un delegado en el encuentro. No es un conteo de los grupos que tuvieron delegados en el encuentro.

Respecto a los idiomas usados en los encuentros diocesanos, más de la mitad de estos eventos se llevó a cabo en español. Sin embargo, la mayoría de los encuentros diocesanos en el Medio Oeste y el Suroeste se llevó a cabo en forma complemente bilingüe o principalmente en inglés. Las regiones Noreste y Nord Central también tuvieron un número importante de eventos bilingües y orientados hacia el inglés. No obstante, la impresión general que se obtiene de la Gráfica 8 es que los encuentros diocesanos fueron realizados principalmente con jóvenes hispanoparlantes.

# PERFIL NACIONAL DE GRUPOS PARROQUIALES Y MOVIMIENTOS APOSTÓLICOS

Cuando se leen los datos en la Tabla 5 y subsecuentes, es importante recordar que se recopilaron en los encuentros regionales según lo que los delegados recordaban, por lo que los números no son exactos. Se les pidió clasificar los grupos parroquiales de sus diócesis según las edades que sirven y los idiomas que usan. Después nombraron los movimientos apostólicos que participaron en los encuentros diocesanos y listaron las edades de los participantes. Por último, clasificaron los movimientos apostólicos según cuatro modelos pastorales basados en su enfoque principal e identificaron los idiomas usados en las reuniones.

El primer bloque de datos, en la parte superior izquierda de la tabla, presenta las edades atendidas y los idiomas usados en los 1,311 grupos parroquiales representados en los encuentros diocesanos. Sólo 12% de los grupos usa únicamente el inglés, mientras que 59% usa sólo español.

Es sorprendente que una proporción tan pequeña de los grupos de adolescentes trabaje en inglés, ya que los hispanos más jóvenes tienden a hablar más inglés que español. Es probable que el bajo número indique que los coordinadores diocesanos del encuentro tuvieron un reto mayor para motivar a los grupos parroquiales de habla inglesa para participar en el proceso. También es probable que contribuya el hecho de que era más común entre los grupos parroquiales representados atender a los jóvenes adolescentes y jóvenes adultos juntos en el mismo grupo.

En los movimientos apostólicos, los grupos de adolescentes eran aun menos comunes (7%). El resto de los grupos estaba dividido en forma equitativa entre grupos con edades variadas y grupos de jóvenes adultos. También se usó casi exclusivamente el español.

Entre los movimientos apostólicos, el modelo pastoral más común a nivel nacional fue los grupos de oración, seguido por los retiros y evangelización, aunque esto varió significativamente de región a región como muestran las Tablas 6 a 13. Al examinar los Ns (número de grupos representados en la tabla) en relación con los movimientos apostólicos se ven distintas cantidades para los modelos pastorales, idiomas, y edades. Esto se debe a que en un amplio número de formularios la información sobre los movimientos apostólicos fue incompleta; muchos sólo reportaron las edades atendidas.

También hubo considerable confusión sobre qué conforma un movimiento apostólico. Muchos formatos lo presentan como "grupo juvenil" mientras que otros dieron un nombre que probablemente era el nombre de su grupo parroquial más que el de un movimiento. En total hubo 184 grupos identificados de esta forma, y se enlistan en la parte inferior de la Tabla 5 bajo el título de "Otros".

Los movimientos que estuvieron representados en múltiples diócesis o que tuvieron múltiples grupos en una sola diócesis están listados por nombre en la tabla. Los idiomas usados y edades de los participantes representan la designación más inclusiva dada por cualquier diócesis. Por ejemplo, si diez diócesis identificaron el mismo movimiento y nueve dijeron que atendían sólo a jóvenes en español, pero uno dijo que atendía edades 14+ en forma bilingüe, está listada como bilingüe y atendiendo las edades 14 y mayores. De ahí que puedan existir algunas variaciones en los perfiles regionales para el mismo movimiento apostólico.

**Tabla 5 – Perfil nacional de los grupos parroquiales y movimientos apostólicos representados en los encuentros diocesanos (porcentajes)**

| Idiomas usados en las reuniones de los grupos parroquiales (N=1311) | Sólo menores de 18 años | Sólo mayores de 18 años | Menores y mayores juntos | Total |
|---|---|---|---|---|
| Sólo inglés | 4% | 3% | 5% | **12%** |
| Sólo español | 11% | 27% | 21% | **59%** |
| Bilingüe | 12% | 6% | 11% | **29%** |
| **Total** | **26%** | **36%** | **38%** | |

*Edades en las reuniones de los grupos parroquiales*

| Modelo pastoral de los movimientos apostólicos (N=559) | |
|---|---|
| Oración | 37% |
| Acción social | 12% |
| Retiros y evangelización | 30% |
| Acompañamiento pastoral | 21% |

| Nombres de los movimientos apostólicos representados en los encuentros diocesanos | # de encuentros diocesanos en donde participó | # de grupos del movimiento en estas diócesis | Idiomas | Edades |
|---|---|---|---|---|
| **Movimientos comunes** | | | | |
| Renovación carismática | 18 | 164 | Bilingüe | 14 + |
| Jóvenes para Cristo | 11 | 98 | Español | 13 + |
| Cursillos de cristiandad | 8 | 29 | Bilingüe | 14 + |
| Jornadas de vida cristiana | 5 | 61 | Bilingüe | 10 + |
| Grupo de oración / prayer group | 6 | 28 | Bilingüe | Todas |
| Movimiento Juan XXIII | 3 | 27 | Español | 15 + |
| ACTS | 3 | 9 | Bilingüe | 18 + |
| El verdadero amor espera | 3 | 6 | Bilingüe | 14 + |
| Life teen | 3 | 3 | Inglés | 14-18 |
| Hijas de María | 2 | 13 | Bilingüe | 12-17 |
| Legion of Mary | 2 | 12 | Español | 12 + |
| Búsqueda / Search | 2 | 8 | Español | 15-18 |
| ACTS for teens | 2 | 3 | Bilingüe | 13-18 |
| Encuentros de promoción juvenil | 2 | 2 | Español | 16 + |
| Disciples in mission | 1 | 50 | Bilingüe | 13 + |
| Acción católica | 1 | 20 | Bilingüe | |
| Knights of Columbus | 1 | 20 | Bilingüe | 18 + |
| Neo-catechumenate | 1 | 7 | Español | 13 + |
| Jornadas juveniles | 1 | 5 | Bilingüe | 14 + |
| St. Vincent de Paul | 1 | 4 | Bilingüe | 13 + |
| Cristo y yo | 1 | 3 | Español | 15 + |
| **Otros** | | | | |
| Grupo de adolescentes | 2 | 5 | Bilingüe | 13-18 |
| Grupo de jóvenes adultos | 1 | 4 | Español | 18 + |
| Grupo de jóvenes / pastoral juvenil | 15 | 103 | Bilingüe | 12 + |
| Programas en inglés | 4 | 4 | Inglés | 12 + |
| Otros | 39 | 68 | Bilingüe | 13 + |

| Idiomas usados en las reuniones de los movimientos apostólicos (N=557) | |
|---|---|
| Sólo inglés | 5% |
| Sólo español | 82% |
| Bilingüe | 13% |

| Edades en las reuniones de los movimientos apostólicos (N=427) | |
|---|---|
| Sólo menores de 18 años | 7% |
| Sólo mayores de 18 años | 46% |
| Menores y mayores juntos | 47% |

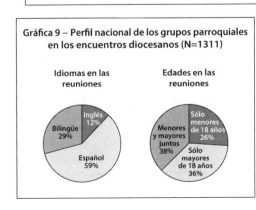

**Gráfica 9 – Perfil nacional de los grupos parroquiales en los encuentros diocesanos (N=1311)**

Idiomas en las reuniones

Edades en las reuniones

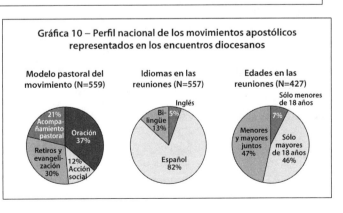

**Gráfica 10 – Perfil nacional de los movimientos apostólicos representados en los encuentros diocesanos**

Modelo pastoral del movimiento (N=559)

Idiomas en las reuniones (N=557)

Edades en las reuniones (N=427)

# PERFILES REGIONALES
# DE LOS ENCUENTROS DIOCESANOS

## Introducción

El diseño de las Tablas 6 a 13 refleja el de la Tabla 5, excepto que los datos proporcionados describen solamente los grupos parroquiales y los movimientos apostólicos representados en los encuentros diocesanos de una sola región. Por lo tanto, la explicación del contenido de la Tabla 5 aplica a las siguientes tablas también, entonces no se repetirá.

En general, se espera que las estadísticas en esta sección ayuden a las redes regionales de agentes pastorales a identificar y dar un orden de prioridad en las áreas del ministerio que necesitan mejorar o invertir recursos adicionales. Para tal fin, las variaciones en las edades e idiomas atendidos por los grupos parroquiales dicen mucho sobre el nivel de difusión de la Pastoral Juvenil Hispana entre los jóvenes hispanos en cada región. Como los números básicamente hablan por sí mismos, no se proporciona ningún comentario adicional.

# Perfil de los encuentros diocesanos en la región Noreste

**Tabla 6 – Perfil de los grupos parroquiales y movimientos apostólicos representados en los encuentros diocesanos de la región Noreste (porcentajes)**

| | Edades en las reuniones de los grupos parroquiales | | | | | Modelo pastoral de los movimientos apostólicos (N=62) | |
|---|---|---|---|---|---|---|---|
| **Idiomas usados en las reuniones de los grupos parroquiales (N=242)** | Sólo menores de 18 años | Sólo mayores de 18 años | Menores y mayores juntos | **Total** | | | |
| Sólo inglés | 10% | 2% | 2% | **14%** | | Oración | 65% |
| Sólo español | 10% | 27% | 15% | **52%** | | Acción social | 7% |
| Bilingüe | 21% | 3% | 10% | **34%** | | Retiros y evangelización | 18% |
| **Total** | **40%** | **33%** | **27%** | | | Acompañamiento pastoral | 11% |

| **Nombres de los movimientos apostólicos representados en los encuentros diocesanos de la región** | # de encuentros diocesanos en donde participó | # de grupos del movimiento en estas diócesis | Idiomas | Edades | | **Idiomas usados en las reuniones de los movimientos apostólicos (N=61)** | |
|---|---|---|---|---|---|---|---|
| **Movimientos comunes** | | | | | | Sólo inglés | 16% |
| Renovación carismática | 5 | 13 | Bilingüe | 14 + | | Sólo español | 54% |
| Cursillos de cristiandad | 3 | 6 | Bilingüe | 14 + | | Bilingüe | 30% |
| Jornadas de vida cristiana | 2 | 44 | Bilingüe | 10 + | | | |
| Legion of Mary | 1 | 9 | Español | 12 + | | **Edades en las reuniones de los movimientos apostólicos (N=88)** | |
| Grupo de oración / prayer group | 1 | 5 | Bilingüe | Todas | | Sólo menores de 18 años | 5% |
| Hijas de María | 1 | 1 | Bilingüe | 12-17 | | Sólo mayores de 18 años | 28% |
| | | | | | | Menores y mayores juntos | 67% |
| **Otros** | | | | | | | |
| Grupos juveniles | 4 | 25 | Bilingüe | 12 + | | | |
| Escuelas de liderazgo | 1 | 10 | Español | 14 + | | | |
| Effetá | 1 | 2 | Español | 18 + | | | |
| Equipo de retiros | 1 | 2 | Bilingüe | 18 + | | | |
| Blessed Sacrament | 1 | 1 | Inglés | 12-18 | | | |
| Cámbiame a mi Señor | 1 | 1 | Español | 18 + | | | |
| Defensores de la Santísima Trinidad | 1 | 1 | Español | 14 + | | | |
| Grupo emmanuel | 1 | 1 | Bilingüe | 12-18 | | | |
| Jóvenes con Cristo | 1 | 1 | Español | 18 + | | | |
| La casa del Padre | 1 | 1 | Español | 18 + | | | |
| Marriage preparation group | 1 | 1 | Bilingüe | 18 + | | | |
| Matrimonios unidos en Cristo | 1 | 1 | Español | 18 + | | | |
| Mensajeros de la paz | 1 | 1 | Bilingüe | 12-17 | | | |
| Movimiento Franciscano | 1 | 1 | Español | 18-26 | | | |

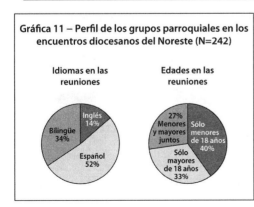

**Gráfica 11 – Perfil de los grupos parroquiales en los encuentros diocesanos del Noreste (N=242)**

Idiomas en las reuniones

Edades en las reuniones

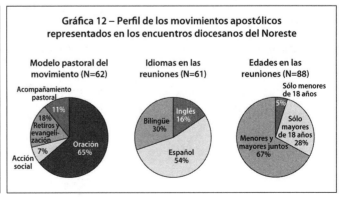

**Gráfica 12 – Perfil de los movimientos apostólicos representados en los encuentros diocesanos del Noreste**

Modelo pastoral del movimiento (N=62)

Idiomas en las reuniones (N=61)

Edades en las reuniones (N=88)

# Perfil de los encuentros diocesanos en la región Sureste

**Tabla 7 – Perfil de los grupos parroquiales y movimientos apostólicos representados en los encuentros diocesanos de la región Sureste (porcentajes)**

| Idiomas usados en las reuniones de los grupos parroquiales (N=422) | Sólo menores de 18 años | Sólo mayores de 18 años | Menores y mayores juntos | Total |
|---|---|---|---|---|
| Sólo inglés | 1% | 3% | 5% | **9%** |
| Sólo español | 9% | 30% | 26% | **65%** |
| Bilingüe | 8% | 8% | 9% | **26%** |
| **Total** | **19%** | **41%** | **41%** | |

| Modelo pastoral de los movimientos apostólicos (N=238) | |
|---|---|
| Oración | 22% |
| Acción social | 14% |
| Retiros y evangelización | 31% |
| Acompañamiento pastoral | 33% |

| Nombres de los movimientos apostólicos representados en los encuentros diocesanos de la región | # de encuentros diocesanos en donde participó | # de grupos del movimiento en estas diócesis | Idiomas | Edades |
|---|---|---|---|---|
| **Movimientos comunes** | | | | |
| Movimiento Juan XXIII | 3 | 27 | Español | 15 + |
| Grupo de oración | 3 | 19 | Español | 13 + |
| Cursillos de cristiandad | 2 | 19 | Español | 18 + |
| Renovación carismática | 2 | 13 | Español | 16 + |
| Hijas de María | 1 | 12 | Español | 13-18 |
| Jornadas juveniles | 1 | 5 | Bilingüe | 14 + |
| St. Vincent de Paul | 1 | 4 | Bilingüe | 13 + |
| **Otros** | | | | |
| Pastoral juvenil | 5 | 61 | Bilingüe | 12 + |
| Pastoral musical / coro | 2 | 2 | Bilingüe | 30+ |
| Movimiento juvenil parroquial | 1 | 10 | Español | 18 + |
| Retiros de pastoral juvenil | 1 | 5 | Español | 15 + |
| Misioneros laicos guadalupanos | 1 | 3 | Español | 24 + |
| Alvernia | 1 | 1 | Español | 18 + |
| Amor en el principio | 1 | 1 | Español | 18 + |
| El verdadero amor espera | 1 | 1 | Bilingüe | 14 + |
| Encuentros familiares | 1 | 1 | Español | 13 + |
| Encuentros juveniles | 1 | 1 | Bilingüe | 13-17 |
| Ministerio alianza nueva | 1 | 1 | Español | 18 + |
| Pastoral con adolescentes | 1 | 1 | Bilingüe | 13-18 |

| Idiomas usados en las reuniones de los movimientos apostólicos (N=246) | |
|---|---|
| Sólo inglés | 2% |
| Sólo español | 90% |
| Bilingüe | 8% |

| Edades en las reuniones de los movimientos apostólicos (N=181) | |
|---|---|
| Sólo menores de 18 años | 10% |
| Sólo mayores de 18 años | 69% |
| Menores y mayores juntos | 22% |

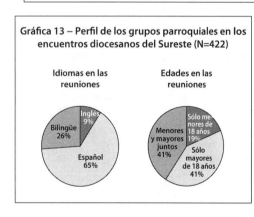

Gráfica 13 – Perfil de los grupos parroquiales en los encuentros diocesanos del Sureste (N=422)

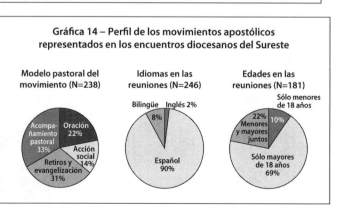

Gráfica 14 – Perfil de los movimientos apostólicos representados en los encuentros diocesanos del Sureste

# Perfil de los encuentros diocesanos en la región Medio Oeste

**Tabla 8 – Perfil de los grupos parroquiales y movimientos apostólicos representados en los encuentros diocesanos de la región Medio Oeste (porcentajes)**

| Idiomas usados en las reuniones de los grupos parroquiales (N=168) | Sólo menores de 18 años | Sólo mayores de 18 años | Menores y mayores juntos | Total | | Modelo pastoral de los movimientos apostólicos (N=51) | |
|---|---|---|---|---|---|---|---|
| Sólo inglés | 2% | 2% | 7% | **10%** | | Oración | 92% |
| Sólo español | 2% | 32% | 7% | **41%** | | Acción social | 4% |
| Bilingüe | 6% | 16% | 27% | **49%** | | Retiros y evangelización | 4% |
| **Total** | **10%** | **49%** | **41%** | | | Acompañamiento pastoral | 0% |

| Nombres de los movimientos apostólicos representados en los encuentros diocesanos de la región | # de encuentros diocesanos en donde participó | # de grupos del movimiento en estas diócesis | Idiomas | Edades | | Idiomas usados en las reuniones de los movimientos apostólicos (N=51) | |
|---|---|---|---|---|---|---|---|
| **Movimientos comunes** | | | | | | Sólo inglés | 2% |
| Renovación carismática | 2 | 17 | Bilingüe | | | Sólo español | 94% |
| Jornadas de vida cristiana | 1 | 13 | Español | | | Bilingüe | 4% |
| Jóvenes para Cristo | 1 | 7 | Español | | | | |
| El verdadero amor espera | 1 | 3 | Español | | | **Edades en las reuniones de los movimientos apostólicos (N=16)** | |
| Grupo de oración | 1 | 2 | Español | 14 + | | | |
| Cursillos de cristiandad | 1 | 1 | Bilingüe | | | Sólo menores de 18 años | 0% |
| | | | | | | Sólo mayores de 18 años | 0% |
| **Otros** | | | | | | Menores y mayores juntos | 100% |
| Grupo de adolescentes | 1 | 4 | Bilingüe | 12-18 | | | |
| Grupo de jóvenes adultos | 1 | 4 | Español | 18 + | | | |
| Caminando con Jesús | 1 | 1 | Español | 15 + | | | |
| Dios está aquí | 1 | 1 | Español | 15 + | | | |
| Grupo Jeremías | 1 | 1 | Español | 15 + | | | |
| Grupo juvenil ilusión | 1 | 1 | Español | 13 + | | | |
| Youth to youth | 1 | 1 | Inglés | 0 + | | | |

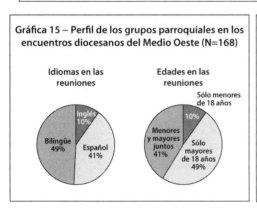

**Gráfica 15 – Perfil de los grupos parroquiales en los encuentros diocesanos del Medio Oeste (N=168)**

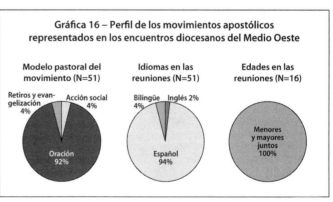

**Gráfica 16 – Perfil de los movimientos apostólicos representados en los encuentros diocesanos del Medio Oeste**

# Perfil de los encuentros diocesanos en la región Nord Central

**Tabla 9 – Perfil de los grupos parroquiales y movimientos apostólicos representados en los encuentros diocesanos de la región Nord Central (porcentajes)**

| Idiomas usados en las reuniones de los grupos parroquiales (N=78) | Sólo menores de 18 años | Sólo mayores de 18 años | Menores y mayores juntos | Total |
|---|---|---|---|---|
| Sólo inglés | 6% | 1% | 1% | **9%** |
| Sólo español | 13% | 10% | 18% | **41%** |
| Bilingüe | 32% | 3% | 15% | **50%** |
| **Total** | **51%** | **14%** | **35%** | |

**Modelo pastoral de los movimientos apostólicos (N=24)**

| | |
|---|---|
| Oración | 63% |
| Acción social | 21% |
| Retiros y evangelización | 17% |
| Acompañamiento pastoral | 0% |

| Nombres de los movimientos apostólicos representados en los encuentros diocesanos de la región | # de encuentros diocesanos en donde participó | # de grupos del movimiento en estas diócesis | Idiomas | Edades |
|---|---|---|---|---|
| **Movimientos comunes** | | | | |
| Grupo de oración | 1 | 2 | Español | 14 + |
| Renovación carismática | 1 | 2 | Español | 15 + |
| Jóvenes para Cristo | 1 | 1 | Español | 13 + |
| **Otros** | | | | |
| Parroquia de Santa Sabina | 1 | 1 | Bilingüe | 13 + |

**Idiomas usados en las reuniones de los movimientos apostólicos (N=24)**

| | |
|---|---|
| Sólo inglés | 21% |
| Sólo español | 71% |
| Bilingüe | 8% |

**Edades en las reuniones de los movimientos apostólicos (N=6)**

| | |
|---|---|
| Sólo menores de 18 años | 0% |
| Sólo mayores de 18 años | 0% |
| Menores y mayores juntos | 100% |

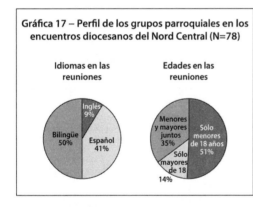

**Gráfica 17 – Perfil de los grupos parroquiales en los encuentros diocesanos del Nord Central (N=78)**

Idiomas en las reuniones

Edades en las reuniones

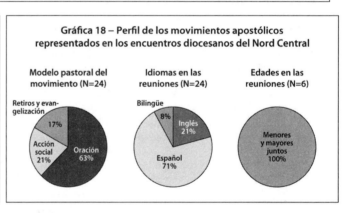

**Gráfica 18 – Perfil de los movimientos apostólicos representados en los encuentros diocesanos del Nord Central**

Modelo pastoral del movimiento (N=24)

Idiomas en las reuniones (N=24)

Edades en las reuniones (N=6)

# Perfil de los encuentros diocesanos en la región Suroeste

Tabla 10 – Perfil de los grupos parroquiales y movimientos apostólicos representados en los encuentros diocesanos de la región Suroeste (porcentajes)

| Idiomas usados en las reuniones de los grupos parroquiales (N=100) | Edades en las reuniones de los grupos parroquiales | | | |
|---|---|---|---|---|
| | Sólo menores de 18 años | Sólo mayores de 18 años | Menores y mayores juntos | Total |
| Sólo inglés | 8% | 8% | 8% | **24%** |
| Sólo español | 0% | 12% | 18% | **30%** |
| Bilingüe | 15% | 12% | 19% | **46%** |
| **Total** | **23%** | **32%** | **45%** | |

| Modelo pastoral de los movimientos apostólicos (N=36) | |
|---|---|
| Oración | 33% |
| Acción social | 14% |
| Retiros y evangelización | 44% |
| Acompañamiento pastoral | 8% |

| Nombres de los movimientos apostólicos representados en los encuentros diocesanos de la región | # de encuentros diocesanos en donde participó | # de grupos del movimiento en estas diócesis | Idiomas | Edades |
|---|---|---|---|---|
| **Movimientos comunes** | | | | |
| ACTS | 3 | 9 | Bilingüe | 18 + |
| ACTS for teens | 2 | 3 | Bilingüe | 13-18 |
| Disciples in mission | 1 | 50 | Bilingüe | 13 + |
| Knights of Columbus | 1 | 20 | Bilingüe | 18 + |
| Neo-catechumenate | 1 | 7 | Español | 13 + |
| Jóvenes para Cristo | 1 | 5 | Bilingüe | 14 + |
| Legion of Mary | 1 | 3 | Bilingüe | 14 + |
| Cursillos de cristiandad | 1 | 2 | Bilingüe | 18 + |
| Búsqueda | 1 | 1 | Español | 15-18 |
| Life teen | 1 | 1 | Inglés | 14-18 |
| **Otros** | | | | |
| Nocturnal adoration | 1 | 8 | Español | 13 + |
| Campus ministry | 1 | 3 | Bilingüe | 18 + |
| Teen life | 1 | 3 | Bilingüe | 13-17 |
| Certificación básica | 1 | 1 | Español | 18 + |
| Jornada juvenil de cristiandad | 1 | 1 | Español | 18 + |
| Juventud misionera | 1 | 1 | Español | 18 + |

| Idiomas usados en las reuniones de los movimientos apostólicos (N=36) | |
|---|---|
| Sólo inglés | 6% |
| Sólo español | 25% |
| Bilingüe | 69% |

| Edades en las reuniones de los movimientos apostólicos (N=48) | |
|---|---|
| Sólo menores de 18 años | 17% |
| Sólo mayores de 18 años | 29% |
| Menores y mayores juntos | 54% |

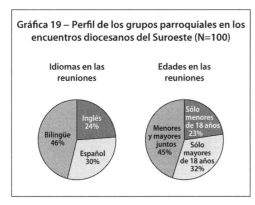

Gráfica 19 – Perfil de los grupos parroquiales en los encuentros diocesanos del Suroeste (N=100)

Idiomas en las reuniones

Edades en las reuniones

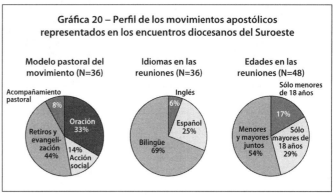

Gráfica 20 – Perfil de los movimientos apostólicos representados en los encuentros diocesanos del Suroeste

Modelo pastoral del movimiento (N=36)

Idiomas en las reuniones (N=36)

Edades en las reuniones (N=48)

# Perfil de los encuentros diocesanos en la región de los Estados Montañosos

**Tabla 11 – Perfil de los grupos parroquiales y movimientos apostólicos representados en los encuentros diocesanos de la región de los Estados Montañosos (porcentajes)**

| Idiomas usados en las reuniones de los grupos parroquiales (N=13) | Sólo menores de 18 años | Sólo mayores de 18 años | Menores y mayores juntos | Total |
|---|---|---|---|---|
| Sólo inglés | 0% | 0% | 0% | **0%** |
| Sólo español | 23% | 54% | 15% | **92%** |
| Bilingüe | 0% | 0% | 8% | **8%** |
| **Total** | **23%** | **54%** | **23%** | |

| Modelo pastoral de los movimientos apostólicos (N=6) | |
|---|---|
| Oración | 0% |
| Acción social | 0% |
| Retiros y evangelización | 100% |
| Acompañamiento pastoral | 0% |

| Nombres de los movimientos apostólicos representados en los encuentros diocesanos de la región | # de encuentros diocesanos en donde participó | # de grupos del movimiento en estas diócesis | Idiomas | Edades |
|---|---|---|---|---|
| **Movimientos comunes** | | | | |
| Jóvenes para Cristo | 2 | 4 | Español | 15 + |
| Cristo y yo | 1 | 3 | Español | 15 + |
| **Otros** | | | | |
| Pastoral maya | 1 | 1 | | 15 + |

| Idiomas usados en las reuniones de los movimientos apostólicos (N=6) | |
|---|---|
| Sólo inglés | 0% |
| Sólo español | 100% |
| Bilingüe | 0% |

| Edades en las reuniones de los movimientos apostólicos (N=8) | |
|---|---|
| Sólo menores de 18 años | 0% |
| Sólo mayores de 18 años | 0% |
| Menores y mayores juntos | 100% |

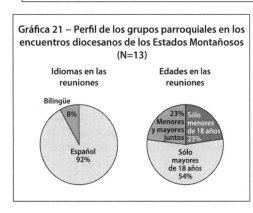

**Gráfica 21 – Perfil de los grupos parroquiales en los encuentros diocesanos de los Estados Montañosos (N=13)**

Idiomas en las reuniones
Bilingüe 8%
Español 92%

Edades en las reuniones
Menores y mayores juntos 23%
Sólo menores de 18 años 23%
Sólo mayores de 18 años 54%

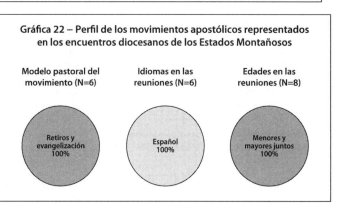

**Gráfica 22 – Perfil de los movimientos apostólicos representados en los encuentros diocesanos de los Estados Montañosos**

Modelo pastoral del movimiento (N=6)
Retiros y evangelización 100%

Idiomas en las reuniones (N=6)
Español 100%

Edades en las reuniones (N=8)
Menores y mayores juntos 100%

# Perfil de los encuentros diocesanos en la región Noroeste

**Tabla 12 – Perfil de los grupos parroquiales y movimientos apostólicos representados en los encuentros diocesanos de la región Noroeste (porcentajes)**

| Idiomas usados en las reuniones de los grupos parroquiales (N=42) | Edades en las reuniones de los grupos parroquiales | | | | Modelo pastoral de los movimientos apostólicos (N=56) | |
| --- | --- | --- | --- | --- | --- | --- |
| | Sólo menores de 18 años | Sólo mayores de 18 años | Menores y mayores juntos | Total | | |
| Sólo inglés | 0% | 0% | 0% | **0%** | Oración | 21% |
| Sólo español | 7% | 31% | 52% | **90%** | Acción social | 21% |
| Bilingüe | 10% | 0% | 0% | **10%** | Retiros y evangelización | 34% |
| **Total** | **17%** | **31%** | **52%** | | Acompañamiento pastoral | 23% |

| Nombres de los movimientos apostólicos representados en los encuentros diocesanos de la región | # de encuentros diocesanos en donde participó | # de grupos del movimiento en estas diócesis | Idiomas | Edades | Idiomas usados en las reuniones de los movimientos apostólicos (N=56) | |
| --- | --- | --- | --- | --- | --- | --- |
| | | | | | Sólo inglés | 0% |
| | | | | | Sólo español | 100% |
| No se indicaron los nombres de los movimientos apostólicos que participaron. | | | | | Bilingüe | 0% |

**Edades en las reuniones de los movimientos apostólicos (N=0)**

| | |
| --- | --- |
| Sólo menores de 18 años | N/A |
| Sólo mayores de 18 años | N/A |
| Menores y mayores juntos | N/A |

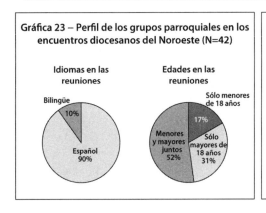

**Gráfica 23 – Perfil de los grupos parroquiales en los encuentros diocesanos del Noroeste (N=42)**

Idiomas en las reuniones

Bilingüe 10%
Español 90%

Edades en las reuniones

Sólo menores de 18 años 17%
Sólo mayores de 18 años 31%
Menores y mayores juntos 52%

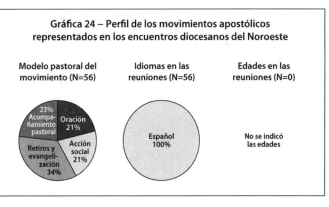

**Gráfica 24 – Perfil de los movimientos apostólicos representados en los encuentros diocesanos del Noroeste**

Modelo pastoral del movimiento (N=56)

23% Acompañamiento pastoral
Oración 21%
Acción social 21%
Retiros y evangelización 34%

Idiomas en las reuniones (N=56)

Español 100%

Edades en las reuniones (N=0)

No se indicó las edades

# Perfil de los encuentros diocesanos en la región del Lejano Oeste

Tabla 13 – Perfil de los grupos parroquiales y movimientos apostólicos representados en los encuentros diocesanos de la región Lejano Oeste (porcentajes)

| Idiomas usados en las reuniones de los grupos parroquiales (N=246) | Sólo menores de 18 años | Sólo mayores de 18 años | Menores y mayores juntos | Total |
|---|---|---|---|---|
| | **Edades en las reuniones de los grupos parroquiales** | | | |
| Sólo inglés | 4% | 2% | 10% | **16%** |
| Sólo español | 24% | 28% | 25% | **77%** |
| Bilingüe | 5% | 1% | 1% | **7%** |
| **Total** | **33%** | **31%** | **36%** | |

| Modelo pastoral de los movimientos apostólicos (N=86) | |
|---|---|
| Oración | 30% |
| Acción social | 7% |
| Retiros y evangelización | 43% |
| Acompañamiento pastoral | 20% |

| Nombres de los movimientos apostólicos representados en los encuentros diocesanos de la región | # de encuentros diocesanos en donde participó | # de grupos del movimiento en estas diócesis | Idiomas | Edades |
|---|---|---|---|---|
| **Movimientos comunes** | | | | |
| Renovación carismática | 8 | 119 | Español | 14 + |
| Jóvenes para Cristo | 6 | 81 | Español | 15 + |
| Jornadas de vida cristiana | 2 | 4 | Español | 18 + |
| Encuentros de promoción juvenil | 2 | 2 | Español | 16 + |
| Life teen | 2 | 2 | Inglés | 15-18 |
| Acción católica | 1 | 20 | Bilingüe | |
| Búsqueda / Search | 1 | 7 | Bilingüe | 16 + |
| El verdadero amor espera | 1 | 2 | Español | 15 + |
| Cursillos de cristiandad | 1 | 1 | Bilingüe | 18 + |
| **Otros** | | | | |
| Grupo juvenil | 1 | 3 | Español | 14 + |
| Recolección | 1 | 2 | Español | 15 + |
| Católicos cristianos por Jesús | 1 | 1 | Español | 15 + |
| Cristo vive | 1 | 1 | Español | 15 + |
| Discípulos de Cristo Rey | 1 | 1 | Español | 15 + |
| Encuentro hijos e hijas | 1 | 1 | Español | 15 + |
| Engaged encounter | 1 | 1 | Inglés | 18 + |
| Kairos | 1 | 1 | Español | 18 + |
| Marriage encounter | 1 | 1 | Bilingüe | 18 + |
| Otro joven para Cristo | 1 | 1 | Español | 15 + |
| Pax Christi | 1 | 1 | Inglés | 18 + |
| Tarde para novios | 1 | 1 | Español | 18 + |

| Idiomas usados en las reuniones de los movimientos apostólicos (N=77) | |
|---|---|
| Sólo inglés | 9% |
| Sólo español | 83% |
| Bilingüe | 8% |

| Edades en las reuniones de los movimientos apostólicos (N=80) | |
|---|---|
| Sólo menores de 18 años | 3% |
| Sólo mayores de 18 años | 41% |
| Menores y mayores juntos | 56% |

Gráfica 25 – Perfil de los grupos parroquiales en los encuentros diocesanos del Lejano Oeste (N=246)

Idiomas en las reuniones
Bilingüe 7% / Inglés 16% / Español 77%

Edades en las reuniones
Menores y mayores juntos 36% / Sólo menores de 18 años 33% / Sólo mayores de 18 años 31%

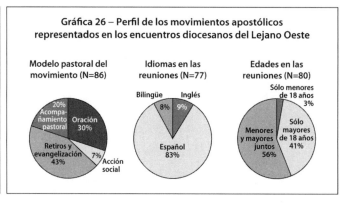

Gráfica 26 – Perfil de los movimientos apostólicos representados en los encuentros diocesanos del Lejano Oeste

Modelo pastoral del movimiento (N=86)
20% Acompañamiento pastoral / Oración 30% / Retiros y evangelización 43% / 7% Acción social

Idiomas en las reuniones (N=77)
Bilingüe 8% / Inglés 9% / Español 83%

Edades en las reuniones (N=80)
Sólo menores de 18 años 3% / Sólo mayores de 18 años 41% / Menores y mayores juntos 56%

# CUARTA PARTE

# APORTES
# DE LOS
# CONFERENCISTAS MAGISTRALES

# APORTES DE LOS CONFERENCISTAS EN EL ENCUENTRO NACIONAL

Las palabras de los conferencistas invitados a orientar las reflexiones de los delegados al Encuentro Nacional fueron de motivación y esperanza. A continuación se presenta una síntesis de las conferencias basada en extractos de ellas, con el fin de que continúen siendo fuente de inspiración para la juventud y sus asesores en la Pastoral Juvenil Hispana.

## Palabras de Monseñor Plácido Rodríguez
### *Obispo de Lubbock y Presidente del Comité de Obispos para Asuntos Hispanos, USCCB*
Jueves, 8 de junio de 2006

Queridos Jóvenes,

Les quiero leer una carta muy especial; es un privilegio presentarles esta carta del Nuncio Apostólico en nuestro país, Monseñor Prieto Samby, en nombre de su Santidad Benedicto XVI.

*Queridos Hermanos y Hermanas,*

*Ahora que ustedes están reunidos para su Primer Encuentro es un privilegio para mí como Nuncio Apostólico, traerles un mensaje de su Santidad, Benedicto XVI, quien envía sus felicitaciones y sus mejores deseos.*

*El santo Papa los tiene cerca de su corazón y está orando para que su reunión dé frutos. Cada uno de ustedes es un tesoro, diseñado y formado por nuestro Dios vivo. Y cada uno es llamado a ser testigo de Cristo crucificado y resucitado. Hoy, la Iglesia les pide que sean generosos con sus dones y talentos ofreciéndoselos a Jesús y permitiéndole que él utilice todo lo que ustedes tienen para el bien de la Iglesia.*

*Durante este tiempo de encuentro, oro para que estén abiertos a discernir si Dios les está llamando a una vocación religiosa, a ser sacerdote o religiosa.*

*Ustedes están en posición de asumir su rol en el liderazgo de la Iglesia y tienen esta responsabilidad entre millones de jóvenes católicos en Estados Unidos. Oro para que, por el poder del Espíritu Santo, esta reunión sea un tiempo de gracia y renovación para cada uno de ustedes y que regresen a sus*

*comunidades con más determinación a anunciar el Evangelio de Jesucristo.*

*En esta ocasión de alegría estoy contento de darles a todos ustedes, que están reunidos aquí, la Bendición Apostólica de su Santidad Benedicto XVI.*

*Sinceramente en Cristo,*

*Arzobispo Prieto Samby, Nuncio Apostólico en Estados Unidos*

Ahora me dirijo a ustedes en un espíritu de gran alegría y esperanza. Su presencia en este lugar de Notre Dame bajo el manto de María, la madre de Jesús, y, con el propósito de nuestro Encuentro, es un acontecimiento profundamente eclesial y profético, que deja huella, cambia corazones y marca caminos, y es un signo de los tiempos.

Ya hubo en el pasado un acontecimiento eclesial muy similar. En Trinity College en Washington, DC se congregó el liderazgo hispano en el Primer Encuentro Nacional Hispano de Pastoral, en 1972. Ese Encuentro sacó al pueblo hispano del anonimato y le dio rostro en la Iglesia. Fue un nuevo comienzo, una jornada de fe que forjó la conciencia y la identidad del pueblo hispano católico en Estados Unidos. Fue un punto de partida que trasformaría la Pastoral Hispana de ser un hecho aislado en una respuesta orgánica de la Iglesia hacia este pueblo, que ha sido su fuente de crecimiento mayor en las últimas décadas.

Treinta y cuatro años después de ese Primer Encuentro de Pastoral Hispana, nos reunimos ahora en otro primer Encuentro, el primero de la Pastoral Juvenil Hispana. Como en 1972, este Encuentro en 2006, es también una sacudida del Espíritu Santo que busca sacar del anonimato a una juventud hispana cuyo rostro no es reconocido por la Iglesia con suficiente nitidez, familiaridad y cariño. Este Primer Encuentro Juvenil marca el comienzo de una época en la que se forja la identidad única de una juventud hispana, cada vez más consciente de su realidad y su vocación profética.

Por todo esto, este Encuentro debe ser un punto de partida que trasforme la Pastoral Juvenil Hispana de ser un hecho aislado que depende del cariño pastoral de pocos, a ser una respuesta organizada de la Iglesia. Esto debe lograrse al grado de que en cada parroquia, en cada escuela, en cada organización e institución católica, la juventud latina sea bienvenida y se le dé el espacio para ser precisamente jóvenes hispanos/latinos católicos.

En este momento de gracia y haciendo eco de las palabras de los obispos en su carta pastoral del 1983, *La Presencia Hispana: Esperanza y Compromiso,* les digo que ustedes, la juventud hispana en Estados Unidos, son una bendición de Dios. Esta verdad se hace más evidente en el trabajo que han realizado durante los últimos 18 meses; el proceso de consulta y de fe, y la formación en la acción que han llevado a cabo, mostrará sus frutos durante estos días que pasaremos juntos.

Los obispos estamos listos para saber más de ustedes, sus necesidades, sus sueños y su compromiso por construir la Civilización del Amor a la que nos llama nuestro Señor Jesucristo. Los exhorto a que eleven su voz profética y nos digan de qué manera, la Iglesia les puede dar la bienvenida y acompañarles mejor en su jornada de fe, como discípulos jóvenes de Jesucristo.

Como pastores de la Iglesia estamos listos a aceptar los desafíos que nos presenten y queremos dar respuestas pastorales adecuadas

a su realidad. Estamos muy conscientes que la respuesta de la Iglesia hoy a la juventud hispana determina en gran medida el futuro de la Iglesia católica en Estados Unidos. Ustedes constituyen casi la mitad del total de los jóvenes católicos en este país. Si la Iglesia sabe apoyarlos hoy en su formación de fe, su vida sacramental, su educación académica, su desarrollo económico y social, su participación ciudadana..., encontrará en ustedes, sus hijos y en sus nietos, a los líderes y discípulos fieles que generaciones futuras necesitan para continuar la misión de la Iglesia en esta tierra.

Caminemos pues como Iglesia, como discípulos fieles de Jesús, conscientes de caminar en medio de muchos retos y en compañía de personas provenientes de muchas y distintas culturas. Seamos gente puente, personas que construimos puentes. Compartamos con los demás la riqueza de ser un pueblo mestizo, heredero de distintas razas y culturas, en cuyas venas corre la sangre de muchos pueblos, pues en el mundo actual, el mestizaje es la dimensión humana de la globalización.

Con este primer Encuentro, jóvenes, ustedes expresan con claridad lo que necesitan de la Iglesia. En verdad les digo que la Iglesia los necesita a ustedes aún más, pues mucha es la cosecha y pocos los trabajadores, así es como yo interpreto hoy el lema de nuestro Encuentro *Tejiendo el futuro juntos.*

Esta labor de amor consiste sobre todo en descubrir la manera de fortalecer la unidad de la Iglesia, desde nuestra realidad integral, única e irrepetible. Estamos listos para que ustedes, jóvenes latinos, nos den su perspectiva sobre cómo tejer el futuro de la Iglesia en la nación y en el mundo. Pedimos a la Virgen María, la joven de Nazaret que supo decir *sí* al plan de Dios, la madre que nos acoge bajo su manto como lo hizo María de Guadalupe con San Juan Diego, convirtiéndolo en profeta, que todos seamos santos para mayor gloria de Dios y el bien de su pueblo.

# Palabras de Monseñor José H. Gómez

*Arzobispo de San Antonio y Moderador Episcopal de La Red*

Jueves, 8 de junio de 2006

Queridos jóvenes,

Este Encuentro es un signo de que estamos en una nueva etapa de nuestro caminar como pueblo hispano y como Iglesia. Estamos aquí para hablar del futuro, para hablar de ustedes y de su lugar en la Iglesia y en nuestro país. El tema de nuestro Encuentro este fin de semana es *Tejiendo el futuro juntos,* y esto hemos estado haciendo desde que iniciamos el proceso del Encuentro, lo haremos intensamente aquí y lo seguiremos haciendo en adelante.

Dios los está llamando para que sean líderes y apóstoles de la nueva generación. Sea como sacerdotes, mecánicos de autos, maestras o madres; ustedes son parte de la nueva generación de apóstoles —la nueva generación de líderes de la comunidad hispana, de la Iglesia y de nuestro país.

Ser líder significa, en primer lugar, aceptar a Jesucristo como el rector de tu vida. Para ser verdaderos líderes, el Cristo viviente debe ser su rey; Jesús debe ser el Señor a quien seguir y servir en todo lo que hagan.

La autoridad y el poder no vienen del estatus social ni del dinero. Jesús les dijo a sus apóstoles que ser líder significa ser servidor. El líder verdadero no es egoísta ni está preocupado por la fama o el poder. El verdadero líder lo hace todo para servir a Dios y ayudar al prójimo (Jn 13, 1-17).

Amigos míos, hay que capacitarse para ejercer el liderazgo y el servicio. Busquen el conocimiento y las habilidades requeridas para servir a los demás. Manténganse cercanos a la Iglesia y practiquen su fe todos los días.

Es necesario que ustedes sean los apóstoles de sus compañeros. No sólo les prediquen; enseñen con el ejemplo. Tengan una amistad personal con Jesús, sean buenos hijos e hijas, buenos hermanos y hermanas, buenos vecinos y amigos. Así es como se es apóstol, así es como se lleva a otros a Jesús.

Para ser apóstoles, amigos míos, tienen que creer en la familia. Jesús vino de una familia al igual que nosotros. Pero hoy nuestras familias están siendo atacadas. De cierto modo la cultura actual trata a la familia de la misma forma que trata a la religión. Nos dice que las familias no son realmente importantes, que no importa si los bebés o los ancianos viven o mueren, que no importa si los niños se crían con sus padres y sus madres. En vez de una cultura de la vida estamos construyendo una cultura de la muerte.

Recuerden siempre que el llamado que se les hace no es sólo para ser líderes hispanos. Hay que estar orgullosos de nuestra herencia y profundizar en el sentido de nuestra identidad hispana y las tradiciones y costumbres de nuestros antepasados. Pero ustedes también son *católicos* y eso significa "universal", que no podemos definirnos, ni permitir que la sociedad nos defina sólo por nuestra identidad étnica. El llamado es a ser líderes, no sólo para la comunidad hispana, sino en todas las áreas de la cultura y la sociedad.

Como líderes católicos y como hispanos debemos recuperar esta cultura para Dios. Tenemos que ayudar a nuestros hermanos y hermanas a descubrir que necesitan a Dios en su vida. También tenemos que trabajar para que la sociedad se parezca más a la que Dios quiere para la humanidad.

Incluso muchos de nuestros hermanos y hermanas católicos, ellos mismos hijos y nietos de inmigrantes, parecen haber olvidado la enseñanza del Señor, que cuando le damos la bienvenida al extranjero, le estamos dando la bienvenida a él, y que cuando rechazamos al extranjero, lo estamos rechazando a él mismo (Mt 25, 35.43).

Como líderes y apóstoles deben esparcir la Buena Nueva de la enseñanza social de la Iglesia. Debemos promover leyes y políticas que respeten la dignidad que Dios ha otorgado a cada persona; los derechos que tienen las personas de buscar una vida mejor para ellos y sus familias, y el deber que tenemos de compartir nuestras bendiciones con los demás.

Hace más de trescientos años, nuestros antepasados hispanoparlantes, fueron los primeros evangelizadores en este continente. Hoy el Señor necesita que ustedes sean los nuevos evangelizadores de este continente. Ese llamado lo hizo también el papa Juan Pablo II en San Antonio en 1987: "Ahora les toca a ustedes ser los evangelizadores unos de los otros y de todos aquellos cuya fe es débil y todavía no se han entregado al Señor". Este es también mi reto y mi oración para ustedes: *"¡Ahora les toca a ustedes!"*

# Palabras de la Hermana María Elena González, RSM
*Presidenta del Mexican American Cultural Center (MACC)*
Viernes, 9 de junio de 2006

Les doy mi reconocimiento por estar aquí hoy. No sólo han sido elegidos como delegados a este Encuentro por sus comunidades parroquiales, diocesanas y regionales, sino que más importante aún, ustedes fueron escogidos por Dios; es Dios quien los quiere a ustedes hoy, aquí y ahora.

La trágica realidad es que muchos jóvenes hispanos han experimentado de primera mano la discriminación. Hoy, aunque la discriminación no es legal, todavía puede ocurrir de manera escondida o evidente.

¡Hay tantos jóvenes hispanos que tratan de encajar en la cultura dominante, que olvidan su cultura y su lenguaje e incluso los rechazan, ridiculizan y tratan de cambiar su apariencia física! Todos hemos conocido jóvenes que tratan de aclarar su piel, alisar su cabello y hasta usar lentes de contacto azules. Dolorosamente esto lleva a una profunda pérdida de la identidad y del sentido de sí mismo. Yo también pasé por esta experiencia cuando me sentía avergonzada por mis padres que no sabían inglés, eran pobres y poco educados.

Queridos amigos, ustedes tienen que hacer una opción. Pueden escoger entre amargarse *(bitter)* o mejorarse *(better)*. Mi esperanza es que ustedes, como líderes jóvenes, y todos los aquí reunidos, podamos crear comunidades de amor y respeto donde nuestros jóvenes puedan encontrar sanación y empoderamiento. Para ser ministros efectivos en la Iglesia de hoy, por lo menos hay que ser bilingües; pero es mucho más importante estar conscientes y ser sensibles a nuestra propia identidad cultural y la de los demás.

Un líder que trata de ser como Jesús, está orientado hacia la acción. Ustedes como verdaderos líderes deben poner su fe en acción. Su presencia hispana es un don cuando ustedes muestran sus valores a través del servicio amoroso, la educación, la solución de conflictos, la confrontación con la injusticia y cuando son voz para los sin voz, ayudándolos a decir su palabra.

Nuestra Señora de Guadalupe también nos envía a abrir puertas y a ser voz de los sin voz cuando nos dice: *"No tengas miedo, ¿no estoy yo aquí que soy tu madre?"*

# Palabras del P. Virgilio Elizondo, Ph.D.

*Profesor de teología y Pastoral Hispana, Universidad de Notre Dame*
Viernes, 9 de junio de 2006

Queridos jóvenes aquí presentes, mi presentación tiene tres puntos:

Nuestra Iglesia católica esta siendo retada. Es importante **conocer nuestra fe y no tener miedo de profundizarla.** La doctrina no es una imposición, es un servicio para no irnos a los extremos. Conozcan su fe muy a fondo.

Además, busquen el **conocimiento intelectual**. Es doloroso saber que de todos los grupos minoritarios, los hispanos tienen el porcentaje más alto de jóvenes que dejan la escuela. Necesitan disciplina para perseverar en la escuela. Hoy no podemos tener un liderazgo que no esté bien educado. ¡Los necesitamos! ¡Los necesitamos educados!

No hay sustitución de las horas de estudio, que a veces pueden ser aburridas y a veces divertidas. No hay sustitución para aprender literatura, matemáticas, ciencias...; necesitamos líderes bien educados. Aprovechen la educación. Una palabra que no debemos de utilizar es la excusa. Es nuestra decisión: *sí se puede.* Concéntrense, inclínense frente a Dios y díganle: *Diosito, ayúdame, dame la fuerza y la energía;* ¡háganlo!

No basta con la escuela preparatoria. Es difícil ir a la universidad; algunos están aquí indocumentados y parece imposible, pero nada es imposible si confiamos en Dios. Sólo debemos buscar la manera y seguir buscándola siempre. No tengan miedo de retar a nuestros colegios y universidades católicas: nosotros tenemos la obligación hacia ustedes de encontrar la manera de hacer posible su educación, pues como católicos tenemos obligación moral hacia ustedes.

Mis queridos amigos, piensen en estudiar más allá de la licenciatura. La ausencia más grande de los hispanos está en las maestrías y los doctorados. En las universidades vemos pocos profesores hispanos o casi ninguno, porque no hay hispanos con doctorados. Piensen en una maestría o en un doctorado en sociología, química...; necesitamos líderes católicos en cada materia que existe. Los necesitamos a ustedes y sabemos que sí puede ser. Hay maneras, ¡encuéntrenlas!

Tengan un gran **respeto por el cuerpo** que Dios les ha dado. Su cuerpo es sagrado, no se dejen arrastrar por la energía y emociones que sienten, utilicen esa energía para cosas buenas. No caigan en la tentación de tener relaciones sexuales antes de tiempo ni traigan al mundo niños fuera del compromiso del sagrado matrimonio.

En fin, sigan estos tres consejos y serán los líderes que la Iglesia y el mundo necesitan hoy día. Nunca se olviden: profundicen su fe; estudien y alcancen grados avanzados, y respeten siempre su cuerpo. Son tres maneras de tener vida y vida en abundancia; adquiéranla para ustedes y compártanla con los demás. ¡Qué el Señor los guíe siempre por la vida, ustedes se dejen guiar por él y lleven a otros muchos jóvenes por su camino de amor!

# Palabras del Cardenal Óscar A. Rodríguez Maradiaga

*Arzobispo de Tegucigalpa, Honduras*

Sábado, 10 de junio de 2006

Estimados hermanos y hermanas,

Hay que mirar al joven hispano con los ojos de Dios. Soy consciente de la dificultad del tema de la migración y no quiero simplificar los hechos. Parece más simple o más atrayente a primera vista, construir, administrar, predicar o celebrar que acompañar. Las conciencias se tranquilizan de esta manera.

No discuto ni minimizo el valor de la predicación y la celebración. No podría hacerlo. Pero se requiere siempre el cara a cara, el Cireneo que ayuda a llevar la cruz, el experimentado que anima al otro a pasar por las fatigas del camino, mostrando que sólo es un montículo lo que a otro parece una montaña.

Lo fundamental del servicio es y será poner en manos del Señor, a las personas que inmigran; él es quien las lleva en la palma de sus manos. Es mirarlas con los ojos de Dios, quien las cuida como la pupila de sus ojos. Es amarlas con el corazón del Padre, quien siempre espera, oteando el horizonte, sin hacerse notar, pero sin descuidar su presencia. Nosotros podemos ver con los mismos ojos de Dios.

Quiero hacerles una triple propuesta, que implica tres actitudes: *Respetar la libertad del otro, acompañar con humildad, y descubrir el lenguaje del amor.*

**Respetar la libertad** como lo hace Dios con nosotros. Nada de espiar, querer asegurar y querer atar ni siquiera con hilos invisibles. La única atadura posible es la del amor, que siempre libera.

**Acompañar con humildad**, poniendo la experiencia al servicio de los demás. El amor jamás humilla a otro. Menos en el caso nuestro, en que tenemos conciencia de nuestros límites, incoherencias y conversiones postergadas. Dios seduce, invita, anima, estimula, corrige, advierte. El amor jamás impone.

El acompañante del que ha venido de lejos y ha dejado su casa y familia, es una persona vulnerable con alma de padre y entrañas de madre, que quiere ofrecer lo mejor de su amor, sabiendo que *lo mejor* también tiene sus tropiezos. Jamás seremos suficientemente maduros ni suficientemente gratuitos para estar a la altura de la tarea.

Es normal que entre padres e hijos haya reciprocidad y que los que recibimos a los inmigrantes aprendamos mucho de ellos: de su autenticidad, su búsqueda interior, la delicadeza de su conciencia, la grandeza de su corazón.

El que recibe a un inmigrante está llamado a **descubrir el lenguaje del amor**. No sólo en la palabra, sino en los gestos. Es obvio. Si es de Dios, es el único camino y ese es su lenguaje. Es Jesús imponiendo las manos a los niños, mirando con amor intenso al joven rico, dando la cara por la mujer adúltera o por aquélla en la casa de Simón. Es Jesús con los brazos en cruz, extendidos entre los cielos y la tierra, reconciliando a esta humanidad herida. Quien ve a Jesús ve al Padre.

Es Jesús quien dice las palabras de amor más esperadas, más novedosas, más reveladoras. Habla con autoridad porque, con sus ojos de amor, es capaz de descubrir lo que hay en el interior de cada uno, de cada una. Y esa mirada está siempre disponible para quien quiera aprender a mirar con los ojos del Señor.

De esa mirada salen las palabras oportunas, los consejos atinados, los momentos reveladores, que ayudan a una persona a darse cuenta de quién es ella, de quién es él... Nos podemos tratar como hermanos. Sí, esto es posible; Dios nos ha dado las herramientas.

No hay que fijarse sólo en las palabras de quien busca nuevos horizontes: hay que estar atento al gesto, a la mirada, a las manos, al silencio..., para saber comprender lo que las palabras no saben decir y a veces no pueden decir. Esa misma atención se refleja en la actitud del que recibe al inmigrante, que lo invita, lo acoge, lo anima, lo acompaña. Este es el mensaje de Jesús para ustedes, hoy en este Encuentro con él y con el pueblo joven hispano; es su mensaje para mañana y para siempre.

# Palabras de Monseñor Jaime Soto

*Obispo Auxiliar de Orange*
*y Presidente del Subcomité de Obispos para Adolescentes y Adultos Jóvenes, USCCB*
Sábado, 10 de junio de 2006

A lo largo del proceso del Encuentro, hemos visto que la juventud está metida en un mundo donde la ambigüedad moral provoca la respuesta *no lo sé,* la incapacidad lo paraliza y mantiene en la postura de *no puedo* y la indiferencia le hace exclamar con frecuencia *no me importa.* Analicemos ahora estas tres dimensiones de la realidad del joven, teniendo en cuenta que son parte de la problemática social en que viven muchos jóvenes latinos.

Primero está **la ambigüedad, el *no sé.*** Existe ambigüedad cuando la vista está oscura o confusa y es así como mucha gente ve el mundo hoy en día. Irónicamente, en una época en que la ciencia y la tecnología están tan avanzadas y ponen a nuestro alcance cantidad de información, existe mucha incertidumbre. A pesar de montos exorbitantes de información, inundándonos a través del Internet, todavía quedamos indecisos y confundidos.

En estos meses recientes, en sus diálogos y en nuestros intercambios han mencionado lo que los medios de comunicación han citado frecuentemente: la falta de preparación escolar de muchos jóvenes latinos. Hablan también de la brecha tecnológica entre los jóvenes latinos y sus contemporáneos, lo que se llama *digital divide.* Pero no es sólo la falta de acceso a la educación y a los medios de información; en muchos lugares el sistema escolar le niega al joven latino una orientación ética que le ayudaría a asimilar la información de manera humana y solidaria.

Esta mentalidad ambigua se ve claramente en el campo de la educación sexual. Muchos de nuestros distritos escolares sólo quieren hablar de la sexualidad en términos científicos, sin ninguna orientación moral, dejando al joven la decisión sobre cómo expresar su sexualidad, sin ofrecerle herramientas críticas y éticas. En este campo, también la Iglesia ha fallado. Muchos pastores, catequistas y padres de familia nos hemos quedado callados con niños y jóvenes respecto a lo sexual, y este silencio ha dejado un hueco que otras influencias culturales han aprovechado para distorsionar el sentido de la sexualidad humana, reduciéndola a una forma de recreo según las preferencias de cada persona.

**La parálisis, el *yo no puedo.*** Muchos jóvenes caen en esta expresión porque siempre han escuchado *tú no puedes,* en parte como resultado de la ambigüedad. La persona que se expresa así es porque no sabe por dónde caminar. Esto es consecuencia de no ser escuchado o consultado, lo que implica a la vez que la persona sólo es considerada como objeto de una acción o de una estrategia, pero no como protagonista.

**La indiferencia, el *no me importa,*** es la postura que toma una persona cuando la ambigüedad y la parálisis han debilitado su alma. Decir con frecuencia, *no lo sé, no puedo,* lleva a que nada le importe a la persona. *No me importa* es el canto de una sociedad anónima e individualista. Las personas optan por ser anónimas y concentran su atención y energías en una vida privada.

Frente a la ambigüedad, el amor aclara; frente a la parálisis del anonimato, el amor fortalece y dinamiza; frente a la indiferencia, el amor se entrega. Sin amor, la vida se resume en: *no lo sé, no puedo, no me importa.* Con amor, la vida se convierte en: *sí sé, sí puedo, sí me importa.* Pongamos nuestra mirada en la persona de Jesús, para que nos revele un amor que nos lleve de la ambigüedad a la visión profética; del anonimato sin poder a ser pueblo real; de la indiferencia a una vida sacerdotal.

Quiero también recalcar que la presencia de los representantes del Consejo Episcopal Latinoamericano (CELAM) hace presente y palpable los lazos solidarios que deben existir entre nosotros como hermanos y compañeros en la fe, unidos en la misma misión evangélica que no tiene fronteras. Es nuestra tarea llegar a la unidad que da el vivir la Eucaristía que celebramos cada domingo. El sacerdocio de Jesús llegó a la culminación en su entrega sobre la cruz, el gesto más solidario con la humanidad. Todo su ministerio fue resumido al morir por sus amigos y como cristianos estamos llamados a servir como él lo ha hecho.

Monseñor Plácido Rodríguez, como presidente del Comité de Obispos para Asuntos Hispanos y yo, como su servidor y presidente del Subcomité para Asuntos Juveniles, esperamos con gusto tomar en serio su compromiso y nos comprometemos a enviar una carta a las Mesas Directivas de La Red y la *National Federation for Catholic Youth Ministry,* proponiendo el seguimiento de este proceso. Nuestro seguimiento a Jesús nos invita a tomar el llamado a ser profetas de esperanza, servidores del Reino y sacerdotes de la nueva creación.

Los jóvenes del mundo, los jóvenes de nuestra Iglesia, con frecuencia nos preguntan a los obispos, ¿quién es el responsable de la Pastoral Juvenil? Espero que los diálogos que hemos tenido y los que sucederán después, los animen a entablar con corresponsabilidad las tareas urgentes y decir con firmeza, valentía y alegría: *Aquí estoy, Señor, aquí estamos juntos para hacer tu voluntad.*

Espero que estos pensamientos sean como una semilla o una chispa que alumbre o encienda sus conversaciones esta tarde. Confío que la pobreza de estos aportes sea compensada por la sincera admiración de mis hermanos obispos y este servidor, por el testimonio y el impacto de este proceso nacional que ustedes han dejado en nosotros, sus pastores, y en toda la Iglesia estadounidense. Esta ha sido una obra maravillosa, ¡Qué Dios los bendiga!

# Palabras de Monseñor Gustavo García-Siller, M.Sp.S.
### *Obispo Auxiliar de Chicago*
Domingo, 11 de junio de 2006

¡Qué alegría poder concluir con oración los esfuerzos, los trabajos, las iniciativas, la resolución del espíritu que se ha ido percatando y realizando durante estos días después de un largo camino! Este evento tiene mucho valor para un grupo numeroso de jóvenes latinos y trasciende a los jóvenes que trabajaron con miras a este Encuentro Nacional durante tantos meses. El momento culmen de este evento es la Eucaristía porque la Eucaristía trasciende y porque la celebración en Dios, con Dios y para Dios, trasciende en favor de nuestros hermanos y hermanas, en este caso, de nuestros hermanos y hermanas jóvenes.

Es necesario concluir este proceso que hemos llevado desde hace tiempo, en especial en estos días. Necesitamos una conclusión después de haber analizado múltiples escenarios y haber reflexionado sobre las presentaciones, unas con mucha información; otras, con una visión profunda, amplia o incisiva. Todo esto ha penetrado nuestro interior y es importante concluirlo en Dios uno y trino.

Los invito a ponerse frente a Dios y a vivir su presencia por medio del Espíritu que, en Jesús nos hace hijos e hijas suyos. Somos un grupo numeroso, ¡pero cuántos jóvenes más necesitan tener la experiencia de Dios!

Necesitan hablar de la experiencia de Dios que se nos presenta el Deuteronomio, un Dios cercano que camina con su pueblo y quiere irlo conquistando. Es Dios que nos ama y nos revela ese amor en Cristo Jesús; es Dios que al darnos su Espíritu Santo, nos convence de que somos sus hijos e hijas.

Ahora, jóvenes, si volvemos la cara a Dios, ese Dios nos va a llevar mas allá de las fronteras que nos hemos puesto unos a otros. Yo acabo de cruzar la frontera y esa barda es realmente un signo claro de que nos hemos puesto fronteras, y de que nuestro Dios es un Dios sin fronteras. Dios, al ser trino rompe las fronteras individuales, comunitarias, sociales, políticas y económicas porque Dios es amor. Este Dios que es amor, sólo podemos experimentarlo en su individualidad de persona y ésta es la invitación que les hago al concluir el Encuentro en esta fiesta de la Santísima Trinidad.

Para llevar una relación con Dios que es Padre, Hijo y Espíritu Santo, necesitamos conversar con Dios Padre, Hijo y Espíritu Santo de manera común y ordinaria. La presencia de Dios Padre, Hijo y Espíritu Santo debe ser algo natural en todos nosotros, en los jóvenes de esta generación y las siguientes.

Nuestro Dios es un Dios de cada persona. Dios quiere ser tu padre, nuestro padre. Jesús quiere ser tu salvador y tu señor; quiere ser quien mueva tu persona, todo tu ser, tu espíritu. El Espíritu Santo quiere ser el alma de tu alma. Dios Padre, Hijo y Espíritu Santo es quien nos da la esperanza.

Al acercarnos a las personas que buscan a Dios, uno se santifica. Todos nosotros, todos ustedes, jóvenes, han tenido un encuentro con Dios y ese encuentro puede ser con Dios Padre, con Dios Hijo y con Dios Espíritu Santo. Es verdad que cuando alguien ya ha tenido un encuentro con Dios, decide acercarse a personas que buscan a Dios, y eso es lo que han estado haciendo ustedes, jóvenes, en nombre de todos los jóvenes de los Estados Unidos: buscar a Dios para que los que se encuentren con ustedes se santifiquen también.

Adorar al Padre es vivir pareciéndose a Jesús, imitar a Jesús. Adorar a Dios es dejarse mover por el Espíritu para que no vivamos como esclavos y no nos hagamos esclavos unos a otros o tomemos a unos como propiedad personal, sino que podamos vivir libres para amar con el Espíritu Santo.

Estos días han sido muy bellos y de mucho entusiasmo. Estos procesos van a ser trascendentes, a marcar la historia, ser una huella y abrir nuevos horizontes para el desarrollo de nuestra juventud.

Hay mucha vibración y energía para adorar a Dios, al único Dios verdadero que es Padre, es Hijo y es Espíritu Santo. Vivamos el envío de Dios para que otros vengan también a adorarlo.

Jesús, con la autoridad que le fue dada, dice: "vayan y hagan discípulos a todos los pueblos" (Mt 28, 19). Salgan de los típicos círculos que los rodean; vayan a todos los rincones de la tierra y lleven el Evangelio de Dios.

El camino es el de la cruz. Sólo cargando la cruz de cada día podemos dar testimonio del gran amor del Padre; del Hijo que se ofrece por la salvación y redención del mundo, y del Espíritu Santo que quiere mover a la humanidad hasta prenderla con el fuego del amor, hasta que todos seamos uno en Cristo Jesús.

Este Primer Encuentro lleva este mensaje: "Tejer el futuro juntos" para ir creando una visión común. Esto sólo es posible si estamos dispuestos a cargar la cruz propia y la del hermano. A través de la cruz del otro, en la que Dios está colgado, podemos descubrir los rostros de nuestros hermanos y hermanas, y podemos, desde Dios, cargar la cruz y hacer la diferencia.

Abran alternativas de vida para los demás. Éste es el tiempo del joven y, como jóvenes y con jóvenes, llevarán al mundo la respuesta que se necesita: manifestar que Dios está vivo y que es Dios Padre, Hijo y Espíritu Santo, y gritar al mundo que Dios vive entre nosotros.

# GLOSARIO DE TÉRMINOS

- **Adolescentes:** *youth/teens/adolescents*. Chicos y chicas entre los 13 y los 17 años. Es inapropiado usar el término *jóvenes* para definirlos, a reserva de que tengan más de 16 años y participen en grupos juveniles con jóvenes mayores de 18 años.

- **Animador/a:** sin traducción. Concepto común en la pastoral juvenil, sin paralelo en la práctica de la pastoral con adolescentes y adultos jóvenes en la cultura dominante de Estados Unidos. Se refiere a la persona que es el ánima o alma de un grupo o pequeña comunidad, debido al cuidado que ejerce sobre estos y sobre sus miembros.

- **Asesor de pastoral juvenil:** *adviser of pastoral juvenil*. Por el hecho de que la pastoral de jóvenes está organizada con el liderazgo de los mismos jóvenes, los adultos los acompañan como asesores. Los asesores tienen que tener la habilidad de animar a los jóvenes a ser líderes y necesitan experiencia pastoral suficiente para apoyarlos y guiarlos, especialmente durante las primeras etapas de la comunidad, en tiempos de transición y en momentos de crisis.

- **Grupo de adolescentes:** *youth group*. Grupo compuesto sólo de adolescentes, menores de 18 años.

- **Grupo de jóvenes:** sin traducción. Grupo compuesto sólo de jóvenes, de 18 a 30 años

- **Grupo juvenil (parroquial):** sin traducción o *youth and young adult group*. Grupo compuesto de adolescentes y jóvenes juntos o como equivalente a *grupo de adolescentes* o *grupo de jóvenes,* si el contexto es claro.

- **Pastoral con adolescentes hispanos:** *ministry with Hispanic adolescents*. Esta frase se refiere a la pastoral que atiende adolescentes hispanos entre 13 y 17 años, sea que se lleve a cabo en inglés, español o bilingüe, y que los adolescentes estén en la escuela o no. Debido a que los adolescentes son menores de 18 años, necesitan ser acompañados por líderes adultos que los supervisen en todas sus reuniones y actividades.

- **Pastoral de jóvenes:** *Hispanic young adult ministry*. Esta pastoral es "de" los jóvenes porque quienes la desempeñan son en su mayoría jóvenes entre 18 y 30 años, apoyándose unos a otros y llevando su misión bautismal en la Iglesia y el mundo como grupo de compañeros. Los adolescentes mayores pueden participar si tienen la aprobación de sus padres y el párroco, tomando en cuenta los lineamientos locales para mantener un ambiente seguro en la pastoral con adolescentes. Generalmente estos jóvenes son solteros y, por el hecho de ser mayores de 18 años, no necesitan la supervisión de un adulto en sus reuniones y actividades. Sin embargo, los líderes deben estar en comunicación constante con un asesor adulto, como el párroco, el director/a de educación religiosa o un asesor/a certificado de pastoral juvenil hispana.

- **Pastoral juvenil hispana:** sin traducción. Si es necesario, esta frase puede ser traducida como *Hispanic youth and young adult ministry,* mientras que se refiera a los esfuerzos pastorales conjuntos de pastoral con adolescentes hispanos y pastoral de jóvenes, incluso el trabajo de los movimientos apostólicos que atienden a la juventud hispana.

- **Jóvenes:** sin traducción. Al usar el término por primera vez en el documento, se tiene que explicar que se refiere a los *youth* y *young adults* hispanos, de 16 a 30 años.

- **Director/coordinator of youth ministry:** *director/coordinador de youth ministry* o *director/coordinador de pastoral con adolescentes*. Se tiene que aclarar que este título se refiere al adulto responsable del los programas pastorales para los adolescentes en la diócesis, la parroquia o la escuela.

- **Youth/teens/adolescents:** *adolescentes*. Es inapropiado usar el término *jóvenes* como una traducción de *youth, teen,* o *adolescent,* a reserva de que tengan más de 16 años y participen en grupos juveniles con jóvenes mayores de 18 años. La frase *estudiantes de preparatoria* puede ser utilizada si el contexto está claramente hablando de estudiantes, pero como muchos adolescentes no terminan la preparatoria, no es un término aceptable para describir la edad en general.

- **Youth Ministry:** sin traducción. Si es necesario, utilizar *pastoral con adolescentes*. Sería un error traducir *youth ministry* como *pastoral juvenil* porque se refiere a otra pastoral diferente en español. Ya sea que se traduzca o no, se necesita aclarar que el término generalmente se refiere a la pastoral parroquial o en una escuela, con estudiantes de preparatoria bajo la dirección de un coordinador adulto.

- **Youth ministry leaders:** *líderes en youth ministry* o *líderes en la pastoral con adolescentes*. Este término se refiere a los adultos y adolescentes que sirven como miembros del equipo voluntario de la pastoral con adolescentes, para la planificación, coordinación e implementación de los programas, eventos y actividades para los adolescentes en la parroquia o la escuela.

- **Young adults:** sin traducción, o *jóvenes*. Al usar el término por primera vez en el documento, se tiene que explicar que se refiere a personas jóvenes de 18 a 39 años de edad, sean solteros, casados o con hijos.

- **Young adult ministry:** sin traducción. Si es necesario, utilizar *pastoral juvenil*. Se tiene que aclarar que esta frase se refiere a la pastoral con jóvenes al estilo de EUA, lo cual significa que generalmente atiende a jóvenes católicos con estudios universitarios de 18 a 39 años en parroquias, diócesis y universidades, sean solteros, casados o con hijos.

# NOTAS
## SOBRE MI ESPIRITUALIDAD
### CRISTIANA

# NOTAS
## SOBRE MI VOCACIÓN
## Y PROYECTO DE VIDA

# CITAS BÍBLICAS QUE ANIMAN E ILUMINAN MI VIDA

# ENSEÑANZAS DE LA IGLESIA QUE ME MOTIVAN DE PARTICULAR MANERA

# NOTAS
## SOBRE MI MISIÓN
## EN LA PASTORAL JUVENIL

# AUTÓGRAFOS
# DE MIS COMPAÑERO/AS
# EN LA PASTORAL JUVENIL

# MENSAJES DE MIS ASESORES Y GUÍAS ESPIRITUALES

# ORACIONES QUE NACEN DEL CORAZÓN

# Conclusions

# First National Encounter
# for Hispanic Youth
# and Young Adult Ministry

*Known by its initials
in Spanish as PENPJH,
or Encuentro*

**University of Notre Dame, IN
June 8-11, 2006**

**National Catholic Network de Pastoral Juvenil Hispana – *La Red***

The cover of this publication and the Encuentro symbol represent Hispanic young people in the Church—symbolized by the boat—who are called to toss the net of their pastoral action into the open sea, as Jesus asked, embracing the entire United States, represented in the map. These images inspired the reflections in the 126 participating dioceses throughout the Encuentro process.

In the photograph on page 5, made available by *Revista Maryknoll* and used with their permission, appear from left to right: Bishop Plácido Rodríguez, President of the Bishops Committee for Hispanic Affairs; Jesús Ábrego, President of the National Catholic Network de Pastoral Juvenil Hispana – *La Red;* Rey Malavé, National Coordinator of the Encuentro; Luis Soto, Vice President of *La Red* and *animador* of the National Encuentro; and Archbishop José H. Gómez, Episcopal Moderator of *La Red*.

In the photograph on page 43 appear Carole Goodwin, President of the National Federation for Catholic Youth Ministry; Jesús Ábrego, President of *La Red;* and Patricia C. Manion, Board Representative of the National Catholic Young Adult Ministry Association. Used with permission.

The photograph on page 98 corresponds to the Archdiocese of Atlanta's Diocesan Encounter and is used with the permission of the Office of Pastoral Juvenil.

The rest of the photographs were provided by the newspaper *El Pueblo,* of the Archdiocese of Denver. Used with permission.

Scripture texts in this work are taken from the *New American Bible with Revised New Testament* © 1986, 1970 Confraternity of Christian Doctrine, Washington, D.C. and are used by permission of the copyright owner. All Rights Reserved. No part of the *New American Bible* may be reproduced in any form without permission in writing from the copyright owner.

Logo of the Encuentro
and cover of the book

OCUS
Comunicación visual

Alicia María Sánchez

Printed in the United States of America

United States Conference of Catholic Bishops - Publication No. C2893

ISBN 978-0-6152289-3-8

# TABLE OF CONTENTS

# PART THREE: STATISTICS ON THE PARTICIPANTS

# PART FOUR: KEYNOTE SPEAKERS

# GLOSSARY OF TERMS

# INTRODUCTION

# Archdiocese of San Antonio

P.O. Box 28410 • San Antonio, Texas 78228-0410
Phone (210) 734-2620
Fax (210) 734-0708

Office of the Archbishop

My dear *jóvenes* and pastoral advisers,

Some of you participated in the worthwhile process of the First National Encounter for Hispanic Youth and Young Adult Ministry, of which we hereby present the conclusions; others of you would have liked to participate, but your studies and work did not allow it; still others are only now learning of this Encuentro by means of this publication. To all of you I direct these words of support and challenge.

As the Episcopal Moderator of *La Red* – the National Catholic Network de Pastoral Juvenil Hispana – which convoked and organized the Encuentro, I would like to encourage you to continue being part of the history of the Church among the Latino young people of the United States. These pages represent hours, months, years, and decades of labor in the vineyard of the Lord, carried out by Hispanic *jóvenes* who have brought the living and life-giving Jesus to their companions.

On many occasions, these young apostles and prophets have passed unseen by the eyes of the world, but not by the eyes of God, nor by their peers whose lives they have touched, healed, and transformed by their friendly words announcing Jesus. This is the power of *Pastoral Juvenil Hispana:* God becomes present in the young, manifesting the redeeming love of Jesus through young people who, by opening themselves to the Holy Spirit, become his disciples and missionaries.

Today I would like to turn again to those young witnesses of Jesus who preceded the current generation of Hispanic *jóvenes* as leaders in their parishes and apostolic movements. I would like to emphasize my gratitude to the young Hispanic leaders of today and offer my prayers and support through *La Red,* in which I serve with hope and joy. I would also like to thank the advisers and coordinators of youth and young adult ministry, as well as the pastoral leaders who accompany them, because by their ecclesial action they permitted us to arrive at the First Encuentro.

Yet that is not enough. A very significant number of Hispanic *jóvenes* in our Church of today and tomorrow still clamor for an organized and effective pastoral ministry on their behalf. Each diocese and parish must find the best way to serve its Latino young people, whether in Spanish-speaking groups, in a bilingual environment, or integrated in multicultural groups.

Our mission is for each young person to find in the Church a home and a pathway to God. All young Catholics have the right to discover their baptismal vocation, to discern the state of life to which they are called, to be evangelizers and missionaries in their own environment, and to have the opportunity to develop as a leader.

However, every right is accompanied by responsibilities. I exhort everyone – *jóvenes* and their advisers, bishops and priests, religious and lay adults – to make a preferential option for the young; let us pour out our lives to serve them, as they are a source of energy and renewal for the Church. Therefore I invite you to "weave the future together."

In the company of Our Lady of Guadalupe, Patroness of the Americas, let us continue our work,

†José H. Gomez

Most Rev. José H. Gomez, S.T.D.
Archbishop of San Antonio

La Red
National Catholic
Network de Pastoral
Juvenil Hispana

Dear *jóvenes* and friends in *Pastoral Juvenil,*

With great humility and joy, I am privileged to present to the Church in the United States the final result of work done by thousands of Latino youth and young adults from all over the country. For a year and a half, with dedication and enthusiasm, they analyzed, reflected on, and prayed over their experiences at the local level—often in union with their pastors and bishops—in the hope that their words would be heard and their pastoral action taken into account.

This book includes the voices of Hispanic adolescents and young adults, voices that represent their fellow immigrants, the sons and daughters of immigrants, and Hispanic families that have lived in this country for many generations. These young people represent nearly half of the total population of young Catholics in the United States today.

For many years, the young leaders of *Pastoral Juvenil Hispana* dreamed of organizing themselves at the national level. The process of the First National Encounter for Hispanic Youth and Young Adult Ministry gave them that chance and energized them to carry the Good News of Jesus to every corner of the country where Latino *jóvenes* work and study.

With beautiful signs of faith, love, and hope, the conclusions in these pages reveal tears of sadness and a cry for loving attention and pastoral support. They are a grassroots effort carried out by *jóvenes* convinced that God has blessed this portion of the Church with gifts to fulfill their mission as part of the universal Church.

The most vivid memory I have of the National Encuentro is when the 1,930 participants entered the convention center at the University of Notre Dame, the culminating moment of so many months of work. The rafters of that place resounded with their impassioned and joyful songs.

With that same enthusiasm and love for our Church and for our young people, let us carry these pages to every single parish in this country. May the voices and actions of our young Hispanics continue the mission of Jesus and transform our society to resemble more closely the desires of Christ!

Let us ask Our Lady of Guadalupe to make us instruments of evangelization, just as she did in 1531 when she transformed Saint Juan Diego into the most powerful evangelist of the Americas.

With Jesus until the end,

*Jesús Ábrego*
*President of* La Red

**Reinardo Malavé**
National Coordinator of the Encuentro
520 South Magnolia Avenue
Orlando, FL 32801
Tel. (407) 843-5120
Fax. (407)649-8664
rmalave@bsaorl.com

**Convoked by:**

National Catholic Network
de Pastoral Juvenil Hispana
*(La Red)*

**Co-sponsored by:**

USCCB Committee
on Hispanic Affairs

USCCB Subcommittee on
Youth and Young Adults

University of Notre Dame

**With Special Assistance by:**
American Bible Society

**In Collaboration with:**

Asociación Nacional de Sacerdotes
Hispanos (ANSH)

Catholic Leadership Institute (CLI)

Catholic Migrant Farmworkers
Network

Center for Ministry Development
(CMD)

Federation of Pastoral Institutes
(FIP)

Instituto Fe y Vida

Instituto Nacional Hispano
de Liturgia

Mexican American Cultural Center
(MACC)

National Catholic Association
of Diocesan Directors
of Hispanic Ministry (NCADDHM)

National Catholic Council
for Hispanic Ministry (NCCHM)

National Catholic Young Adult
Ministry Association (NCYAMA)

National Conference
of Catechetical Leaders (NCCL)

National Federation for Catholic
Youth Ministry (NFCYM)

National Organization of
Catechesis with Hispanics (NOCH)

North East Pastoral Center

Oregon Catholic Press (OCP)

Regional Directors and Coordinators
of Hispanic Ministry

Renew International

Southeast Pastoral Institute (SEPI)

William H. Sadlier, Inc.

World Library Publications

Dear Bishops, Delegates, and Participants of the National Encuentro:

As the National Coordinator of the First National Encounter for Hispanic Youth and Young Adult Ministry, I want to thank you all for having participated in this historic event at the University of Notre Dame. The members of the national commissions and I were very pleased with your presence and the participation of so many young Hispanics from all across the nation, not only in the national event but in the important process that produced the Encuentro's conclusions.

As *jóvenes,* you are the Church of today and in you is also its future. You were and will continue to be the center of all our efforts. God has entrusted us all with the mission to continue sharing, dialoguing and working together to implement these conclusions and bring *Pastoral Juvenil Hispana* to fruition in our country. We can be assured of the collaboration of our bishops and of all the organizations that supported the Encuentro, but it is the action of you, the young protagonists of *Pastoral Juvenil,* that will bring Jesus to your peers and build ecclesial communities of youth and young adults.

We gathered "to weave the future together" in our Catholic Church of the United States, and toward that end we have taken firm steps and put down solid foundations. Thanks to the leadership exercised by thousands of *jóvenes,* lay advisers, religious, priests, and bishops, we have carried out a process of reflection, prayer, and formation—from our parishes, dioceses and regional offices—that allowed us to identify the most pressing pastoral needs of Latino young people, as well as their gifts and Christian commitment.

With the commitment and perseverance of the young people who participated in the Encuentro, of the generations of *jóvenes* that will follow in their steps, and of the *pastoral de conjunto* (communion in mission) among the institutions that participated in this beautiful project, we can respond to the deep desire for God and to the faith formation needs of the more than 9 million Hispanic Catholic youth and young adults in this country. They are waiting for our guidance, help, and support in their growth into mature persons and faithful disciples of Jesus, capable of an active, enthusiastic, and influential participation in the life and mission of the Church in the United States.

May the peace of the Risen Jesus be with you all.

Your brother in Christ,

Rey Malavé
National Coordinator of the Encuentro

**Committee on Cultural Diversity in the Church**
**Committee on Laity, Marriage, Family Life and Youth**
3211 FOURTH STREET NE • WASHINGTON, DC 20017-1194

October 3, 2008

Dear Brothers and Sisters in Christ,

It is with joy that we send this letter to accompany these Encuentro conclusions.

The *First National Encuentro for Hispanic Youth and Young Adult Ministry* began in our United States dioceses in January 2005 and culminated in a national gathering at the University of Notre Dame in June 2006. This document details that journey providing the Church with rich material as we carry out the essential task of ministering among our Hispanic youth and young adults.

The voices of our young Hispanic church are reflected in the following pages. Their words provide us with much hope and many challenges. We trust that they will not go unheeded as we continue to grow in our mission as ministers for the whole Church.

As present Chairs of the Committee for Cultural Diversity in the Church and the Committee for Laity, Marriage, Family Life and Youth, we affirm these conclusions and thank the former members of the Committee for Hispanic Affairs and the Subcommittee for Youth and Young Adults for their support of this National Encuentro and their work in bringing it to fruition.

We also thank the members of the National Catholic Network *de Pastoral Juvenil Hispana* (La Red) and of the partner organizations that were so instrumental in making this process the success that it was and continues to be. For these organizations the work continues as they collaborate to develop and implement a strategic plan that will outline a common vision and language for all organizations that minister to and with Hispanic youth and young adults. These conclusions will greatly influence and enhance that work.

Our prayer is that you will read, reflect and pray with these conclusions. As you allow them to influence and enhance your own ministry you affirm the prophetic voice of our young Hispanic church. This can only serve to make us stronger as Church and to be more powerful witnesses to Christ in our world today.

Sincerely yours in Christ and Mary,

+ José H. Gomez

+ Roger L. Schwietz

Most Reverend José H. Gomez
Chairman
Committee on Cultural Diversity in the Church

Most Reverend Roger L. Schwietz, OMI
Chairman
Committee on Laity, Marriage, Family Life and Youth

9

# INTERCESSORY PRAYER FOR THE ENCUENTRO

Lord, we have come to renew our **Encounter** with you, after having experienced it in our parish, diocesan, and regional encounters. We want to continue fostering a spirit of welcome so that other *jóvenes* may also experience this Encounter with you.

> *Refrain: Take me to the places where the people need your words, need your desire for life; where there is little hope, where there is little joy, simply for not knowing you.*

Lord, we have come to renew the **Conversion** we experienced in our parish, diocesan, and regional encounters. Make us sources of peace and joy in school, at work, among our friends, and in our neighborhoods.

*Refrain*

Lord, we have come to renew the **Communion** we experienced in our parish, diocesan, and regional encounters. Give us strength, vision, and hope, so that we may become a true "community of communities" in which our diversity is seen as a blessing for your Church.

*Refrain*

Lord, we have come to renew the **Solidarity** we experienced in our parish, diocesan, and regional encounters. Fill us with your Holy Spirit and strengthen us to continue working for justice and peace in accordance with the basic principles of the Church's social teaching.

*Refrain*

Lord, we have come to renew the **Mission** we experienced in our parish, diocesan, and regional encounters. Set our hearts ablaze with your love, so that we may continue to transform the world with our actions and with our witness, as true ambassadors of the New Evangelization.

*Refrain*

Proud to be disciples of Christ and ambassadors of his love, let us end in prayer to the Father with the words Jesus taught us...

*Our Father*

*Opening Prayer, Thursday, June 8, 2006*

10

# STATEMENT OF THE BOARD OF DIRECTORS
## OF *LA RED*

*Filled with hope, love, faith, and prophetic spirit, the Board of Directors of* La Red *presents the **Conclusions of the First National Encounter for Hispanic Youth and Young Adult Ministry,** commonly known by its Spanish acronym, PENPJH, or simply as Encuentro. We offer them to Hispanic Catholic* jóvenes *(single youth and young adults, roughly between the ages of 15 and 30), their advisers, and all who now serve or in the future will serve Latino young people in the United States. We know the young Hispanic leaders in our Church have a deep experience of the Cross, and at the same time rejoice in their experience as living members of the Risen Jesus who is active in history.*

*May the experience of death—lived with such intensity by the* jóvenes *who suffer the loneliness of being far from home and family, who are unable to meet the challenges of the school system, who live in environments of violence and addiction, who suffer discrimination and marginalization—be changed into an experience of life through a* Pastoral Juvenil Hispana *that is ever more evangelizing, communitarian, and missionary. May the Holy Spirit nourish and multiply the enthusiasm of this First Encuentro, so that young Hispanic leaders may increase, mature, and bear fruit in abundance.*

*Hispanic* jóvenes, *as the young Church you are, receive these encouraging words from your pastors and advisers, and always be witnesses of the Risen Jesus for those* jóvenes *who, consciously or unconsciously, thirst for God. You are a great treasure for our Church; be mindful of your mission in her and in the society, and build a strong Pastoral Juvenil in communion with the whole Church. Value your privileged place in history as builders of a new culture that, inspired by the values of Jesus, is capable of creating a "Civilization of Love" and thus overcomes the anti-values that cause destruction and death among young people today. May the Lord of life bless and protect you always!*

## The treasure of Hispanic young people

Joyous, enthusiastic, and committed, close to 40,000 Hispanic *jóvenes* participated in the process of the First National Encounter for Hispanic Youth and Young Adult Ministry. The process was carried out locally in 98 dioceses, or 56 percent of all the dioceses in the country, in 2005 and 2006. Then, in the National Encuentro at Notre Dame, delegates from 120 dioceses, or 68 percent of all U.S. dioceses, participated.

It was a great joy for us, the organizers and advisers of PENPJH, to accompany them in their reflection processes! It was edifying to participate in their liturgical celebrations and moments of deep prayer! It was inspiring to share their vitality when they socialized and

celebrated! The hard and detailed work, led by these same *jóvenes,* with the support of their advisers, was a splendid model of *Pastoral Juvenil* in action.

We thank God for the 1,680 delegates from 120 dioceses represented at the National Encuentro at the University of Notre Dame from June 8-11, 2006. We are pleased with seeing the efficacy of the 250 young facilitators and secretaries who facilitated the process of obtaining the conclusions that we present here.

Over the course of two years, at parish, diocesan, and regional encuentros, Latino adolescents and young adults identified the gifts God has given them for the service of others, looked at their lives in the light of the Gospel, reflected on their baptismal mission, and celebrated their faith in community. With this rich experience, they strengthened their faith and

11

apostolic commitment, and they established general guidelines for expanding and improving their pastoral action, which forms a part of the conclusions of this First Encuentro.

With their committed faith, joyous energy, creativity, and loyalty to the Church, Hispanic young people who live and share their faith are a powerful force that renews the life of God's people and promises a future richly imbued with Christian life. They are a treasure today and the hope of tomorrow for the entire Church in the United States.

During the diocesan, regional and national encuentros, a considerable number of bishops and priests, religious women and men, and lay ministers accompanied them, supporting and promoting their full participation in the life and mission of the Church with an authentic spirit of communion in mission. This accompaniment and the ensuing conversations between the *jóvenes,* their bishops, and other sectors of the ecclesial community were very enriching for everyone.

As the Board of Directors of *La Red,* we encourage them all from the bottom of our hearts to continue responding to the signs of the times in our Catholic Church in the United States, inspired by the Spirit of God who throughout history has lighted our way as a priestly people (1 Peter 2:9). We invite our bishops to seek appropriate moments to continue the dialogue in their dioceses, and we hope this Encuentro will be the first in a series of processes to advance and deepen the dialogue and reflection concerning ministry with Latino young people.

## Hispanic *jóvenes* in the Church of the United States

While the Catholic Church in many parts of the world is growing older and struggles to engage vibrant, relevant, and hopeful young people, the Church in the United States is alive and full of promise... and a significant part of this life is provided by young Latinos. Whether born in this country or arriving as immigrants, Latino *jóvenes* can be found

studying and working across the whole country today.

The new life young Hispanics are giving to our Church comes from the apostolic zeal of *jóvenes* who, having made Jesus the center of their lives, dedicate hours and hours to sharing and increasing the faith with other young people in retreats and reflection sessions. With music and dramatizations, lively and wholesome fiestas, and service to the poor; with their quest for a fuller and more dignified life, their solidarity with the undocumented, and their struggle to promote human rights, they are forging a new life and a new future for themselves, as well as for our Church.

In apostolic movements, *grupos juveniles,* and faith communities, Hispanic *jóvenes* are the salt that gives Christian flavor to the lives of the young people with whom they live and the leaven that ferments the values of the Kingdom of God in their environments. What a joy it is to witness how God continues to raise up young apostles in so many dioceses of our country!

## Invitation to participate in the Church's mission

Dear *jóvenes,* as companions on the journey and in our leadership role, we reiterate the invitation of our Supreme Pontiffs for you to participate in the evangelizing mission of the Church.

*My dear young people... Now more than ever it is crucial that you be "watchers of the dawn," the lookouts who announce the light of dawn and the new springtime of the Gospel of which the buds can already be seen. Humanity is in urgent need of the witness of free and courageous young people who dare to go against the tide and proclaim with vigor and enthusiasm their personal faith in God, Lord and Savior. Courageously proclaim that Christ, who died and is risen, has vanquished evil and death! Commit yourselves to seeking and promoting peace, justice and fellowship.[1]*

---

[1] John Paul II, *Message for the 18th World Youth Day,* March 8, 2003.

Dream! Shake! Build!

*Allow Jesus to gaze into your eyes so that the desire to see the Light, and to experience the splendor of the Truth, may grow within you... In your daily lives, be intrepid witnesses of a love that is stronger than death. It is up to you to accept this challenge! Put your talents and your youthful enthusiasm at the service of the proclamation of the Good News. Be the enthusiastic friends of Jesus who present the Lord to all those who wish to see him, especially those who are farthest away from him... Feel responsible for the evangelization of your friends and all your contemporaries.[2]*

*My dear young people, do not yield to false illusions and passing fads which so frequently leave behind a tragic spiritual vacuum!... The Church needs genuine witnesses for the new evangelization: men and women whose lives have been transformed by meeting with Jesus, men and women who are capable of communicating this experience to others. The Church needs saints. All are called to holiness, and holy people alone can renew humanity.[3]*

Journey toward Christ! Bring the life of Christ to your friends! He is the one who gives life meaning, frees from sin and oppression, and gives new life. Filled with Christ in the Eucharist, go forth and be Christ for your friends. There is an urgent need for a new world and for young people who, with their big dreams, their passion and their dedication, make a difference. Don't let yourselves be influenced by those values that are contrary to the Gospel of Jesus. Rather, become builders of a new society.

*Young people of the Church... I am sending you out for the great mission to evangelize the young men and women who wander through this world, like sheep without a shepherd. Be the apostles of the young, invite them to come with you, so that they*

*may have the same experience of faith, hope and love; to find themselves in Jesus, so that they may feel truly loved, welcomed, and have every possibility to realize their full potential.[4]*

In a special way, learn to appreciate the wonderful gift of your sexuality and to prepare yourselves for a solid Christian marriage. The Christian practice of sexuality is a source of great blessing because it is born of an anthropology and spirituality based on your great dignity as sons and daughters of God, created in God's image and likeness. Affection among friends, love between sweethearts, and the intimacy of married couples require a deep sensitivity in their unfolding, which the Church promotes when it asks couples to abstain from sexual activity outside of marriage.

Fill your lives with striving for personal achievement, doing good to others, and speaking about the important things in life. This way, the temptations of pornography and sexual freedom, which abound in the media, will find no place in the 24 hours of each day throughout your life.

## *Pastoral Juvenil* in the life and mission of the Church

Supporting our *jóvenes'* Hispanic identity and their openness to other cultures has been one of the consistent values of Hispanic ministry.[5] All pastoral action, if it is to be effective, must take into account the person and his or her history and culture, as Jesus demonstrated when he was incarnated into the history and culture of his time.

An effective *Pastoral Juvenil,* therefore, takes into account the cultural roots of young Latinos,[6] whether born and raised in this

---

[2] John Paul II, *Message for the 19th World Youth Day,* February 22, 2004.

[3] John Paul II, *Message for the 20th World Youth Day,* August 6, 2004.

[4] Benedict XVI, *Papal Address During the Encounter with the Youth in São Paolo,* May 10, 2007.

[5] NCCB, *National Pastoral Plan for Hispanic Ministry* (PPNMH in Spanish), (Washington, DC; NCCB, 1987).

[6] USCCB, *Renewing the Vision: A Framework for Catholic Youth Ministry,* (Washington, DC: USCCB, 1997), pp. 22-23.

country or incorporated and integrated as immigrants into a new culture. It is from their own cultural identity that they can become protagonists in the society in which they live and assume their mission as Christians in their Mother Church, in which there are no foreigners and which values their dignity in intimate relation to their identity.

Through the process of this First Encuentro, the Church affirmed young Hispanics in their values and cultural characteristics, and opened spaces for their leadership to develop and for their richly inculturated faith to blossom for the beautification and enrichment of the whole Church. We invite all the participants in the First Encuentro—both the *jóvenes* and the adults—to continue opening such spaces in their parishes and other church settings where they do not yet exist. It is urgent that we promote *jóvenes* as leaders and ministers in a *Pastoral Juvenil* that reaches more Latino adolescents and young adults, both English and Spanish speakers, so that they may encounter Jesus and feel at home in the Church.

We invite you to create diocesan and regional networks that become part of the national network of *La Red,* and to create and share pastoral models that allow the Gospel to become incarnated in the deepest parts of your culture, with all the complexity of the daily dynamics between your culture of origin or cultural heritage, the general culture of the United States, and the particularities of a youth culture that continuously reinvents itself. These models of pastoral action and formation should always be inspired by the desire for greater communion and participation in the Church, fostering unity in diversity, and seeking union in mission with your peers of other cultures and the entire church community.

We need to create and share processes in which the *jóvenes* come to know their faith and develop their spirituality as disciples of Jesus. We should multiply the projects to which they can offer their talents in service to others and as evangelizers of other young people. It is essential to strengthen *Pastoral Juvenil* with serious faith formation and leadership training programs. It also is indispensable to establish transition processes from ministry with adolescents to Hispanic young adult ministry, so that young people may have the accompaniment they need in their maturation process at so critical a stage of life.

## *Pastoral Juvenil Hispana* in a pluricultural[7] Church

The reality of our Church today is pluricultural, a reality that is at the same time a treasure and a challenge. It is a treasure because the many faces in God's house reveal the Church's catholicity and the essence of a triune God whose very being is expressed in the unity of the divine nature and the diversity of persons, as well as in the reality of God's people who strive to live united in diversity.[8] Creativity and diverse pastoral responses are needed to build this new way of being Church; no single model works for everyone,[9] for although there is only one Gospel, it must penetrate to the deepest roots of each culture.[10]

---

[7] The term *pluricultural* is used by sociologists and educators in Spanish to denote a respectful, equitable, and reciprocal relationship among the distinct cultures that are present in a society or other social organization. As such, it is more descriptive than the term *multicultural*, which indicates the presence of two or more cultures, but does not say anything about their relationship with one another. Although it is not widely used in English outside of Europe, it is used here to maintain consistency with the Spanish version of this text.

As a pluricultural institution, the Church seeks the integral development of each individual while respecting the distinct cultural identities that are found in the community. This implies a "unity in diversity" approach whereby the faith traditions, expressions, and values of distinct cultural communities within the Church are treated with equal respect. Thus, each community may celebrate and pass the faith from one generation to the next utilizing the language, symbols, and rituals that are most meaningful for their lives. Pluricultural ministry is therefore distinct from a "unity through uniformity" approach to multicultural ministry that seeks to avoid the exclusion of individuals on the basis of personal differences by forming everyone into a single homogeneous culture.

[8] USCCB, *Welcoming the Stranger Among Us: Unity in Diversity,* (Washington, DC: USCCB, 2000), p. 56.

[9] USCCB, *Encuentro and Mission: A Renewed Pastoral Framework for Hispanic Ministry,* (Washington, DC: USCCB, 2002), §70.

[10] Paul VI, *Evangelii Nuntiandi* (Mexico, DF: Ediciones Paulinas, 1975), §20.

The Church's universality is expressed in the inculturation of the Gospel within the various particular situations in which the ecclesial community lives. In a Church like ours, composed of two major cultural groups and many cultural minorities, an appropriate formation is needed for clergy, seminarians, and lay ecclesial ministers in dioceses and parishes, as well as for the advisers in Hispanic young adult ministry, the coordinators of adolescent ministry, and the young adult leaders in *Pastoral Juvenil.*

All the *jóvenes*—especially those who incarnate a new *mestizaje* that blends their culture of origin with that of this country—have the mission of learning to be apostles within this reality. This is the challenge for the generations of the 21st century. Today's young people are called to be the seed that, when it bears fruit, creates a Church in which respect and appreciation for all cultures is a given; in which all people bring together the complementary gifts God has given each culture in order to carry out more effectively the Church's evangelizing mission.

## The hope of the *jóvenes*

In the First National Encounter for Hispanic Youth and Young Adult Ministry convoked by *La Red,* the *jóvenes* identified innumerable models in which *Pastoral Juvenil* is being carried out nationwide. Analyzing these models and identifying those most appropriate for every diocese and parish will be the task of each one of us in the coming years.

Let us analyze the aspirations, suggestions, and needs of the Hispanic youth and young adults who have recorded their hopes and ideals in the conclusions presented here. Let us lend our support to this Latino Catholic population of over 15 million people under age 30, so that by their faith and hope they may guarantee a rich life for our Church in the 21st century.

Soon Latinos will become the majority of the young Church in our country. We have witnessed the vitality of those who participate in *Pastoral Juvenil,* but we are only reaching very few *jóvenes.* We must become missionaries, setting out in search of our brother, our sister! We must bring Jesus to all young people, helping them to discover their vocation and Christian mission, to value the Kingdom of God, and to become untiring promoters of love, justice, and peace!

"The harvest is abundant but the laborers are few." (Mt. 9:37) *Jóvenes,* do not faint in the face of difficulties; work with greater devotion, fortified by the Holy Spirit; seek the support you need in the Church. Invite more *jóvenes* to join you; create new groups and communities where currently there are none, and build unity among all. May the beautiful spirit of enthusiasm and dedication you experienced during the Encuentro process serve as inspiration for the rest of your life.

As your advisers and companions on the journey, we commit ourselves to walk with you and support you as you follow Jesus. Pray that we may be for you lights along the way and witnesses of Jesus, the Good Shepherd who gives his life for his sheep.

*For all this, in union with the bishops who accompany our young people at this moment in our history, we pray using the words with which the first Hispanic bishops closed their pastoral letter, "The Bishops Speak with the Virgin," twenty-six years ago:*

Madre de Dios,
Madre de la Iglesia,
Madre de las Américas,
Madre de todos nosotros:
¡Ruega por nosotros!

*Mother of God,*
*Mother of the Church,*
*Mother of the Americas,*
*Mother of us all:*
*Pray for us!*

— *Board of Directors of* **La Red**

# INSTITUTIONS THAT MADE PENPJH POSSIBLE

## *La Red*
## and its
## Board of Directors

### Episcopal Moderator

Archbishop José H. Gómez, Archdiocese of San Antonio

### Directors

Jesús Ábrego, President, Diocese of Beaumont

Luis Soto, Vice President, Archdiocese of Denver

Elizabeth Torres, Secretary, Diocese of Yakima

María Rivera, Treasurer, Diocese of Charlotte

Marissa Esparza, Member-at-Large, Diocese of San Diego

Rev. Ángel del Río, Member-at-Large, Dominican Friars

### Ex Officio

Alejandro Aguilera-Titus, Associate Director, Secretariat for Hispanic Affairs, USCCB

### Consultants

Dr. Carmen María Cervantes, Executive Director, Instituto Fe y Vida

Rev. Mario Vizcaíno, Director, South East Pastoral Institute—SEPI

## Co-Sponsors

Bishops' Committee on Hispanic Affairs, USCCB

Bishops' Subcommittee on Youth and Young Adults, USCCB

University of Notre Dame

# COLLABORATING INSTITUTIONS

Asociación Nacional de Sacerdotes Hispanos (ANSH)

Catholic Leadership Institute (CLI)

Catholic Migrant Farmworkers Network

Center for Ministry Development (CMD)

Federation of Pastoral Institutes (FIP)

Instituto Fe y Vida (Fe y Vida)

Instituto Nacional Hispano de Liturgia

Mexican American Cultural Center (MACC)

National Catholic Association of Diocesan Directors of Hispanic Ministry (NCADDHM)

National Catholic Council for Hispanic Ministry (NCCHM)

National Catholic Young Adult Ministry Association (NCYAMA)

National Conference of Catechetical Leaders (NCCL)

National Federation for Catholic Youth Ministry (NFCYM)

National Organization of Catechesis with Hispanics (NOCH)

North East Pastoral Center

Oregon Catholic Press (OCP)

Regional Directors and Coordinators of Hispanic Ministry

Renew International

South East Pastoral Institute (SEPI)

William H. Sadlier, Inc.

World Publications Library

# INSTITUTIONS THAT PROVIDED FINANCIAL SUPPORT

## Level I – Menders *(Reparadores)*

American Bible Society
Anonymous donor
Knights of Columbus

## Level II – Haulers *(Alzadores)*

Bishops' Committee on Hispanic Affairs, USCCB
Mexican American Cultural Center (MACC)
Oregon Catholic Press (OCP)
Secretariat for the Church in Latin America, USCCB
Sisters of Mercy
Bishops' Subcommittee on Youth and Young Adults, USCCB
University of Notre Dame

## Level III – Casters *(Lanzadores)*

Catholic Campaign for Human Development, USCCB
Catholic Relief Services, USCCB
Catholic Youth Foundation USA
Claretian Publications
Liguori Publications
National Federation for Catholic Youth Ministry (NFCYM)
Sisters of St. Joseph of Carondelet
William H. Sadlier, Inc.
World Library Publications

## Level IV – Weavers *(Tejedores)*

Conventual Franciscan Friars
Federation of Pastoral Institutes (FIP)
National Catholic Aids Network
National Catholic Association of Diocesan Directors of Hispanic Ministry (NCADDHM)

# PASTORAL JUVENIL HISPANA AND ITS CONTEXTS

## Historical Context of *Pastoral Juvenil Hispana*

### *Pastoral Juvenil* in Latin America

In the Third General Conference of Latin American Bishops, celebrated in Puebla (1979), the bishops proclaimed a preferential option for *jóvenes* (single youth and young adults, roughly between the ages of 15 and 30). In response, the *Sección de Juventud* of CELAM (*Consejo Episcopal Latinoamericano* - the Council of Latin American Bishops) coordinated the First Latin American Encuentro of Directors of *Pastoral Juvenil* in 1983. A fruit of the meeting was the publication of *Pastoral Juvenil: Sí a la Civilización del Amor* (1987), which offered the first articulation of a theoretical framework for the history, practice, and theology of *Pastoral Juvenil.*

Since then, there have been 15 Latin American Encuentros of Directors of *Pastoral Juvenil* and three international encuentros of *jóvenes* in Latin America. These encuentros have been the primary source of growth, maturation, and consolidation for the ministry with *jóvenes* in Latin America. Over the past two decades, delegations of bishops and representatives of *Pastoral Juvenil* from the United States have participated in these encuentros.

CELAM's Fourth General Conference, celebrated in 1992 in Santo Domingo, requested more accompaniment and support as well as national and diocesan guidelines for creating an "organic" *Pastoral Juvenil,* that is, one organized according to specializations that correspond to the different living situations of the *jóvenes*: adolescents, workers, couples, university students, indigenous peoples, *jóvenes* in critical situations, etc.

CELAM's *Sección de Juventud* responded to this request by publishing *Civilización del Amor: Tarea y Esperanza,* in 1996.

Meanwhile, the Latin American institutes that offer formation for *Pastoral Juvenil* created the Latin American Network of Institutes and National and Regional Centers for *Pastoral Juvenil.* Instituto Fe y Vida and the South East Pastoral Institute (SEPI) are members from the United States. The Network of Institutes met for the first time in 1991 and since then has continued to meet every two years to share resources, identify strategies, and address themes of interest for *Pastoral Juvenil* throughout the Americas. The institutes have been instrumental in creating formation programs, developing young leaders and pastoral advisers, producing a variety of resources, and advancing *Pastoral Juvenil.*

### Youth ministry, young adult ministry, and *Pastoral Juvenil* in the United States

Until the middle of the 20th century, the Christian education of Catholic youth and young adults in the United States was generally entrusted to the Catholic schools. Beginning in the 1970s, Youth and Young Adult Ministry gained more importance in parishes and through some apostolic movements due to, among other things, a decrease in discrimination toward Catholics in the public schools and diminishing numbers of religious men and women dedicated to teaching, both of which led to declining enrollments in Catholic high schools.

## Background to the current period

In 1976, the United States Catholic Conference published *A Vision of Youth Ministry*, which proposed an integrated approach to responding to adolescents' physical, emotional, psychological, and spiritual needs. Translated into Spanish in 1986, *Una Vision del Ministerio Juvenil* only addresses youth under 18 years old and is primarily directed to the middle and upper classes, without taking into account the specific needs of Hispanic adolescents or *jóvenes* who have surpassed 18 years of age.

Hispanic Ministry leaders have expressed their concern for Hispanic youth and young adults since the First National Encuentro on Hispanic Ministry in 1972. In the Second Encuentro, in 1977, it was insisted that they be given appropriate pastoral attention. That same year, the National Youth Task Force was created, composed of *jóvenes* elected to study the pastoral needs of Hispanic young people and recommend ways of responding to them to the Bishops' Conference. This task force functioned for several years under the Secretariat for Hispanic Affairs of the NCCB, generating ministry efforts and hope.

Some dioceses hired staff for *Pastoral Juvenil Hispana* and offered formation programs for young Hispanic leaders. There was a time in California when all of the dioceses had staff dedicated to *Pastoral Juvenil,* and formation courses were being offered at the sub-regional level in the north and south. A representative committee for the young was created within RECOSS (Region Eleven Commission for the Spanish Speaking), a consultative body made up of diocesan staff for the bishops of the region.

In the Southeast, SEPI began a continuous effort in support of the care of young Hispanics from its founding in 1978 under the leadership of Father Mario Vizcaíno. That same year, the First Encuentro for *Pastoral Juvenil Hispana* of the Southeast was held—the first of many regional encuentros that continue to be held to this day.

In 1980, SEPI created a course on *Pastoral Juvenil Hispana,* in which more than 1,000 young people have already participated. In 1981, SEPI began its *Pascua Juvenil* program and in 1982, it created *Experiencia Cristo,* an intensive retreat for conversion led by *jóvenes.* In 1987, SEPI created a Workshop for Adult Advisers of *Pastoral Juvenil* in the Southeast, and it recently created a Certification Program for Advisers.

In the Northeast another leadership training school was created that produced a strong body of leaders for *Pastoral Juvenil.* In other regions of the country, the organized diocesan and regional efforts were generally less intense and less consistent, therefore bearing fruit in varying degrees.

Various apostolic movements with intensive evangelizing activity among Hispanic *jóvenes* were born and multiplied, some of them spreading across the country. Each movement has its own history of growth and pastoral action that cannot be contained in this brief summary.

These pastoral efforts of the 1970s and 80s resulted in the presence of numerous *jóvenes* in the Third National Encuentro on Hispanic Ministry, in 1985. Today, a significant number of pastoral leaders at the service of the Hispanic people comes from *Pastoral Juvenil,* particularly from among the delegates to the Third Encuentro.

The *jóvenes* participated throughout the entire Encuentro process and in the national event, offering ideas and taking on leadership roles. Youth and young adults were identified as one of the five priority areas of pastoral action, together with evangelization, integral education, leadership formation, and social justice. A preferential option for the poor and the young was established, and the National Committee for Hispanic Youth and Young Adult Ministry was formed, once again under the Secretariat for Hispanic Affairs. The National Pastoral Plan for Hispanic Ministry, promulgated in 1987, also considers the poor and the young as priorities.

## Difficult times

In 1986, the Bishops' Conference made a structural decision and passed full responsibility for Youth and Young Adult Ministry to the Department of Education. Coordination of *Pastoral Juvenil Hispana* by the Secretariat for Hispanic Affairs ceased, and the National Committee for Hispanic Youth and Young Adult Ministry was dissolved. As a result, most of the proposals for *Pastoral Juvenil* contained in the National Plan were not carried out.

Without any national coordination, several dioceses eliminated their office of Hispanic Youth and Young Adult Ministry. The *jóvenes* continued to form parish groups and participate in apostolic movements, in many cases without advisers or coordination. Dioceses and regions that continued working on the formation of Hispanic *jóvenes* relied on the support and ideas of immigrants who had ministry experience in Latin America and on the vision of Latin American professors of *Pastoral Juvenil.*

## New beginnings at the national level from different angles

In 1988, Saint Mary's Press, after analyzing the needs of Hispanic youth and young adults in 14 dioceses of the United States, initiated a project of bilingual publications with the aim to evangelize Hispanic youth and young adults according to the guidelines of the National Pastoral Plan for Hispanic Ministry. The *Witnesses of Hope* collection, written by a team of Hispanic pastoral leaders with experience in ministry with Hispanic *jóvenes,* was the first national project to promote the development of *Pastoral Juvenil Hispana.*

In 1991, a group of national leaders created the National Catholic Council for Hispanic Ministry (NCCHM). However, the voice of young Hispanics had no representative organization that could become a member of this council, which was formed by more than 15 organizations.

In 1992, several Hispanic leaders immersed in *Pastoral Juvenil* challenged the NCCHM to create a national organization for *Pastoral Juvenil Hispana.* The NCCHM adopted this project as a priority and acquired funding for its implementation. The institutions that most collaborated in this effort were Saint Mary's Press, the Secretariat for Hispanic Affairs, and SEPI.

In 1994, the De La Salle Christian Brothers created *Instituto Fe y Vida* (Institute for Faith and Life, also known as Fe y Vida) as a vehicle for the evangelization and leadership formation of young Hispanics, under the direction of Dr. Carmen M. Cervantes. In 1995, Fe y Vida offered its first Annual Leadership Symposium in *Pastoral Juvenil* and in 1996 created its Certificate Program for Advisers and Leaders in *Pastoral Juvenil.*

Today, Fe y Vida offers a Leadership Formation System for *Pastoral Juvenil,* with 10 complementary programs from the basic level up to training of trainers and institutional leadership. More than 4,000 young leaders, advisers, and pastoral agents have participated in these programs since their inception.

In addition to its formation programs, Fe y Vida develops resources for a biblical ministry with youth and young adults, based on *La Bibila Católica para Jóvenes,* and publishes other works designed for Hispanic *jóvenes.* It also has created the National Research and Resource Center for Hispanic Youth and Young Adult Ministry, whose projects focus on the young Latino Catholic population.

## Foundations for a better future

In 1997, the National Catholic Network de Pastoral Juvenil Hispana *(La Red)* was founded, with a bilingual name that represents the nature of Latino young people in this country. The founding meeting was held in San Antonio, Texas, October 3-5, 1997. The organizations that supported its creation and sustained the institution during its first five years were: NCCHM, SEPI, Instituto Fe y Vida, and the Secretariat for Hispanic Affairs. Among those who made the project possible are Father Mario Vizcaíno, Dr. Carmen M. Cervantes, and Father Allan Deck.

The first presidents of *La Red* were Rudy Vargas IV, Father Damián Hinojosa, and Rey Malavé. Ron Cruz and Alejandro Aguilera-Titus, Director and Associate Director of the Secretariat for Hispanic Affairs, respectively, supported the founding and development of *La Red* from the beginning.

Also in 1997, the Bishops' Conference—in collaboration with national organizations responsible for youth ministry and young adult ministry—published two official documents: *Renewing the Vision* and *Sons and Daughters of the Light: A Pastoral Plan for Ministry with Young Adults.*

- The goals of the first publication are to form disciples of Jesus among adolescents and encourage them to assume their mission in the Church; it emphasizes a comprehensive ministry and calls the entire Church to serve the young.

- That latter publication centers on Catholics between 18 and 39 years old; it proposes to connect them to Christ, the Church, and their mission in the world, as well as to a faith-based community of their peers.

Both documents recognize the presence of different cultures in the Catholic Church in this country and were translated into Spanish as *Renovemos la Vision* and *Hijos e Hijas de la Luz*, respectively. However, their focus continued to be on the middle class of the dominant culture, ignoring the tradition and work of *Pastoral Juvenil Hispana*, despite the efforts of the Hispanic leaders who were consulted.

## Hispanic Youth and Young Adult Ministry Initiative

In 2001, Instituto Fe y Vida elaborated a 10-year plan known as the *Hispanic Youth and Young Adult Ministry Initiative* to promote a response to the urgent need to make Hispanic young people a priority in the Church. The Initiative emphasizes the need for collaboration among national institutions whose mission includes the pastoral care of the young, and signals the main areas that require attention from the Catholic Church in the United States.

That same year, in its membership meeting, *La Red* took on the initiative as its own and, supported by Fe y Vida, SEPI, and the Secretariat for Hispanic Affairs, presented it to the Bishops' Committee on Hispanic Affairs. The Committee supported it enthusiastically and invited the bishops on the Subcommittee on Youth and Young Adults to support it as well. The subcommittee accepted, producing for the first time in history a close collaboration between both committees for the benefit of young Latino Catholics.

The Initiative articulates the need to convoke a national encuentro of *jóvenes,* which had been sought since the Second National Encuentro on Hispanic Ministry. The following year, during the annual membership meeting in Dallas, Texas (November 2002), *La Red* decided to convoke the First National Encounter for Hispanic Youth and Young Adult Ministry as a fundamental step in the implementation of the Initiative.

## PENPJH, source of energy and hope

The coordination of the First National Encounter for Hispanic Youth and Young Adult Ministry, with its rich process and culmination in 2006, represented a heroic effort on the part of *La Red's* leadership, especially by Rey Malavé in his dual role as president of *La Red* and National Coordinator of the Encuentro.

The Encuentro's results constitute a firm foundation on which to build a better future for Latino young people in this country, the fifth largest Spanish-speaking nation in the world. The fruit it bears over time will depend upon the achievement of an authentic communion in mission at all levels.

# Pastoral Context of *Pastoral Juvenil Hispana*

In the United States, *Pastoral Juvenil Hispana* provides formation and pastoral accompaniment to Spanish-speaking *jóvenes* during their adolescence and early adult years, which in the Hispanic cultural context is understood to end with marriage or when one approaches 30 years of age. Most groups include young people at different academic levels, from primary school through university, including university graduates. The two most common ministry models are parish *grupos juveniles* (youth and young adult groups) and apostolic movements of the young.

The system for ministry with the young in the dominant culture is organized in a different way. There is a radical separation between youth ministry, for those under 18 years old, and young adult ministry, for those from 18 to nearly 40, whether they are married or single, with or without children.

Given these conceptual differences, the Spanish concept of *"Pastoral Juvenil Hispana,"* or "Hispanic Youth and Young Adult Ministry," was used in the bilingual materials prepared for the Encuentro as an umbrella term to include:

- **Pastoral con adolescentes:** Ministry with Hispanic/Latino teenagers between 13 and 17 years old.

- **Pastoral de jóvenes:** Peer ministry of single adults between 18 and 30 years old.

- **Grupos juveniles:** Parish-based groups typically serving adolescents and single young adults in the same setting, either in Spanish or bilingually.

- **Movimientos apostólicos:** Communities of prayer and pastoral action organized in accordance with a particular charism or spirituality, independent of parish or diocesan structures. Many have a strong evangelizing thrust, and in the context of *Pastoral Juvenil* this term refers to those movements that are geared specifically for *jóvenes*.

Since 2002, many dioceses have made efforts to separate the *jóvenes* in their parish *grupos juveniles* into two age groups: those who are older and those who are younger than

18 years old. However, most of the parishes that participated in the diocesan encuentros in 2005 and 2006 were still serving *jóvenes* ages 16 and older in a single parish *grupo juvenil*. Some groups also included adolescents between 13 and 15, or even pre-adolescents. The *movimientos apostólicos* show even greater variety regarding ages served, with some welcoming whole families and individuals of all ages.

Pastoral approaches in the dominant culture are different and may be categorized according to the following specializations:

- **Parish Youth Ministry**: Serves adolescents in middle or high school, both public and private. It bears certain legal restrictions because of its dealings with minors.

- **High School Campus Ministry**: Serves the students in Catholic high schools. The same legal restrictions apply because the students are minors.

- **Campus Ministry**: Serves Catholic students enrolled in a college or university. Since these students generally are over 18 and so are legal adults, the restrictions required for dealing with minors do not apply.

- **Young Adult Ministry**: Includes programs directed to young people between 18 and 39 years old, whether they are single, married, or with children. These are mainly diocesan programs, although some parishes have programs of their own.

In summary, *Pastoral Juvenil* generally refers to ministry among young, single Hispanics, 16 to 30 years old, in mixed groups and apostolic movements. It also includes ministry with adolescents (13 to 17 years old) and the peer ministry of Hispanic young adults (18 to 30 years old), when these ministries are developed as separate specializations.

In the dominant culture, *youth ministry* serves teens between 13 and 17 years old, and *young adult ministry* serves those between 18 and 39 years old, whether single, married, or with children. Young Latinos who are well integrated in the dominant culture can be found to participate in mainstream *youth ministry* or *young adult ministry* according to their age.

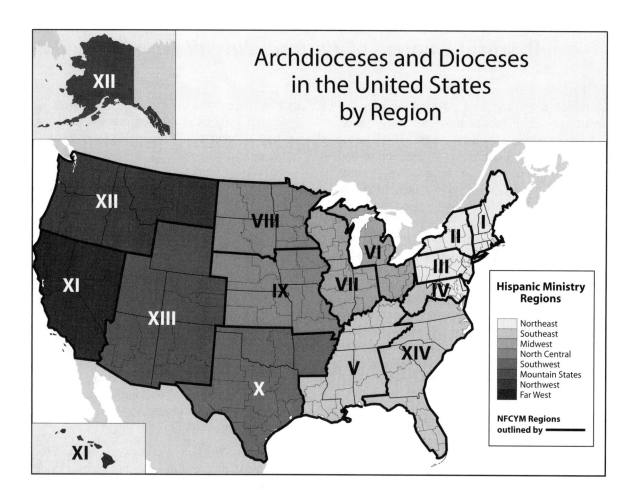

## Archdioceses and Dioceses in the United States by Region

**Hispanic Ministry Regions**

- Northeast
- Southeast
- Midwest
- North Central
- Southwest
- Mountain States
- Northwest
- Far West

**NFCYM Regions outlined by** ————

The map above presents the division of the country into two types of regions:

- The Roman numerals show the 14 regions in which the directors of youth and young adult ministry are organized for their work in the National Federation for Catholic Youth Ministry (NFCYM). Practically all of the dioceses and archdioceses in the country belong to this federation.

- The different gray tones indicate the eight regions in which Hispanic Ministry has been organized. This distinct structure was made in order to create larger regions that correspond better to the density and geographic location of the Hispanic population, and to make it easier for those dioceses with few Hispanics and few resources to join with those that have greater possibilities.

The First National Encounter for Hispanic Youth and Young Adult Ministry was organized according to the Hispanic Ministry regions, with the dioceses in the North Central region deciding to hold two Regional Encounters, along the lines of their division in the dominant culture. The regional directors or coordinators of Hispanic Ministry assumed the coordination of the dioceses in their region and were key instruments of organization and communication.

# PART ONE

# THE ENCUENTRO
AND ITS PROCESS

# GENERAL TEAM OF *ANIMADORES* FOR THE NATIONAL ENCUENTRO

## National Coordinator of the Encuentro Project

**Rey Malavé**

*Director of Pastoral Juvenil Hispana,
Diocese of Orlando and former President of* La Red

## President of the National Encuentro

**Jesús Ábrego**

*Associate Director of Hispanic Ministry,
Diocese of Beaumont and President of* La Red

## Master of Ceremonies

**Elizabeth Torres**

*Director of Youth and Young Adult Ministry,
Diocese of Yakima and Secretary of* La Red

## *Animadores*

**Marissa Esparza**

*Director of Youth and Young Adult Ministry,
Diocese of San Diego and Member-at-Large of the Board of Directors of* La Red

**Luis Soto**

*Director of the Office of Hispanic Ministry,
Archdiocese of Denver and Vice President of* La Red

# OBJECTIVES OF THE NATIONAL ENCUENTRO

The First National Encounter for Hispanic Youth and Young Adult Ministry (Encuentro or PENPJH from its initials in Spanish) is a historic accomplishment of great importance to Hispanic pastoral ministry in the United States:

- It is the first time that nearly 40,000 young people, from all points of the nation, raised their prophetic voices to **analyze their lived reality and to articulate their contributions** to *Pastoral Juvenil Hispana (PJH)* and to the mission of the Church.

- It is the first time in the history of this nation that Hispanic *jóvenes* (single youth and young adults, roughly between the ages of 15 and 30), united in a common effort, worked to develop a **common vision** for *PJH* and articulated **principles** to guide this pastoral action.

- It is the first time that Latino young people—guided by their advisers, and with the support of the existing diocesan and regional structures—identified some of the most **effective practices and models** of *PJH* in this country.

- It is the first time that Hispanic *jóvenes*, convened by a national organization of *Pastoral Juvenil Hispana (La Red)*, identified **strategies** to develop ministry among Hispanic *jóvenes* and adolescents, while guiding and promoting their leadership formation through the Encuentro process.

It is also the first time a national effort on behalf of *Pastoral Juvenil Hispana* was cosponsored by the United States Conference of Catholic Bishops and the University of Notre Dame, with the support of a large number of Hispanic and mainstream national and regional Catholic organizations.

There were various attempts to organize *Pastoral Juvenil* at the national level in 1972, 1977, and 1987, but their results were not effective or lasting. The First National Encounter for Hispanic Youth and Young Adult Ministry is the first to achieve important

results that, although not perfect, are a first step toward a more systematic and organic articulation of *Pastoral Juvenil Hispana* in the United States.

The general objective of the Encuentro and the specific objectives were reached, without a doubt, through the process. It is now the responsibility of the young Hispanic leaders, their advisers, pastors, and the many national organizations that supported this effort, to implement the conclusions of the Encuentro and to continue the journey to maturity of *Pastoral Juvenil Hispana* in the United States.

## General objective of the PENPJH

The general objective of the PENPJH was to engage Hispanic adolescents and *jóvenes*, as well as the professional leadership of Hispanic ministry, youth ministry, and *Pastoral Juvenil Hispana,* in a process of encounter–conversion–communion–solidarity–mission that would promote the active, enthusiastic, and co-responsible participation of Hispanic young people in the life and mission of the Church in the United States.[11]

## Specific objectives of the PENPJH

1. Identify and reflect on the **needs, aspirations** and **contributions** of Catholic Hispanic young people within the Church and in society (through a consultation process).

2. **Promote leadership and skills development** of Hispanic *jóvenes* involved in *pastoral juvenil* while reaching out to *jóvenes*

---

[11] La Red, *Manual of the First National Encounter for Hispanic Youth and Young Adult Ministry: Parish Level* (Orlando, FL: National Catholic Network de Pastoral Juvenil Hispana, 2005), p. 2, adapted to reflect the change in vocabulary used during the Encuentro.

who are not active in the life of the Church (through a process of formation-in-action).

3. Develop a **common vision** and **pastoral principles** that serve to guide ministry in parishes and dioceses **to and with young Hispanics, from their lived reality**—as well as in apostolic movements and other Catholic organizations and institutions (through a pastoral discernment process).

4. Identify and promote the **best practices and pastoral models** that demonstrate success in accompanying Hispanic young people in their maturation process as disciples of Jesus (through an evaluation process).

5. **Develop strategies** and allocate adequate resources to equip parishes, dioceses, apostolic movements, and other Catholic organizations and institutions in their ministry efforts among Hispanic young people (through a communion-in-mission process).[12]

The process of the First National Encounter for Hispanic Youth and Young Adult Ministry took one and half years, from January 2005 through June 2006, and consisted of four stages, which took place at different ecclesial levels: (1) parish, (2) diocesan, (3) regional, and (4) national. The methodology was both deductive and inductive, depending on the best approach to reach the stated objectives.

# PARISH, DIOCESAN, REGIONAL, AND NATIONAL ENCUENTROS

## Parish encuentros

The parish encuentros were the foundation on which the entire PENPJH developed. The diocesan team that assumed the task of implementing the Encuentro process, starting at the level of the local church, took responsibility for the parish, diocesan, and regional stages, as well as for ensuring that the delegates from their diocese would make it to the National Encuentro.

## Principal objectives

- Present the pastoral-theological framework from which the Encuentro process would be carried out, through a thematic catechesis designed to deepen the faith of the *jóvenes*, in the light of God's Word and the teachings of the Church.

- Listen to the voices of the *jóvenes* through their responses to the reflections and questions posed over the course of each session.

- Promote a spirit of mission that takes the Good News of Christ to Hispanic *jóvenes* who do not participate in faith communities or groups.

- Affirm the Catholic identity of young Latinos and invite them to actively participate in the life and mission of the parish.

- Elicit a commitment to improve *Pastoral Juvenil Hispana* in the parish.[13]

## Major phases

1. Invitation of all dioceses and parishes with a Hispanic population to participate in the PENPJH.

2. Diocesan decision to participate in the PENPJH, undertaking the publicity and coordination at the level of the local church, as well as identifying and preparing the young leaders who would be the lead agents in the entire process.

3. Identification of youth ministers and *jóvenes* who are leaders in the parishes and preparing them to facilitate the parish process.

4. Implementation of the five catechetical sessions.

---

[12] Ibid., *Parish Manual*, p. 2.

[13] Ibid., *Parish Manual*, pp. 4, 13, 17.

5. Missionary work and conducting a survey among Catholic *jóvenes* who do not participate in faith communities or groups.

6. Day of the Parish Encuentro:

   - Analysis of the notes taken during the catechetical sessions and the results of the missionary survey.

   - Election of the delegates to the Diocesan Encuentro.

   - Preparation and handing over the parish results.

   - Eucharist and sending forth liturgy.

# Diocesan encuentros

In the diocesan encuentros, the delegates utilized an inductive methodology to collect, analyze, and organize the conclusions from the parish encuentros, presented in the Diocesan Working Document. The Working Document included the conclusions of the parish encuentros and a series of reflections based on the five specific objectives of the PENPJH.[14]

## Principal objectives

- Analyze and prioritize the conclusions gathered from the parish encuentros.

- Analyze and prioritize the pastoral needs of the *jóvenes* taken from the surveys conducted with *jóvenes* who do not participate in youth and young adult groups.

- Identify actions that might serve to improve *Pastoral Juvenil* in the parishes and diocese, based on the "goals, principles, and essential elements" of *Pastoral Juvenil Hispana*.

- Identify pastoral models in parishes and apostolic movements based on the "goals, principles, and essential elements" of *Pastoral Juvenil Hispana*.

- Elect the delegates to the Regional Encuentro.[15]

## Principal topics and focus

1. Promotion and preparation of leaders for *Pastoral Juvenil Hispana*.

2. Analysis of the pastoral needs and contributions of the *jóvenes* in *Pastoral Juvenil*.

3. Reflection on the vision of *Pastoral Juvenil* and identification of strategies to make the vision a reality.

4. Reflection on the principles of *Pastoral Juvenil* and identification of strategies for their implementation.

# Regional encuentros

The majority of the regional encuentros took place in accordance with the structure of Hispanic ministry regions. The regions are: Northeast, Southeast, Midwest, North Central, Southwest, Mountain States, Northwest, and Far West (see the map on p. 24). The North Central Region was the only exception, having held two regional encounters based on the location of each diocese within Regions VIII and IX of the United States Conference of Catholic Bishops and the National Federation for Catholic Youth Ministry.

As preparation for the regional encuentros, the results of the diocesan encuentros were collected and a Working Document for the region was created, following the instructions given by the process committee in the manual for the regional encuentros. Most of the regional encuentros allowed for the participation of both adolescents and *jóvenes*.

## Principal objectives

- Synthesize and prioritize the pastoral needs and aspirations identified in the parish and diocesan encuentros with respect to ministry with Latino adolescents, as well as the ministry of the *jóvenes* in *Pastoral Juvenil*.

---

[14] La Red, *Manual 2 of the First National Encounter for Hispanic Youth and Young Adult Ministry: Diocesan Encuentro* (Orlando, FL: National Catholic Network de Pastoral Juvenil Hispana, 2005), p. 1.

[15] Ibid., *Diocesan Encuentro*, pp. 1-4.

- Identify the elements for a common vision and the pastoral principles that guide ministry with Latino adolescents and the ministry of the *jóvenes*.

- Identify pastoral models and best practices that are used by Latino adolescents and *jóvenes* in their pastoral action.

- Identify the most important pastoral strategies for ministry with Latino adolescents and the ministry of the *jóvenes* at the parish, diocesan, and regional levels.

- Identify the essential characteristics in the training of young Hispanic leaders and the appropriate processes to promote their leadership and participation in the life of the Church.

- Elect the delegates to the National Encuentro.

- Strengthen or establish a communication network, support, and collaboration among the dioceses within the region.[16]

## Principal topics and focus

1. Reflection on the discipleship of Jesus and his evangelizing mission

2. Developing a demographic profile of the *jóvenes* who participated in the first three stages of the Encuentro (see the statistics in Part 3, pp. 88-106).

3. Elaboration of the Document of Regional Conclusions as the basis for the National Encuentro.

4. Election of the diocesan delegates to the National Encuentro, who need to meet two criteria: (a) must be older than 18 years of age; and (b) must have participated in their parish, diocesan, and regional encuentros.

# National Encuentro

There were 1,680 young Hispanic leaders who participated as delegates in the National

---

[16] La Red, *Manual 3 of the First National Encounter for Hispanic Youth and Young Adult Ministry: Regional Encuentro* (Orlando, FL: National Catholic Network de Pastoral Juvenil Hispana, 2005), p. 4.

Encuentro and 250 observers who serve as advisers in *Pastoral Juvenil* or as youth ministry leaders. The *jóvenes* represented 120 dioceses, or 68% of all dioceses in the United States. There were 26 dioceses that participated in the National Encuentro or their respective regional encuentros without having carried out a diocesan encuentro or, most likely, a parish encuentro. The observers came from the same dioceses or from organizations that collaborated in the PENPJH.

The *jóvenes* arrived filled with life and enthusiasm, aware that they represented the prophetic voice of numerous young Catholics (9 million *jóvenes* between 13 and 29 years of age). They knew that, for the first time, young Latinos had the opportunity to make their voices heard in a significant way, thanks to *La Red* and the coalition of organizations united in this prophetic effort of the Hispanic People of God.

The official opening of the National Encuentro was magnificent. Each region gathered to enter the convention center in a procession, reflecting their conviction that, as the young Church, they march through history proclaiming the Good News of Christ to countless *jóvenes* in their parishes and neighborhoods.

The flags of all Spanish-speaking countries, including the United States, waved majestically in the hands of delegates born in those countries. It was an unequivocal sign of the composition of the Hispanic community in the United States, with roots in every Spanish-speaking nation. The diocesan banners, largely designed by the same *jóvenes* with symbolic elements, demonstrated even more the significance of this historic event. The presence of 21 U.S. bishops highlighted the importance of the Encuentro, and the participation of a delegation from CELAM (*Consejo Episcopal Latinamericano* - the Council of Latin American Bishops) gave the event an important ecclesial dimension in recognizing the indisputable ties that exist between *Pastoral Juvenil Hispana* in the United States and in Latin America.

A pastoral-theological reflection on the Encuentro is offered below. The subsequent section presents a diagram of the complete encuentro process, followed by the process of the National Encuentro and the committees that facilitated its activities. The conclusions of the process, reached in the Encuentro at Notre Dame, form the second part of the document.

# PASTORAL-THEOLOGICAL REFLECTION

In the first phase of the Encuentro, there were five catechetical reflections based on Pope John Paul II's Apostolic Exhortation *Ecclesia in America:* (a) the encounter with the living Jesus Christ, (b) the way to conversion, (c) the way to communion, (d) the way to solidarity, and (e) Jesus' sending forth to participate in his mission. These reflections created a consciousness among the *jóvenes* of Jesus Christ as the center of their lives and their process of growing in the faith.

## Jesus, the center and the goal of *Pastoral Juvenil*

Jesus is the axis and the goal of all *Pastoral Juvenil.* One needs to know the living Christ as he is the message and the messenger of God our Father. He is the revelation and the revealer of God in our history; the beginning and the end, the Alpha and the Omega. "All things came to be through him, and without him nothing came to be" (Jn 1:3). In Jesus, God reveals all that he is (Heb 1:3); he is the hidden secret of God, revealed in our times (Eph 1:9; Col 2:2). In Jesus is found all wisdom and knowledge (Col 2:3). He is the new Adam (1 Cor 15:45), the new creation (2 Cor 5:17); in Jesus all is made new (Rev 21:5).

Jesus Christ not only reveals in his person the merciful Father, but manifests the greatness of being human, with his inalienable dignity and sublime vocation. In reality, the ultimate vocation of all people is the same: one's divine vocation as a son/daughter of God.[17]

## Our relationship with Jesus

Jesus Christ is not only to be known, but to be encountered existentially and to relate with him in a personal and familiar way. After 50 years, St. John still remembered the exact time he had met the Lord, as he says in his Gospel: "It was about four in the afternoon" (Jn 1:39).

Only through this knowledge and existential encounter with the Lord does one begin the process of conversion that makes us his disciples and motivates us to continue his mission in this world. It is from our deep and complete relationship with Jesus, thanks to the action of his Spirit within us, that we are able to be evangelizers: to proclaim his message with faith and enthusiasm; to instill the values of the Gospel in our environment; and to make present his Kingdom of love, justice, and peace, as members of his Holy People, in communion with one another and in fraternal solidarity with the entire world.

## The young Church continues the mission of Jesus

All the baptized, as members of the mystical body of Christ active in history, have the vocation of exercising the triple mission of Jesus as priest, prophet, and servant-king/pastor. Christian young people have a special call to fulfill this mission with acquaintances of their own age through the testimony of their life and evangelizing action.

The ecclesial community, led by the bishops as the pastors of the local church, has the responsibility of ensuring that *Pastoral Juvenil* develops organically and effectively. This will allow the *jóvenes* to exercise their baptismal vocation and place the gifts the Holy Spirit has given them at the service of the Church and the building of the Kingdom of God in society.

---

[17] *Gaudium et Spes,* the Documents of Vatican II, §22.

## As Hispanic *jóvenes,* we seek an encounter with the living Jesus Christ

Those of us Hispanic *jóvenes* who participate in *grupos juveniles* and apostolic movements enjoy frequent personal and communal encounters with the living Jesus Christ. These encounters are promoted in the effective models of ministry with Hispanic young people. Once we have a space in the church, we can generate a vibrant ministry of accompaniment that helps us to mature as young disciples of Christ. Thus, with the help of the Holy Spirit, we can bring him to other *jóvenes.* Nevertheless, we who are active in the Church are a small percentage of the millions of Hispanic *jóvenes* who live in the United States.

The bishops consider our active presence to be a blessing from God, and they encourage us to continue moving forward. They also recognize our suffering when we are not well received or are made to feel like strangers in the house of God, and they encourage the ecclesial community to make us welcome and allow us to be ourselves.[18]

In order for our ministry to be effective, we need to feel at home in the Church and to develop our Catholic identity by participating in the life and mission of the Church. It is by affirming our faith, cultural values, and religious traditions that we are able to share our gifts and talents with the community of faith.[19]

## The path to conversion generates a changed life and the incarnation of our faith in our culture

It is urgent that the Church foster the continuous conversion of Catholic Hispanic young people. Only then will our children be able to inherit the gift of faith and a love for the Church. "In speaking of conversion, the New Testament uses the word *metanoia*, which means a change of mentality... revising the reasons behind one's actions in the light of the Gospel."[20]

The Church needs the enthusiasm, energy, and ideals of the *jóvenes* in order for the Gospel to penetrate the fabric of society and to help create a civilization guided by justice and love. This requires the transformation of hearts and cultures.[21]

It is urgent for Hispanic *jóvenes* to review how the mainstream culture in the United States, and their own Hispanic/Latino culture, foster their growth and healthy integration in society. This critical reflection promotes the process of inculturation, whereby the culture is deeply transformed by Christian values which are then integrated into it.[22]

## We build communion from our own lived reality and our Catholic identity

Culture defines the context in which we act, defines how we should interact with others, and gives identity to the members of a particular family or community. Hispanic cultures, by placing a high value on community ties, create a strong sense of belonging, which in turn provides a sense of security in life, comfort amid suffering, and prophetic courage when faced with situations contrary to the Gospel. Nevertheless, this value is frequently challenged by the cultural environment in which we live in the United States.

The Church has the mission of providing a sense of community in which the Gospel can blossom, rooted in God's love. In this way it offers a sense of identity, purpose, and community that we all yearn for as Christians.

Claimed by Christ and baptized into the Holy Spirit, Hispanic Catholic *jóvenes* of all social conditions, generations, immigration status, etc., are full members of the Church, deserving of the love, respect, and support of the Christian community. Faced with a society that is increasingly diverse and to a certain extent divided, our communion with Christ motivates us to proclaim our living communion with all believers.[23]

---

[18] USCCB, *Sons and Daughters of the Light: A Pastoral Plan for Ministry with Young Adults* (Washington, DC: USCCB, 1997), v.

[19] *Renewing the Vision,* p. 23.

[20] John Paul II, *Ecclesia in America,* §26.

[21] *Sons and Daughters of the Light,* v.

[22] John Paul II, *Redemptoris Missio,* §52.

[23] *Ecclesia in America,* §33.

We must make the Church the home and the school of communion.[24] The community of faith is the place where the healing power of Jesus touches the *jóvenes*, tells them who they are in his eyes, and gives them the grace to confront the challenges they face in life.[25]

The leaders in *Pastoral Juvenil*, Hispanic ministry, and mainstream youth and young adult ministry are increasingly aware that the programs and activities of the mainstream culture do not attract the full participation of Hispanic adolescents and *jóvenes*, even though they may speak English. This occurs due to economic, cultural, educational, geographic, and linguistic differences between the young people,[26] especially when the parish ministry is limited to a single youth group. This reality is reflected in the participants of diocesan and national youth gatherings, with a few exceptions where the majority of the faithful are Hispanic.

On the other hand, a great variety of pastoral models exist that provide spaces in which Hispanic adolescents and *jóvenes* can develop their identity, belonging, and mission as Catholic Christians. The models identified during the Encuentro illustrate this richness. They respond to our social, religious, and cultural reality, and they are conducted in Spanish, in English, or bilingually, whichever is better for the participants.

Parish *grupos juveniles* and the apostolic movements are fertile ground for promoting the total personal and spiritual growth of their members. In some parishes and dioceses, there is beginning to be interaction and community building between the Hispanic groups and mainstream youth and young adult groups, thus promoting ecclesial integration and unity in diversity.

## Hispanic *jóvenes* are a prophetic voice calling for solidarity

In contrast with the majority of youth of the mainstream culture who are involved in youth ministry or Catholic schools, a great number of Hispanic *jóvenes* are confronted with serious economic limitations, low educational levels, and social discrimination. In this context, *Pastoral*

*Juvenil Hispana* provides a reason for hope, at the same time as it offers a prophetic challenge that clamors for solidarity in the midst of social, economic, educational, linguistic, and immigration status differences. Bringing together such contrasting experiences in the house of the Lord is the mission of the Church and a challenge for the building of the Kingdom here and now.

Pope John Paul II defined the virtue of solidarity as "a firm and persevering determination to commit oneself [and the whole faith community] to the common good; that is to say to the good of all and of each individual, because we are all really responsible for all."[27]

This solidarity is based on the sanctity of human life and the dignity of the person. It is deeply rooted in the Gospel and articulated in Catholic social teaching. The Church is called to nurture in the faithful a social consciousness and a commitment to a life of justice and service... to empower young people to work for justice... to see ourselves "as a people set aside for the sake of others—a community that stands in solidarity with the poor, that reaches out in service to those in need, and that struggles to create a world where each person is treated with dignity and respect."[28]

We know that we are not alone in facing our challenges, and that the bishops will continue listening to our concerns and speaking on our behalf.[29] We thank them for expressing this both in words and actions, as they themselves have stated: "Our faith calls us to work for justice; to serve those in need; to pursue peace; and to defend the life, dignity, and rights of all our sisters and brothers,"[30] especially those in greater need... We are also called to change the politics, structures, and systems that perpetuate injustice through legislative action, community organizing, and work with social change organizations.

The Church must always be an example and a promoter of justice, affirming and defending everyone's right to life and to satisfy their basic needs, including dignified work, a just salary, decent housing, an education that respects their

[24] John Paul II, *Novo Millenio Ineunte*, §43.

[25] *Sons and Daughters of the Light*, p. 20.

[26] *Encuentro & Mission*, §70.

[27] John Paul II, *Sollicitudo Rei Socialis*, §38.

[28] *Renewing the Vision*, p. 38.

[29] *Sons and Daughters of the Light*, p. 21.

[30] *Renewing the Vision*, p. 37.

cultural origins, and access to health care.[31] The right of people to migrate to support themselves and their families is strongly defended by the Church, and it is rooted in the history of the United States as a country of immigrants.[32] It is through the spirit of solidarity and Christian love, informed by Catholic social teaching, that the challenges faced by some members of the body of Christ become the burden of the whole ecclesial community.

## With a missionary spirit we bring the Good News to Hispanic *jóvenes* wherever they may be

According to the U.S. Census Bureau, half of the 46 million Hispanics living in the United States are age 27 or younger. Even though nearly all are baptized, most have not felt the embrace of the Church. This fact challenges all Catholics, especially the *jóvenes*, to bring the Gospel to millions of Hispanic *jóvenes* and invite them to an active participation in the life and mission of the Church.

> "The burning desire to invite others to encounter the One whom we have encountered is the start of the evangelizing mission to which the whole Church is called... to evangelize is the grace and vocation proper to the Church, her most profound identity."[33]

The basic task given to us by Jesus is the proclamation of the Good News to every corner of the world and to every human situation. The Risen Christ said to his disciples: "As the Father has sent me, so I send you." (Jn 20:21) Accepting this mission involves preaching the name, the teaching, the life, the promises, the Kingdom and the mystery of Jesus of Nazareth, the Son of God, and working so that his promises will become reality in the lives of people and nations.[34]

Bringing the Good News to Hispanic *jóvenes* implies action outside of the church building,

the parish facilities, and the weekly meetings. It moves us from pews to shoes... seeking out the *jóvenes* in their homes, their schools, their workplaces, their neighborhoods, as well as the movie theaters, dances, labor camps, and wherever else they live and gather.

## Hispanic *jóvenes* are the best apostles and missionaries of other *jóvenes*

The pastoral accompaniment of Hispanic *jóvenes* has never been as important as it is today. The emergence of 'youth cultures,' the impact of the media, and the tendency to learn from peers and be inspired by them call for missionary action by active *jóvenes* to their own generation.

Hispanic *jóvenes* have a particular need for this missionary effort since many live away from their families or encounter a generation gap complicated by the cultural differences between their immigrant parents and their own bicultural reality. That is why the bishops ask us to assume this missionary commitment, cultivating our gifts and talents, and utilizing them in service to the Church and society, especially with other *jóvenes*.[35]

John Paul II called for a New Evangelization of America: new in its ardor, methods, and expressions.[36] A growing number of *jóvenes* are making an effort to reach other *jóvenes* with their conviction, joy, and creativity. Apostolic movements, Catholic music groups, missionary activities, advocacy for immigrants and the unborn, outreach through the internet and other media... are a living witness to the New Evangelization taking place among young Hispanics today. But much more needs to be done.

In the light of the experiences of the Encuentro, Jesus invites us once again to be fishers with him; let us do what he tells us. Let us cast our nets with faith, lift them back from the water with hope, and gather the fish with love, because with him we will obtain an abundant catch for the benefit of our young people and the greater glory of God.

---

[31] USCC, *The Hispanic Presence in the New Evangelization in the United States* (Washington, DC: United States Catholic Conference, 1996), p. 23.

[32] USCCB, *Strangers No Longer: Together on the Journey of Hope* (Washington, DC: USCCB, 2003), §34.

[33] *Ecclesia in America*, §§68 and 66.

[34] *Evangelii Nuntiandi*, §22.

[35] *Renewing the Vision*, pp. 17-18.

[36] John Paul II, Address to the Assembly of CELAM (March 9, 1983), III: *AAS* 75 (1983), p. 778.

# COMPLETE ENCUENTRO PROCESS

## *La Red*

### PARISH ENCUENTROS

- Catechetical sessions
- Missionary action
- Consultation at the grassroots level
- Parish encuentro
- Election of delegates to the diocesan encuentro

### DIOCESAN ENCUENTROS

- Analysis of the parish results
- Identification of goals, principles, elements, and models of *Pastoral Juvenil Hispana*
- Election of delegates to the regional encuentro

### REGIONAL ENCUENTROS

- Synthesis of the results of the diocesan encuentros
- Prioritization of the needs and aspirations of the *jóvenes*
- Identification of pastoral models and best practices
- Identification of elements for the formation and integration of young Hispanic leaders in the Church
- Election of delegates to the National Encuentro

### NATIONAL ENCUENTRO

- Complementing the synthesis of the regional encuentros
- Establishing the conclusions of the PENPJH

DEVELOPMENT of a five-year strategic plan
and
IMPLEMENTATION of the same

# NATIONAL ENCUENTRO PROCESS

The following is the process used at the National Encuentro. All of its parts were of vital importance to the delegates' lived experience at this event. The plenary sessions and the official liturgies were particularly important, because they set the direction and gave a profound meaning to the Encuentro.

## Process Schedule

### *Thursday, June 8*

10:00 A.M.   Registration by dioceses for the Encuentro and for dormitory assignments

11:30   Daily Eucharist in the Basilica of the Sacred Heart, Notre Dame (voluntary)

12:00 P.M.   National Committee and Regional Coordinators luncheon meeting

1:00 – 2:30   +   Information meeting with diocesan leaders and key contacts
           +   Orientation for process facilitators

3:00 – 4:00   Regional gatherings in different locations of the campus to prepare for the processions

6:15   **Regional processions to the Convention Center**

7:00   **Opening Session**

      ☐   *Opening prayer and proclamation of the Word*: The net as a symbol of our faith and pastoral action

      ☐   *Opening of the Encuentro by the Board of Directors of* **La Red** (see p.16)

      ☐   *Welcome*: Most Rev. John D'Arcy, Bishop of Ft. Wayne-South Bend

      ☐   *Welcome*: Most Rev. Plácido Rodríguez, CMF, Bishop of Lubbock and Chair of the USCCB Committee on Hispanic Affairs

      ☐   *Welcome*: James E. McDonald, CSC, Sr. Executive Assistant and Counselor to the President of the University of Notre Dame

      ☐   *Keynote address on the Encuentro Theme:* Most Rev. José H. Gómez, Archbishop of San Antonio & Episcopal Moderator of *La Red*

      ☐   *Closing Prayer*

9:30   +   Exhibits open (see p. 42)

      +   *Evening social*: Sponsored by William H. Sadlier, Inc. and *¡OYE!* Magazine

      +   *Concert*:   Sponsored by World Library Publications
               Master of Ceremonies: Eduardo Rivera
               Music:
                    ○   Grupo Huellas
                    ○   Diego & Damaris
                    ○   Jorge Rivera and friends

11:00   End of the day

12:00 A.M.   Delegates in the dormitories

## Friday, June 9

| | |
|---|---|
| 7:00 A.M. | Eucharist in the Basilica of the Sacred Heart (voluntary) |
| 7:30 | Breakfast |
| 8:00 | Exhibits open |

8:50     **Plenary Session 1: Needs and Aspirations**

- □   *Welcome*
- □   *Liturgy of the Word*: CONVERSION, "Lord, save us!" (Mt 8:25)
- □   *Thematic focus*: Marissa Esparza and Luis Soto, *La Red*
- □   *Keynote address:* Sr. María Elena González, RSM, President of the Mexican American Cultural Center (MACC), San Antonio, TX
- □   *Mini-plenary sessions:* Analysis, synthesis, and identification of the conclusions to be presented for voting[37]

12:00 P.M.
- \+   Lunch and exhibits
- \+   Luncheon: Bishops and the Board of Directors of *La Red*

2:30     **Plenary Session 2: Best practices and pastoral models**

- □   *Thematic focus:* Marissa Esparza and Luis Soto, *La Red*
- □   *Mini-plenary sessions:* Analysis, synthesis, and identification of the conclusions to be presented for voting

4:45
- □   ***Presentation of the Higher Education Initiative:*** Panel from the University of Notre Dame
  - — Dr. Gilbert Cárdenas, Assistant Provost, Julián Zamora Chair in Latino Studies and Director of the Institute for Latino Studies
  - — Rev. Virgilio Elizondo, Professor of Theology and Ministry, Concurrent Professor in the Institute for Latino Studies
  - — Daniel J. Saracino, Assistant Provost for Admissions
- □   *Liturgy of the Word:* COMMUNION, "We worked hard all night" (Lk 5:5)

6:00
- \+   Dinner and exhibits

7:30
- \+   Information meeting for Diocesan Directors
- \+   VIP Reception: Sponsored by the Institute for Latino Studies, University of Notre Dame
- \+   Concert and fiesta night: Sponsored by Oregon Catholic Press
  Master of Ceremonies: Pedro Rubalcaba
  Featuring: Santiago Fernández

| | |
|---|---|
| 11:00 | End of the day |
| 12:00 A.M. | Delegates in the dormitories |

---

[37] The process by which the conclusions were developed is presented on p. 39.

## *Saturday, June 10*

| | |
|---|---|
| 7:00 A.M. | Eucharist in the dormitory chapels (voluntary) |
| 7:30 | Breakfast |
| 8:00 | Exhibits open |
| 8:50 | **Plenary Session 3: The Vision of *Pastoral Juvenil*** |

        □ *Liturgy of the Word:* SOLIDARITY, "Put out into deep water" (Lk 5:4)

        □ *Presentation on the Vocations Initiative:* Br. Jesús Alonso, CSC, Health Service Center, San Antonio, TX; Rev. Christopher Cox, CSC, Saint Adalbert Parish, South Bend, IN; and Sr. Elvira Mata, MCDP, Director of *Pastoral Juvenil,* Diocese of Fort Worth

| | |
|---|---|
| 10:15 | □ *Keynote address:* Cardinal Oscar Rodríguez Maradiaga, SDB, Archbishop of Tegucigalpa, Honduras |

        □ *Thematic focus:* Marissa Esparza and Luis Soto, *La Red*

        □ *Mini-plenary sessions:* Analysis, synthesis, and identification of the conclusions to be presented for voting

| | |
|---|---|
| 11:15 | *Dialogue between the CELAM delegation and the diocesan directors on the impact of immigration on pastoral juvenil and the possibility of collaboration:* Sponsored by the USCCB Secretariat for the Church in Latin America |
| 12:30 P.M. | Lunch and exhibits |
| 2:50 | **Plenary Session 4: Leadership** |

        □ *Keynote address:* Most Rev. Jaime Soto, Auxiliary Bishop of Orange and Chair of the USCCB Subcommittee on Youth and Young Adults

        □ *Thematic focus:* Marissa Esparza and Luis Soto, *La Red*

        □ *Mini-plenary sessions:* Open dialogue with a panel of ecclesial leaders and analysis, synthesis, and identification of the conclusions to be presented for voting[38]

        □ *Liturgy of the Word:* MISSION, "Do you love me? Feed my sheep." (Jn 21:17)

| | |
|---|---|
| 4:15 | Exhibits |
| 6:30 | + Dinner |
| | + Banquet for bishops and diocesan directors: Sponsored by USCCB Catholic Relief Services |
| 8:00 | Talent show: *Juventud hispana,* share your artistic talents! |
| 9:30 | Dance: "Rumba Night" |
| 11:00 | End of the day |
| 12:00 A.M. | Delegates in the dormitories |

---

[38] The panel discussions took place in the rooms where the mini-plenary sessions were conducted. In each panel there were five participants: bishops, directors of Hispanic ministry, and diocesan staff for *Pastoral Juvenil.* The input from this dialogue was the basis for the conclusions regarding young Hispanic leadership in the Church.

## *Sunday, June 11*

7:00 A.M.        Breakfast

8:00             Check out from dormitories

8:50             **Plenary Session 5: Strategies and Resources**

        □  *Liturgy of the Word:* MISSION, "Cast the net over the right side of the boat" (Jn 21:6)

        □  *Thematic focus:* Marissa Esparza and Luis Soto, *La Red*

        □  *Mini-plenary sessions:* Analysis, synthesis, and identification of the conclusions

11:15            Break and preparation for the Eucharist

11:30            **Eucharistic Celebration: Feast of the Holy Trinity**

        **Ceremony of Sending Forth on the Mission**

        Principal Celebrant: Most Rev. José H. Gómez, Archbishop of San Antonio and Episcopal Moderator of *La Red*

        Homilist: Most Rev. Gustavo García-Siller, MSpS, Auxiliary Bishop of Chicago

12:45            Farewell

# PROCESS OF ANALYSIS AND SYNTHESIS FOR DEVELOPING THE CONCLUSIONS

The process of analysis and synthesis to present the conclusions for a vote in the plenary assembly took place in eight mini-plenary sessions consisting of 250 persons with a principal coordinator and an assistant. Each mini-plenary was formed by small groups of 25 persons, each with a facilitator and a secretary.

There were two mini-plenary sessions that focused on ministry with Latino adolescents and six that focused on *pastoral de jóvenes* (Hispanic young adult ministry). Two of the plenary sessions used English as their primary language; the others were conducted in Spanish.

The process for approving the conclusions consisted of the following steps:

1. Presentation of the Workbook with its principal elements: (a) the synthesis of the conclusions reached in the regional encuentros on each of the five themes of the National Encuentro; and (b) instructions for complement-

ing those conclusions with the contributions, analysis, and synthesis of the delegates.

2. Analysis, reflection, and synthesis in small groups and turning in the results to the coordinators of the mini-plenary.

3. Development of a synthesis by mini-plenary, which was done by the small group facilitators and facilitated by the coordinators.

4. Development of a general synthesis, which was done by the Secretarial Committee of the Encuentro and presented to the Team of *Animadores* of the Encuentro.

5. Voting to accept the conclusions of the regional encuentros on each theme and voting on the complementary synthesis developed in the mini-plenary sessions, with the exception of the final theme, which received a vote of confidence so that the Secretarial Committee could write the synthesis, given the lack of time.

# NATIONAL COMMITTEES
### National Coordinator of the Encuentro: Rey Malavé

**Coordination of the Event**
  Coordinator: Carolyn Adrian
  Assistant: Sammy Burgueño
**Program**
  Coordinator: Jesús Ábrego
  Alejandro Aguilera-Titus
  Sr. Eileen McCann, CSJ
  Luis Soto
**Process**
  Coordinators:
  Luis Soto
  Rev. Mario Vizcaíno, SchP
  Members:
  Carmen M. Cervantes
  José Antonio Medina-Arellano
**Translation**
  Carmen Aguinaco
**Development**
  Ron Cruz
**Finance**
  Rev. William Lego, OSA
**Scholarships**
  Rudy Vargas IV
**Apostolic Movements**
  Salvador Mora

**Registration at Notre Dame**
  Rosizela Betancourt
**Hospitality**
  Enid Román-de-Jesús
**Liturgy and Music**
  Pedro Rubalcava
  Santiago Fernández
**Facilitators**
  Carmen M. Cervantes
**Secretaries**
  Javier Castillo
**Exhibitors**
  Dulce Jiménez
**Fiesta**
  Jorge Rivera
**Marketing**
  Rev. Ángel del Río, OP
**Comunications**
  Leonardo Jaramillo
**Production**
  Declan Wair Productions, Inc
**Script**
  Lucien Costley

## COORDINATION OF THE MINI-PLENARY SESSIONS
### Coordinators: José López and Walter Mena

| Mini-plenaries | Principal Coordinator | Coordination Assistant |
|---|---|---|
| 1. Adolescents in English | Sr. Elvira Mata, MCDP, Southwest | Rico Sotelo, North Central |
| 2. Adolescents in Spanish | Juan Cruz, Southeast | Judith Reyes, Southeast |
| 3. *Jóvenes* in English | Patrick Mooney, Farwest | Rocío Zamarrón, Midwest |
| 4. *Jóvenes* in Spanish | Carlos Carrillo, Northwest | Mónica Nápoles, Northwest |
| 5. *Jóvenes* in Spanish | Julie Arias, Farwest | Julia Sánchez, North Central |
| 6. *Jóvenes* in Spanish | Sr. Guadalupe Medina, Southwest | Liliana Flores, Mountain States |
| 7. *Jóvenes* in Spanish | Sr. Mary Jude, Northeast | Juan Pablo Padilla, Midwest |
| 8. *Jóvenes* in Spanish | César Segovia, Southeast | Homero Mejía, Farwest |

# PRAYER OF THE PROCESS FACILITATORS

## Here we are! Present!

O Lord, you are the master of all!
We, the young Hispanic leaders
of *Pastoral Juvenil* in the United States,
conscious of being a people with our own identity
born of common roots, cultural traditions
language and faith, and united in our diversity,
we direct this prayer to you:

### Here we are! Present!

Master and Lord of history,
we, your people who experience hunger and suffering,
recommit ourselves to a preferential option
for the young and the poor,
and we rise up in solidarity with the humanity that suffers
responding to your invitation in this
First National Encounter for Hispanic Youth and Young Adult Ministry.

### Here we are! Present!

Of your creative love we are born,
we are your family, your faithful people.
In this moment of grace
we hear your call to take up your prophetic mission.
We work as a team, participate in community,
and speak in your name to the Church and to society.

### Here we are! Present!

Walking as one people
and ready to become the authors of our own history,
we walk with hope in a continuous process.
Together we contribute to the coming of the Kingdom of God here and now,
struggling to establish a new society whose economy,
relationships, and values are based on the love and justice of your Son.
In the company of Mary, Mother of all believers,
we ask that you help us in the task you have entrusted to us. Amen.

*—Based on the final prayer, Prophetic Voices, 1986*

# EXHIBITORS

American Bible Society

Angelus Religious Jewelry

Asociación de Jóvenes para Cristo /
  Young Adults for Christ

Barry University

Boston College

Boy Scouts of America

Capuchin Franciscan Friars

Catholic Campaign for
  Human Development

Catholic Leadership Institute

Catholic Relief Services

Christian Life Community

Cielito Lindo Religious Articles & Gifts

Claretian Missionaries

Claretian Tape Ministry

Comunidad de Los Cabos

Congregation of Christian Brothers

Congregation of Sisters of Bon Secours

Conventual Franciscan Friars

Daughters of Charity

Divine Word College

Dominican Friars of Austin

Dominican Sisters of the
  Christian Doctrine

El Verdadero Amor Espera (EVAE)

Franciscan Missionaries of Mary

Glenmary Home Missioners

Heartbeat Records

Instituto Fe y Vida

Jesuit School of Theology at Berkeley

Liguori Publications

Liturgy Training Publications

Marianist Province of the United States

Marist Brothers

Maryknoll Fathers & Brothers

Maryknoll Sisters

Mexican American Cultural Center

Mission Office of Archdiocese of Indiana

Missionaries of the Sacred Heart

Missionary Catechists of the Divine
  Providence

Missionary Sisters of Our Lady
  of Victory

National Catholic AIDS Network

National Federation for Catholic
  Youth Ministry

Oregon Catholic Press

Piarist Fathers - Padres Escolapios

Producciones Dynamis, SA de CV

Renew International

Saint Mary's Press

Salesian Sisters

Scalabrini Missionaries

School Sisters of Notre Dame

Sisters of Notre Dame de Namur

Sisters of Providence

Sisters of Providence, Mother Joseph Pro

Sisters of Saint Francis of Assisi

Sisters of the Divine Savior

Sisters Servants of the
  Immaculate Heart of Mary

Society of the Holy Child Jesus

Southeast Pastoral Institute—SEPI

Tree of Life Imports, Inc.

United Sates Conference of Catholic
  Bishops—Church in Latin America

United Sates Conference of Catholic
  Bishops—Migration and Refugee
  Services

University of Saint Francis

William H. Sadlier, Inc.

World Library Publications

# PART TWO

# CONCLUSIONS

# FIRST NATIONAL ENCOUNTER FOR HISPANIC YOUTH AND YOUNG ADULT MINISTRY

# DETAILED INDEX OF THE CONCLUSIONS

**WEAVING THE FUTURE TOGETHER**

# INTRODUCTION TO THE CONCLUSIONS

This section constitutes the heart of this publication. Presented herein are the conclusions approved by the delegates to the National Encuentro. In this event—the culmination of the entire process—the participants sought to synthesize the conclusions reached at the regional level, with additional contributions from the process at Notre Dame.

The conclusions gather the reflections of thousands of adolescents and young adults who raised their voices regarding the five themes of the general objective and the five specific objectives of the First National Encounter for Hispanic Youth and Young Adult Ministry (PENPJH, using its initials in Spanish), see pp. 27-28. As only *jóvenes* over 18 years old participated in the National Encuentro, the voices of the adolescents were represented at this level by young adult leaders who serve in mixed groups and who participated with the adolescents at the parish, diocesan, and regional stages.

These conclusions express a synthesis of the needs, aspirations, ideals, vision, and experiences of young Hispanic Catholics who are active in the Church of the United States. They also include a mission statement, commitments, and the Creed of the *jóvenes* gathered at the National Encuentro.

To facilitate reference to these conclusions, the following terms are used:

**Ad** = Conclusions regarding ministry with Hispanic adolescents

**Jo** = Conclusions regarding the peer ministry of the *jóvenes*

**PJ** = Conclusions regarding ministry with both adolescents and *jóvenes (Pastoral Juvenil Hispana - PJH)*

The five chapters in this section correspond to the five sessions conducted at the National Encuentro and are presented as follows:

1. Conclusions regarding the needs, aspirations, and pastoral commitments.

2. Conclusions regarding the mission, vision, and principles of *PJH*.

3. Conclusions regarding the best practices and pastoral models.

4. Conclusions regarding the profile, formation, and promotion of leadership in *Pastoral Juvenil Hispana*.

5. Conclusions regarding strategies for *PJH* nationwide and the role of *La Red*.

# 1. Conclusions regarding the needs, aspirations, and pastoral commitments

WE ENCOUNTER THE LIVING JESUS CHRIST
IN THE NEEDS AND ASPIRATIONS
OF OUR YOUNG HISPANICS

*LORD, SAVE US! – MT 8:25*

We *jóvenes* are aware that only through an adequate analysis of our pastoral reality will we be able to organize and develop programs and efforts in Church and society that will help us in our personal and communal development. Taking into account the importance of this analysis, we have identified our most pressing needs. As we believe that our life must be understood and attended to in a holistic manner, we have focused our attention as much on our spiritual as on our personal and social needs.

This chapter presents the analysis completed by the delegates, in two sections: (1) Conclusions of the adolescents; and (2) Conclusions of the *jóvenes*. Each section is subdivided into three parts:

1. **Most pressing pastoral needs.** These needs were organized into three areas: (a) spiritual needs at the individual level; (b) needs related to the Church; and (c) needs related to personal and social development.

2. **Aspirations.** Aspirations are hopes, yearnings, or deep desires expressed by the adolescents and *jóvenes* about their human development, Christian growth, and participation in Church and society.

3. **Commitments.** Both the adolescent and the *jóvenes* articulated certain commitments they could undertake as the young Church in response to their needs and aspirations.

## CONCLUSIONS OF THE ADOLESCENTS

The adolescents identified a smaller number of needs than the young adults. Their life as *jóvenes* depends on the pastoral attention given to those needs.

### Ad-10 Spiritual needs at the individual level

- To learn how to communicate better with God through different types of prayer, including singing, meditation, rituals, and community prayers, and to learn to use and understand the Bible in order to pray with it often.

- To benefit from a ministry that helps us to live the sacraments with joy, allows us to express our faith, has spiritual activities designed especially for adolescents, and encourages our continuing spiritual growth after Confirmation.

- To be able to rely on the love, support, companionship, guidance, and help of the community when we are discouraged, for example, having persons who serve as role models for us and help us in our formation process.

- To increase our self-esteem and feel secure about ourselves; to overcome the fear of "what will they say," of rejection, of other people, of God, and of speaking about God with other people; to learn to communicate better so that we will be understood and not misjudged, including in our own families.

## Ad-11 Needs related to the Church

- That the Church make an effort to attract us and to bring its message to the thousands of adolescents who have not heard it, providing activities that are appropriate for us and not boring.

- That the Church establish programs that respond to the cultural needs of our families and communities, since we are very numerous and there are few activities in which we can participate.

- That the Church provide us with trained pastoral leaders who are truly committed and willing to serve and leave their desks to go where we are.

- That the Church supply priests and leaders who can tend to us in our own language, serve as spiritual guides, offer counseling, and promote our participation in the ministries of the Church.

- That the Church demonstrate serious support for ministry with Hispanic adolescents at every level through: bilingual pastoral leaders; economic support and spaces to meet; biblical resources; and attractive materials regarding sex education and other topics of interest to us.

- That the Church follow through on the experience and conclusions of the Encuentro by means of a national committee.

- That the Church educate pastors about cultural diversity and implement cultural integration programs to promote unity in diversity in the community.

## Ad-12 Needs related to personal and social development

- Programs to educate us in the principles, values, and skills needed for human relationships and getting along with one another.

- Programs for parents, so that they can become more effective at guiding us in life, in our faith, at school, at work, etc.

- Guidance to persevere in school and to help our parents understand the school system in the United States.

- Programs that help us avoid addictions, gangs, drugs, and irresponsible sex.

- Programs that prepare us to assume leadership within the Church.

## Ad-13  Aspirations of Hispanic adolescents

- We desire the advantage of better academic and religious education, and we dream for Catholic education to be accessible to all.

- We yearn for a society where all young people have equal opportunities in education, work, etc., where immigrants are not disparaged, and people can learn both English and their mother tongue.

- We long for the support of bilingual and bicultural priests, for mentors and professionals who can help us in our vocational decisions, and to have resources for our ministry.

- We trust that we will have a Church that is concerned about us and that celebrates our accomplishments, such as graduations.

- We dream of a national organization that will provide a vision and opportunities for Hispanic adolescents to participate at the national level, and which will provide resources and the latest information.

- We want to celebrate and recognize the Hispanic tradition and include families in our religious experiences, so that they may also have an encounter with the Church.

## Ad-14  Commitments of Hispanic adolescents

- To live according to the teachings of Jesus in order to evangelize through our words and actions.

- To develop and maintain lines of communication with other dioceses.

- To prepare and develop ourselves as leaders through formation programs.

- To participate in the planning and decision-making processes for youth events, activities, and programs; and to include our families in the planning and development of our activities.

- To raise awareness and to advocate for various issues of social justice in order to transform our communities, such as the right to vote and immigration.

# CONCLUSIONS OF THE *JÓVENES*

As a prologue to this section, it should be noted that the lack of legal documents among *jóvenes* who participate in *Pastoral Juvenil Hispana* intensifies many needs and generates others specific to their situation.

## Jo-15  Spiritual needs at the individual level

- To know how to grow in the faith; to learn to pray and to create spaces for prayer; and to develop musical abilities.

- To integrate faith in our daily life and have sufficient resources to overcome temptations, overcome vices, and confront discrimination.

- To conquer the fear of evangelizing other *jóvenes* and take on more responsibilities as young adults.

- To know and love ourselves, and learn to make good decisions, especially in critical moments and when discerning our vocation.

- To deepen our discernment of God's will in our life and our understanding of the action of the Holy Spirit; to learn how to do theological reflection in the light of the Gospel and Church teachings.

## Jo-16  Needs related to the Church

### Regarding ecclesial leadership

- Personnel trained in *PJH* in diocesan offices and parishes; greater openness and attention from pastoral leaders in parishes, which translates into more participation of the *jóvenes* in the mission of the Church.

- Support and accompaniment from priests, directors and advisers of *PJH,* and people in church leadership who are familiar with Hispanic language and cultures, especially in our vocational and professional discernment.

- Guidance from bishops, priests, and pastoral leaders regarding the path to follow in *PJH.*

- Fostering the creation of small Christian communities in *PHJ,* with an openness to people of other cultures and equal rights in the various activities of the Church.

### Regarding formation and resources for ministry

- Holistic training and formation programs, so that the *jóvenes* themselves may assume leadership in *PJH.*

- Integral evangelization[39] processes that respond to the life circumstances of Hispanic young people and constitute Good News in the face of the consumerism and individualism of the dominant culture.

- Catechetical programs for *jóvenes* that explain the depth of the sacraments, especially the Holy Mass, as well as the values and principles Catholics believe in, so that we can grow in our faith.

- Space for our meetings at the parish and diocesan levels; an Internet page to connect with other *jóvenes* at the national level; and more opportunities for volunteer service.

- Materials designed to be easily implemented by the *jóvenes* themselves, with themes about the Bible, human sexuality, and other issues that are important to Hispanic young people.

## Jo-17  Needs related to personal and social development

### At the personal level

- To raise our self-esteem, find the motivation to pursue our goals, persevere in our studies, accomplish our objectives, and develop our identity.

- To overcome our fears of accepting ourselves as we are, of rejection, of opening ourselves to others, and the fear some *jóvenes* have of God.

- To be heard in the various dimensions of our lives: personal, familial, academic, social, and ecclesial.

- To have open minds to understand the needs of the *jóvenes* in their reality; to help young people recognize their talents and place them at the service of the community.

---

[39] Integral evangelization implies the conversion of the person and the community in all of their dimensions, and the transformation of society in accordance with gospel values.

- Guidance to learn how to deal with invitations to use drugs, alcohol, and other vices, without succumbing to peer-pressure.

- To respect our peers, associate with people of other cultures, and learn to promote values such as peace and justice.

- To prepare ourselves as leaders in the areas of psychology, sociology, and communication, particularly between *jóvenes* and their parents.

- To overcome the language barrier, in order to eliminate obstacles and find better opportunities as we journey in this country.

**At the socio-cultural level**

- To receive guidance and financial assistance to study while we work and contribute toward our families' income; to have adequate information regarding loans, employment agencies, investing and managing money, immigration issues, application fees, etc.

- To obtain support when facing problems due to lack of legal immigration documents, such as: not having a car or insurance; being unable to visit family out of the country; and abuse from employers.

- To develop Catholic media resources that are competitive with secular media offerings at the national level; to receive guidance and accompaniment in how to participate in political processes; and to learn how to work with both cultures.

- To learn how to handle the poverty in which many of our families live, with housing problems and tensions at home that lead some *jóvenes* to prefer the streets.

- To obtain information about physical and mental health services for young people; and to create a National Catholic Sports League.

## Jo-18 Aspirations of Hispanic *jóvenes*

- We want to continue being idealists, dreamers, and achievers seeking changes for a more caring world, following the ideals of Jesus, in each one of us, our community, the Church, and society.

- We aspire to be a part of the society in the United States, without losing our identity and cultural roots.

- We yearn to have stable families, with the basic needs met amid healthy relationships, where parents exercise authority with love and educate their children regarding freedom and responsibility; we wish that the thousands of *jóvenes* and their families who have no legal documentation could normalize their situation.

- We want an organized *PJH*, with good leadership and in which we, the *jóvenes*, can be responsible for carrying out projects that increase self-esteem and confidence in ourselves and in others; a *PJH* that strengthens our spiritual principles and offers viable alternatives to gangs and violence.

- We desire to promote respect for life and to include our faith in our social, personal, familial, cultural, economic, and educational life, to strengthen ourselves in all respects.

- We want the financial means to continue our education and higher studies, to achieve a solid academic background, and to give the best of ourselves to society.

- We yearn for a national pastoral plan and shared leadership between priests and laity.

**Jo-19**   **Commitments of Hispanic *jóvenes***

We, Hispanic *jóvenes,* want to assume our responsibility for meeting the pastoral needs of Latino young people, in a spirit of co-responsibility, for which we commit to:

- Grow in the faith by participating in a variety of courses; persevere in our dreams and the attainment of our goals; work hard with the support of our brothers and sisters in Christ, so that our prophetic voice may be heard by all as a voice for the voiceless; and assume leadership roles in the Church.

- Promote communication between the *jóvenes* and church leaders, keeping our pastors informed about our pastoral activities.

- Promote a vibrant and active evangelization, fully aware that it requires the witness of our lives.

- Seek spiritual guides in order to grow in our personal relationship with Christ; receive the sacrament of Reconciliation frequently; and make appropriate decisions in our lives.

- Educate ourselves for the benefit of our Catholic community; connect new leaders to the Encuentro process in our parishes and dioceses in order to strengthen *Pastoral Juvenil Hispana;* and serve as contacts and spokespersons in our dioceses so that all groups are connected to *La Red* by means of the Web.

# 2. Conclusions about the mission, vision, and principles of *Pastoral Juvenil Hispana*

## ONE CHURCH, ONE VISION

*PUT OUT INTO DEEP WATER – LK 5:4*

At the National Encuentro we understood the pastoral vision as the horizon, the ideal which encourages us to keep moving forward, to overcome adversity, and to walk with a definite purpose. We know that only with a clear vision of our pastoral mission can we make good use of our energy and resources. The themes, "Encounter, Conversion, Communion, Solidarity, and Mission," which inspired the reflections throughout the Encuentro process, set the context for developing a "Mission Statement" and identifying the essential elements of a "Pastoral Vision."

At the regional encuentros, some regions expressed their vision in a "Mission Statement," while others described the essential elements of a vision for *Pastoral Juvenil Hispana (PJH)*. This section is divided into four parts:

1. **Mission statement.** This statement was developed as a synthesis of the statements offered by the regions in order to arrive at a single statement to guide *PJH* in the country.

2. **Elements of the vision.** The vision points the ministry to where it needs to go. It is the broad horizon that marks the future of *PJH* in the country, and it is presented in two parts: (a) the elements identified by the adolescents; and (b) those noted by the *jóvenes*.

3. **Pastoral principles.** The pastoral principles are the pillars upon which *PJH* is based. They are presented in three sections: (a) fundamental principles of *PJH,* whether in ministry with adolescents or *jóvenes,* as they were presented in the Manual for the Diocesan Encuentro[40]; (b) pastoral principles added by the adolescents based on their own vision and experience; and (c) those added by the *jóvenes* on the same basis.

4. **Creed of Hispanic Young People.** The Creed is a profession of faith in which the *jóvenes* who were delegates to the National Encuentro expressed their beliefs, in the name of the Hispanic youth and young adults they represented.

---

[40] La Red, *Manual 2: Diocesan Encuentro*, pp. 7-8.

# MISSION STATEMENT
## FOR *PASTORAL JUVENIL HISPANA*

**W**e, the Catholic Latino young people

who participate in Hispanic youth and young adult ministry,

feel called and committed to the mission of the Church,

to wholly form and prepare ourselves through pastoral action,

and to lovingly evangelize other young Hispanics

according to their own situation and experiences.


**W**e strive to offer to immigrants and citizens alike,

the ever new and joyous truth of the Gospel,

highlighting gospel values,

and making an effort to reach

those who need the Good News the most,

who do not know God,

or who have strayed from the way of Jesus.


**W**e propose to carry out this mission

through the testimony of our lives

and our prophetic leadership among our peers,

investing our gifts and talents

in evangelizing and missionary efforts

rooted in the places where they live, work, study, and have fun,

always following the example of Jesus,

and strengthening ourselves in the Eucharist.

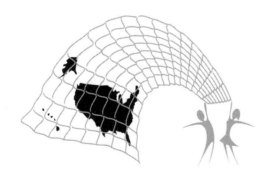

# ESSENTIAL ELEMENTS IN THE VISION
## OF *PASTORAL JUVENIL HISPANA*

The vision which guides *Pastoral Juvenil Hispana* should always lead us to a more authentic and broader discipleship and apostleship. It is a matter of expanding and improving our pastoral action, on an ongoing basis, with our gaze set on the constant renovation of the Church and the expansion of the Kingdom of God in our immediate setting and in society.

### Ad-20 Elements of the vision mentioned by the adolescents

- To develop a joyous and festive ministry that encourages young people to discover the living Jesus Christ and follow him with enthusiasm, through appealing lessons adapted to our age, and with activities and methods that foster our participation.

- To consider us as protagonists in the Church, to be taken seriously and to prepare us to carry forth the message, to lead prayers, to attract other adolescents, and to plan and implement the activities that affect us.

- To help us grow spiritually, intellectually, and emotionally, with biblical, religious, and cultural themes; to preserve the Spanish language and our beliefs, traditions, and customs; and to help us feel proud of who we are.

- To support us in the discernment of our vocation and to foster our conversion; to help us distance ourselves from whatever might ensnare us in harmful dependencies so that we may become disciples growing constantly toward Christian maturity.

- To help us mature in our sense of community, so that we may identify ourselves with other people our age, see value in church groups, and avoid gangs and other violent groups that lead us down the wrong path.

- To form us as missionaries, so that we may bring God's love to other adolescents and they may discover that love through our witness.

- To keep Mary as a model and companion in life.

### Jo-21 Elements of the vision mentioned by the *jóvenes*

- To bring us to an encounter with Jesus and to follow him with a deep commitment to his cause, developing a spirituality that builds the Kingdom of God in society, through personal and community witness.

- To seek always the conversion of heart that opts for Jesus and renounces evil and sin, both personal and social, without condemning anyone; to welcome always our neighbor like the good father did to the prodigal son, and to foster an experience of continuous conversion.

- To maintain an atmosphere of welcome, hospitality, and solidarity in our groups and communities; to encourage a communitarian spirit whereby every form of selfishness, individualism, and division is overcome, knowing that where two or more are gathered, Jesus is present, and that to love people of other races and communities is to love Jesus.

- To accept that we need a continuous process in order to grow in our spirituality; we need formation in our faith and in leadership as evangelizers, by means of a close relationship with Jesus, prayer, and the sacraments, in particular the celebration of the Eucharist.

- To manifest in our pastoral practice solidarity with *jóvenes* who are poor—especially the recently arrived immigrants—and charity with incarcerated *jóvenes* and those who suffer various forms of slavery or addiction, in order to help them become liberated and receive a new life in Jesus Christ.

- To lead a joyous life as members of the living body of Christ, who share their own happiness and the gifts received from God with other *jóvenes* so that all may realize their full potential and make a masterpiece of their lives.

- To carry out our pastoral action within a community of faith that nourishes and feeds us, in communion with our bishops and priests, at the parish and diocesan levels, maintaining communication with all the ministries and groups of other languages and cultures, because only in this way do we build together the Kingdom of God.

- To live and foster love always so that it may guide our evangelizing action and prophetic leadership among the *jóvenes*, our families, our culture, and people of any race and culture.

- To take up our cultural heritage and preserve our language and values; to use the media as an evangelizing tool; and to give our life and pastoral action a universal focus.

- To establish projects directed toward our holistic formation, with adequate planning processes for short, medium, and long term goals, and strategies that allow all the *jóvenes* to make them their own.

- To achieve a total giving of ourselves to Jesus and his mission, reflected in a positive attitude toward life and a missionary spirit toward *jóvenes* who hunger and thirst for justice or for a holistic formation and/or leadership training.

# GENERAL PRINCIPLES OF
# *PASTORAL JUVENIL HISPANA*

In the Manual for the Diocesan Encuentro, 18 pastoral principles were presented as the basis for the analyses related to the practice of *Pastoral Juvenil*. At the regional and National Encuentros, the delegates identified several complementary principles. The best practices and models in *Pastoral Juvenil Hispana* are grounded in all of them. The principles which should be the foundation for ministry with Hispanic adolescents and *jóvenes* are presented below, and they are organized into three sections:

1. **General principles of *Pastoral Juvenil Hispana.*** These principles are presented in three areas: (a) related to the youth and young adults as persons; (b) related to pastoral models; and (c) related to ecclesial structures.

2. **Other principles and recommendations for ministry with adolescents.** Some of the principles stipulated by the adolescents are complementary to the general ones; others present elements that enrich the perspective of the general principles.

3. **Other principles and recommendations for *pastoral de jóvenes.*** The same comment regarding the principles mentioned by the adolescents applies to those of the *jóvenes*.

**PJ-22** ## Principles related to the youth and young adults as persons

*Pastoral Juvenil Hispana* should:

1. **Promote a personal and communal encounter with Jesus,** a profound experience of the Trinity, and a sense of church that will ground their faith, make them participants in salvation history, and give a Christian meaning to their lives.

2. **Take the personal, sociocultural, and religious reality of the *jóvenes* as the starting point for ministry,** so that by analyzing it with a critical awareness and commitment to the Kingdom of God, they may be empowered to transform it with God's grace.

3. **Be carried out from the reality of the *jóvenes* and with the *jóvenes,*** who are active subjects of their own processes in ministry and are called to be the first and immediate evangelizers of other *jóvenes*. This protagonism is a fundamental element of the pedagogy, methodology, and organization of *PJH*.

4. **Accompany the *jóvenes* in their development as whole persons**—human, spiritual, social, cultural, and political—from a perspective of faith and growth in their Christian commitment.

5. **Foster a process of conversion among the *jóvenes***—participation in the Paschal Mystery of Christ through the sacraments and deep prayer—which challenges them more and more to live the fullness of life that Christ came to bring us (Jn 10:10).

6. **Use a methodology that creates in the *jóvenes* a critical consciousness** committed to building the Kingdom of God, especially in their immediate surroundings.

**PJ-23** ## Principles related to pastoral models

Groups, communities, programs, and movements of *Pastoral Juvenil Hispana* should:

1. **Provide formation in the discipleship of Jesus,** designed to allow the *jóvenes* to discover, get to know, follow, and proclaim Christ as the model and inspiration for their lives.

2. **Create ecclesial spaces** where the *jóvenes* can discover, value, and experience the communitarian, evangelizing, and missionary dimensions of the Church, so that they can undertake their baptismal commitment.

3. **Be directed by servant leaders**, who exercise and foster a shared leadership that responds to the level of maturity of the *jóvenes* and their faith community.

4. **Rely on the participation of adult supervisors** who give stability and continuity to the groups or communities, in close communication with families and pastors.

5. **Integrate all the dimensions of life and faith:** evangelization, catechesis, communion, liturgy, Christian witness, social solidarity, as well as the aspects of socialization, having fun, and celebrating life.

6. **Foster a missionary spirit and actions** directed toward other *jóvenes,* especially those who find themselves in situations of poverty, loneliness, crisis, marginalization, and discrimination.

## PJ-24   Principles related to ecclesial structures

Church leadership—both diocesan and parish—should:

1. **Direct *Pastoral Juvenil Hispana* based on a plan,** evaluated periodically to adapt to new realities and to increase the effectiveness of the pastoral action.

2. **Have a coordinating team** responsible for maintaining the direction of the ministry and giving it continuity.

3. **Promote the creation of pastoral models** appropriate for Latino adolescents and *jóvenes,* whether in monocultural or multicultural situations, and establish pathways to promote the passage from adolescent ministry to *pastoral de jóvenes.*

4. **Form and train leaders for *Pastoral Juvenil Hispana*** at various levels (small group, parish, diocesan, trainers, etc.) as ministers for pre-adolescents and adolescents, and as advisers for the *jóvenes,* in the areas of specialization necessary for an effective and comprehensive ministry.

5. **Make known the reality of Hispanic young people and their families**, so that leaders in other ecclesial ministries may discover the urgency of tending to the pastoral needs of Hispanic *jóvenes.*

6. **Recognize the gifts of Hispanic *jóvenes*** and create opportunities for them to develop them and put them at the service of the ecclesial community.

7. **Establish channels for communion in mission** that foster unity and mutual support among the various forms of ministry with adolescents and *jóvenes*—groups and small communities, apostolic movements, prevention and intervention programs, recreational and cultural programs—and which integrate *Pastoral Juvenil Hispana* in an active and collaborative manner in the ministry of the parish and diocese.

## Ad-25   Other principles and recommendations for ministry with adolescents

- Get to know our concrete reality, giving us the opportunity to describe our family, social, cultural, and economic situations, in order to develop plans and pastoral programs that respond to them.

- Create working and coordinating teams with adolescents, including us in making decisions, helping us to grow, and allowing us to make mistakes.

- Make adolescents the priority for pastoral action at all levels in the Church, so that we can be integrated into the life of the Church through an authentic communion in mission.

- Promote academic education, fight against dropping out of school, and guide the new generations of Hispanics toward greater personal and professional achievement.

- Establish a continuous dialogue between the youth ministers and our families, the pastor, and other parish groups in order to count on their support and give stability and continuity to our groups.

- Give us a solid and comprehensive formation in the Catholic tradition, without making it boring, so that it stays with us all our lives.

## Jo-26   Other principles and recommendations for *pastoral de jóvenes*

- Maintain the essence of *Pastoral Juvenil Hispana,* ensuring that it is carried out from the reality of the *jóvenes,* with the *jóvenes,* and for the *jóvenes,* creating a coordinating team and a diocesan council for *PJH,* which takes an active role in planning, organizing, implementing, and evaluating plans or projects.

- Base *Pastoral Juvenil Hispana* on an ongoing analysis and understanding of our reality; promote a critical social consciousness with a conscientizing and liberating methodology; foster our solidarity with *jóvenes* who are poor, especially immigrants, the imprisoned, and those enslaved to various forms of dependency, to help them in their process of liberation and give them new life in Jesus.

- Enjoy the support and integration of the pastor and adult advisers in *Pastoral Juvenil Hispana,* so that there will be stability and continuity in the groups.

- Inspire an attitude of service that allows us to grow in all areas of life at the personal, social, and spiritual levels, and to develop a sense of global community, eminently missionary, and in solidarity with other cultures and the poor of other countries.

- Integrate faith and life in order to develop our gifts and talents and put them at the service of the ecclesial community and society, promoting our creativity and readiness to try something new, since the lives of millions of *jóvenes* who have not yet been drawn to Christ and his Church are at stake.

- Foster communities of *jóvenes* that overcome every form of selfishness, individualism, and sectarianism, committed to the Church's mission to evangelize young people through a ministry that is alive, active, and prophetic.

- Help to preserve our language, beliefs, traditions, and customs so that we may feel proud of who we are, and to persevere in school to complete university studies.

# CREED OF HISPANIC YOUNG PEOPLE

As Hispanic adolescents and *jóvenes* in the United States:

**We believe** that the encounter with the living Jesus, our deep relationship with him, and following him as a model, guide, and source of life, will lead us to a conversion of heart, a fullness of faith, and a commitment that will enable us to live a joyful and holy life.

**We believe** that we have only one Savior and that we are one in Christ; that we are just one family united around the altar of the Eucharist; that we form a community with one voice, following only one path; and that we must work together, in communication with our parishes and other structures in our Church.

**We believe** that—guided by the Holy Spirit to share our Spirit-given enthusiasm, hope, and talents in the service of others—we can bring the Good News to our communities, following the example of the Virgin Mary and Jesus Christ.

**We believe** that—guided by the Holy Trinity, in personal relationship with God, and centered in the Eucharist—we are the foundation of a community that gives witness to a living faith, filled with energy and faithfulness.

**We believe** in our mother Mary, who intercedes for us before God; we believe in peace and in having the evangelization of our families as a priority, according to the vision and mission of the Church, in communion with our bishops, priests, and leaders, under the guidance of the Pope.

**We believe** that we are the present and the future of the Church; that through our baptism, we are prophets called to holiness and to evangelize other young people more fervently—particularly those who live in darkness—by being obedient to the Word of God and always taking into consideration the pastoral circumstances of the young people.

**We believe** in a continuous spiritual growth in our daily life, in order to be able to change our society using our gifts and talents in a missionary ministry.

We **believe** that we can build the Reign of God, without cultural boundaries, bearing witness that God lives among Hispanic young people, nurturing and forming us in our faith, and overcoming the obstacles that we encounter in life.

We **believe** in the teachings of our mother the Church and that we will have a positive impact on it by being aware of our pastoral situation, responding to our needs and aspirations, and creating models of *pastoral juvenil* centered in Christ.

We **believe** in leading a life of communion and solidarity, in exercising a prophetic leadership grounded in prayer and the sacraments, and in taking risks and maintaining a serious commitment to the evangelization of young people by young people.

We **believe** that, with the power of prayer, the sacraments, and a missionary spirit, we can develop a new generation of prophetic and active leaders, so that we may highlight true gospel values through our culture, comprehensive formation, and openness to other cultures.

We **believe** in a profound commitment to the community of the young, and that we can foster life in community and love for people of other races and communities, in solidarity with the most disadvantaged and the recently arrived immigrants, so that they may fully develop themselves through academic and spiritual formation.

We **believe** that Hispanic young people are capable of developing a comprehensive, bilingual, and united *pastoral juvenil,* of creating new forms of evangelization, and of finding new ways to overcome the challenges of life in general.

We **believe** that our Hispanic culture is a gift to our Church, that we are capable of breaking down language barriers to relate with other cultural groups without forgetting our roots, and that we can be recognized as equals in the Church and as a source of hope for the entire nation.

—*Delegates to the National Encuentro*
*University of Notre Dame, 2006*

# 3. Conclusions regarding best practices and pastoral models

### *PASTORAL JUVENIL HISPANA:*
### A MINISTRY THAT GIVES NEW LIFE
### TO THE CHURCH IN THE UNITED STATES

*WE HAVE WORKED HARD ALL NIGHT – LK 5:5*

The projects of *Pastoral Juvenil Hispana* are quite varied and respond to the particular needs of local communities. The majority are geared toward spiritual growth, faith formation, pastoral accompaniment, and social action. Some are centered inside of the Church; others focus on missionary action in the immediate vicinity, neighborhoods, jails, and other places. We, Latino *jóvenes,* will describe those we consider the best and will summarize what we said at the regional encuentros regarding the qualities an exemplary model of *Pastoral Juvenil Hispana* should have.

This session gathers the best practices and models in *PJH* identified at the regional and National Encuentros. It includes two sections: (a) qualities, presented respectively by the adolescents and the *jóvenes;* and (b) the pastoral models, which in many cases apply to both groups. When they apply to only one of the groups, it is so indicated.

1. **Qualities of the best practices.** These qualities were identified by the *jóvenes* based on their own experience.

2. **Best practices and models.** Practices and models presented herein were identified by the delegates to the regional and National Encuentros.

# QUALITIES OF THE BEST PRACTICES AND MODELS IN *PASTORAL JUVENIL HISPANA*

Latino adolescents and *jóvenes* identified the qualities of their "best practices and models," based on their own experience. At the diocesan encuentros, they analyzed them in the light of the general pastoral principles cited in the previous chapter. At the regional encuentros, they identified models and practices that had enriched their Christian life and pastoral practice, and analyzed them to describe their characteristics.

## Ad-30   Qualities presented by the adolescents

- Recognize the similarities and differences between the experiences of the adolescents and *jóvenes*, and prepare ministers to identify with our needs and interests as youth.

- Foster our identity and self-esteem so that we accept ourselves, rejoice in our uniqueness, and use it as a means to open ourselves to others.

- Present Jesus as a role model and motivation for serving others, and offer contact with people who can have a positive influence on us.

- Promote a more active participation in the Church through experiences of prayer, worship, and spiritual retreats that help us grow in our faith, and through activities and sports that help us build community.

- Offer guidance, counsel, education, and support groups to help us learn how to manage problems and overcome challenges such as: disappointment and the lack of personal motivation and parental support; peer and media pressure; the lure of drugs, alcohol, and disordered sexuality; temptations to sin and other community problems.

- Form youth leaders for the evangelization and accompaniment of their peers, for strengthening the mutual relationship between the teens and the Church, and for missionary action by youth who are active in the Church with those who are alienated from the Church or have not been evangelized.

## Jo-31   Qualities presented by the *jóvenes*

- Retain a youthful and joyful spirit, promote the participation of everyone, and allow healthy entertainment through *dinámicas* (lively processes with a gospel message), activities, and games.

- Foster friendship, fraternity, unity, equality, tolerance, respect, acceptance of others, and material and spiritual support; seek what is best for each person and for the common good, as well as our cultural development.

- Partake in a communion in mission with other ministries, have an intense relationship with the sacramental life of the Church, especially the Eucharist, and have the approval of the bishop.

- Respond to the reality of the *jóvenes* and help those who participate in the ministry to give the witness of a Christian life.

- Transmit our values and beliefs: humility, respect, sincerity, working hard, hospitality, faith, and a sense of community.

- Utilize proven means of transmitting the faith such as retreats, preaching, meetings, testimonials, catechetical instructions, etc.

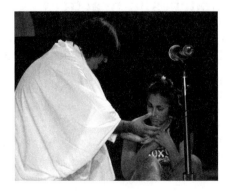

# BEST PRACTICES AND PASTORAL MODELS

Practices or models for ministry with Latino young people that stood out in each region were mentioned at the regional encuentros. In contrast, at the National Encuentro, countless pastoral models and practices were identified at the parish, diocesan, and national levels including various apostolic movements.

Thirty-seven pastoral practices and models are included in this report: the eight that stood out in the regions, and 29 of those identified at the National Encuentro. These were selected because they were clearly described and had sufficient data to ensure they were being implemented in the United States.

In addition, the *jóvenes* presented "ideal models and practices" to be realized in order to meet their pastoral needs and aspirations, and other models present in their countries of origin. None of these are included due to lack of space.

The experience of the practices and models mentioned in this section varies significantly across the country. Some, such as the *grupos juveniles* (parish groups of youth and/or *jóvenes)* and *grupos de oración* (prayer groups of Latino young people) exist in every diocese that has *PJH*. Many others exist only in certain regions or dioceses, and others exist in only one parish or diocese. Other good practices and models in *PJH* would have surfaced in formal research and do not appear in this report because they were not mentioned by the delegates, such as the RESPETO program created by the Mexican American Cultural Center.

Some descriptions made by the delegates were complete; but many others were presented only in broad strokes. When there were sufficient elements to identify an apostolic movement or pastoral model, the decision was made to complete its profile. Whenever its address was found on the Web, it was included. When there were specific references to dioceses or regions where it has been implemented, these places are mentioned in order to facilitate obtaining further information.

Parish *grupos juveniles* and *grupos de oración* were mentioned on multiple occasions, with their respective local variations. In such cases, their profile presents their most common characteristics, and it is important to be aware that they are the two most prevalent models in the country.

The profiles of the best practices and pastoral models presented in this session are grouped into five categories. The listings in each category follow the alphabetical order in the Spanish version to facilitate their location when working in bilingual groups. Pastoral models with proper names or including the words "juvenil" or "juventud" remain in Spanish.

- Diocesan models and practices
- Parish models and practices
- Apostolic movements of Hispanic young people
- Institutes and programs of leadership formation
- Models in other pastoral areas

## PJ-32 Diocesan models and practices

### Coordinating and promoting committee, network, or diocesan *pastoral de conjunto* (communion in mission) team

**Goals:** (1) To coordinate and promote *Pastoral Juvenil Hispana* at the parish level and in apostolic movements; (2) to benefit from diocesan committees of young leaders—both adolescents and *jóvenes*—that accompany the *grupos juveniles,* support them in times of crisis, and share resources and experiences; and (3) to have a team of young leaders capable of planning and implementing events at the diocesan level, and who enable other young Latinos to have an encounter with Jesus and come to know their vocation in life.

**Spirituality:** (a) Christ-centered and evangelizing; (b) promoting holistic Christian development; and (c) fostering communion in mission.

**Organizational structure:** Coordination at the diocesan level, primarily with immigrant *jóvenes*, but also including Hispanic *jóvenes* born in the United States.

**Activities:** Formation of evangelizers among the *jóvenes* to serve as companions in the pastoral practice of their peers.

**Needs to which it responds:** Support for Latino adolescents and single *jóvenes*, in particular for young immigrants without families in the United States.

**Implementation:** Several dioceses with personnel for *PJH*, each with its local variations. *References: Archdioceses of Chicago and Galveston-Houston; Diocese of Yakima; and dioceses in the states of Illinois, Indiana, Michigan, and Wisconsin.*

## Diocesan Committee for *Pastoral Juvenil Hispana*

Coordination of three activities:

**Courtship and marriage preparation school:** Prepares young couples in their courting relationship with a view to celebrating a Catholic marriage.

**Experience in Christ:** Spiritual retreats, to know oneself and to know Jesus.

*Encuentros Juveniles* **(gatherings of young people):** Parish, diocesan, and regional gatherings that allow an encounter among all the young people participating in *PJH*.

## Vocational Choir Contest

**Goal:** To involve young Latinos as members of the Body of Christ and active participants in his mission, through an experience of communion-in-mission that fosters the formation and spirituality of the *jóvenes*.

**Spirituality:** Have an encounter with Christ and learn to see Christ in our brothers and sisters.

**Organizational structure/activities:** (a) Find the theme for the concert in the Bible; (b) each choir composes a song that to enter in

the competition; (c) elimination of contestants and selection of the winning choir by a panel with expertise in music; (d) collaboration of sponsors; and (e) prizes for the best composition and best performance.

**Needs to which it responds:** Various needs of recent immigrants.

**Implementation:** *Archdiocese of Denver.*

## Festival of Latin American Arts

**Goal:** To inform, propagate, and support the fine arts of Latin America—such as painting, sculpture, dance, poetry, and drama—as expressions of Latin American popular religiosity.

**Spirituality:** Centered in Christian art with a message based on the teachings of Christ.

**Organizational structure:** Meetings of the leaders in *PJH*, together with representatives of the broader community.

**Activities:** (a) Exhibition and contest of paintings, sculpture, dance, poetry, drama, etc., with prizes; and (b) traveling exhibition that visits the parishes in the diocese.

**Needs to which it responds:** (a) Culturally, to embrace all forms of art; (b) spiritually, to teach the faith through art; and (c) to foster unity and a sense of community among different Latin American cultures and groups, across the boundaries of language and economic resources.

**Implementation:** *Diocese of Fort Wayne-South Bend.*

## *Juventud Misionera* (Young People on a Mission)

**Goals:** (1) To stimulate spiritual growth in the virtues, sacramental life, and fidelity to the Church; (2) to undertake missionary work with other young people, promoting their conversion; (3) to help those who are less fortunate and create a mindset of charity and love toward others; and (4) to develop a sense of unity among the various *grupos juveniles* working for this cause.

**Spirituality:** (a) Having Jesus Christ as the center of our lives; (b) practicing different forms of prayer; (c) participating in the Eucharist; and (d) leading a life of Christian witness with an emphasis on charity.

**Organizational structure:** (a) Diocesan director and board consisting of a priest, missionaries, chaplain, coordinator, and group leaders; and (b) service teams of the people responsible for: biblical instruction, evangelization materials, retreats, preparing the speakers, parish missions, holy hours, and sacramental instruction.

**Activities:** (a) Weekly formation meetings; (b) fundraising events; (c) home visits; (d) distribution of evangelization materials; (e) organization of sports, soccer tournaments, and social events that attract young people such as: church fairs, artistic shows, etc.; and (f) evangelization ministry through a newsletter, materials, retreats, thematic presentations, and small missions for *grupos juveniles.*

**Needs to which it responds:** (a) Conversion of the *jóvenes;* (b) growth in the faith and strength in the face of temptations; (c) overcoming shame; (d) being young missionaries and discovering the vocation God has for each person; and (e) preparation for leadership through formation-in-action.

**Implementation:** *Archdiocese of Atlanta:* http://www.juvatlanta.com/index.html

### *Olimpiadas Juveniles* (Olympics for the young)

**Goal:** To meet other *grupos juveniles* at the diocesan level through sports.

**Spirituality:** Participation in the Eucharist, prayer, and praise.

**Organizational structure:** Organization of soccer and volleyball leagues.

**Implementation:** *Diocese of Fresno.*

### *Pascua Juvenil* (Lenten reflections and Easter celebration for *jóvenes*)

**Goals:** (1) Evangelization and faith formation; (2) solemn celebration of the Resurrection of Christ, after a reflection during Lent on life in light of faith; and (3) formation of youth and young adult leaders.

**Spirituality:** (a) Encounter with the suffering and resurrected Christ; (b) integration of the Gospel in the life of the *jóvenes,* with the challenges and hopes they face; and (c) theological reflection on themes from daily life in light of the Paschal mystery.

**Organizational structure:** (a) Regional or diocesan coordination; (b) leaders trained through a formation-in-action process; (c) participation of *jóvenes* in parish groups and apostolic movements; and (d) support from priests, religious sisters, and lay ministers.

**Activities:** (a) Preparation of Lenten reflections by the *jóvenes;* (b) carrying out the reflections in *grupos juveniles;* and (c) celebration of the *Pascua Juvenil,* with presentations, prayer, spiritual reflection, adoration of the Blessed Sacrament, and celebration of the Eucharist.

**Needs to which it responds:** (a) Growth in the faith; (b) better understanding and living of Easter at the regional, diocesan, or parish level; and (c) encounter with other *jóvenes* for mutual support through life's journey.

**Implementation:** Multiple dioceses. *References: SEPI and dioceses of the South East; dioceses of Washington state.*

## Migrant Farm Worker Ministry

**Goals:** (1) To provide young documented and undocumented immigrants with information on parishes and social and cultural services; (2) to attend to the social and religious needs of this community; (3) to help them integrate into U.S. society and to support their education; and (4) to raise consciousness in the Church about the need and importance of young migrant workers in the U.S.

**Spirituality:** (a) Welcome and service to foreigners; (b) preferential option for the most poor; and (c) evangelizing and missionary spirituality.

**Organizational structure:** (a) Coordinated at the parish or diocesan level; (b) directed by established *grupos juveniles* under the guidance of a leader experienced in migrant ministry; (c) support from organized *Pastoral Juvenil Hispana;* and (d) *jóvenes* who offer social and pastoral care.

**Activities:** (a) Pastoral action in farms and migrant camps by established *grupos juveniles;* (b) celebration of the Eucharist; (c) evangelization and catechesis with a focus on sacramental preparation; (d) sessions for immigrant *jóvenes* with *dinámicas* and spiritual, social, political, and health themes; (e) material assistance: food, clothing, medicine, and household items; (f) social agency referrals; and (g) organization of sports. In some places there is a house ready to welcome immigrants for short periods of time.

**Needs to which it responds:** (a) Personal and social development of young immigrant farm workers; (b) support for the most basic needs; and (c) advocacy for migrant workers' well-being.

**Implementation:** Various dioceses. *Reference: Diocese of Stockton.*

## Marian pilgrimage for the young (youth & *jóvenes*)

**Goal:** To help the *jóvenes* live and celebrate their faith through a love for Mary.

**Spirituality:** Marian.

**Organizational structure:** (a) Three-month preparation with a monthly meeting for reflection on a Marian theme; (b) selection of a sending and a receiving parish; (c) convocation of the coordinators of groups and apostolic movements to organize the pilgrimage.

**Activities:** (a) Organization of committees for publicity, city permits, routes, order, first aid, dances, the Eucharist, etc.; (b) meetings each month, or more often if necessary, to monitor the progress of activities; and (c) participation of the Bishop in the celebration, and if possible in the preparation.

**Needs to which it responds:** (a) Living the faith with joy; (b) placing one's talents at the service of God through Mary, to increase their faith and Christian commitment; and (c) forming leaders capable of gathering crowds of about 3,000 people.

**Implementation:** *Diocese of Dallas.*

## *Quinceañera* Program

**Goal:** To accompany the adolescent, her family, and friends in the religious and social celebration of her fifteenth birthday.

**Spirituality:** Discovering the presence of God in all of life's events, especially at the moment of a girl's transition from adolescence to *juventud* (young adulthood).

**Organizational structure:** (a) Diocesan or parish direction; (b) participation of the girls, their chaperones, and families in the activities.

**Activities:** Classes, meetings, and retreats so that all involved may rediscover the importance of faith through a family celebration.

**Implementation:** Multiple parishes and dioceses in the U.S., each with their own characteristics. *Reference: Dioceses of San Bernardino and Stockton.*

## *Experiencia Cristo* (Christ Experience) Retreat

**Goals:** (1) To get to know Jesus and develop a personal relationship with him; (2) to provide a basic understanding of our faith and the Church; and (3) to invite a change of life.

**Spirituality / activities:** (a) Prayer for the team of volunteer *jóvenes* who will facilitate the retreat; (b) adoration of the Blessed Sacrament during the retreat, and by the team while the participants experience the retreat; (c) participation in the Holy Mass; and (d) Reconciliation.

**Organizational structure:** The team that directs the retreat is consists of *jóvenes* guided and coordinated by diocesan personnel.

**Needs to which it responds:** (a) Evangelization; (b) growth in the faith; and (c) formation of leaders.

**Implementation:** Multiple dioceses in the Southeast. *Reference: Diocese of Orlando and Archdiocese of Atlanta.*

# PJ-33   Parish models and practices

## Chaste for Love

**Goals:** (1) To be chaste throughout courtship and in marriage; and (2) to practice adoration of the Blessed Sacrament.

**Organizational structure:** Coordinator and leaders from different parishes.

**Activities:** (a) Presentations about chastity; (b) adoration of the Blessed Sacrament; and (c) visits to abortion clinics to pray the rosary while carrying banners.

**Needs to which it responds:** Being chaste.

**Implementation:** *Archdiocese of Miami.*

## Parish *grupo juvenil* (group of adolescents and/or *jóvenes*)

**Goals:** (1) To form a *grupo juvenil;* (2) to grow in the faith; and (3) to support one another in life.

**Spirituality:** Christ-centered with an emphasis on Catholic tradition, particularly the sacraments and practices of popular religion during Lent, Easter, Advent, and Christmas.

**Organizational structure:** (a) Coordinators, board of directors or leadership team, and advisers; (b) themes presented by specialists or members of the group; and (c) diocesan coordination in places with personnel for *PJH.*

**Activities:** (a) Meetings of the board of directors; (b) weekly meetings with thematic presentations and prayer; (c) meetings with the priest; (d) meetings with groups from other parishes; and (e) retreats.

**Needs to which it responds:** (a) Deepening the faith; (b) generating responsibility and commitment among the *jóvenes;* and (c) opportunity for personal expression.

**Implementation:** Common model present in multiple parishes and dioceses.

## Prayer Groups

**Goals:** (1) To lead young people to a closer encounter with God, sometimes in groups specifically for *jóvenes,* other times welcoming *jóvenes* in a group of adults; (2) to offer an opportunity for spiritual growth; (3) to awaken a commitment to participate in church activities; and (4) to grow in knowledge of the Bible.

**Spirituality:** Based on the gifts or charisms of the Holy Spirit, with a strong Christocentric, biblical, evangelizing, and communitarian focus.

**Organizational structure:** (a) Group coordinated by a board of directors or service; (b) participation in youth and/or adult congresses in order to intensify and deepen the faith; and (c) spiritual guidance by a priest in dioceses with personnel for the Charismatic Movement.

**Activities:** (a) Weekly group meeting; (b) prayer before the Blessed Sacrament; (c) retreats; (d) participation in the Mass; and (e) social activities.

**Needs to which it responds:** Spiritual growth, faith formation, and community life.

**Implementation:** Present in multiple parishes and dioceses.

## *Grupos de Vida* (Life Groups)

**Goals:** (1) To be spiritually united in communication with Jesus and with other *jóvenes,* in the spirit of Christian community immersed in the reality of Latino young people; (2) to form leaders and discover talents and qualities that can be used to serve more *jóvenes;* and (3) to have an opportunity to be heard by other *jóvenes,* develop friendships, and create community where talents can be shared, the needs of those around us can be identified in order to help them.

**Spirituality:** Relationship with Christ, a conversion process generated by that relationship that is noticeable in one's lifestyle, life in community, and a living witness to faith in Christ.

**Organizational structure:** The large group consists of the pastor, supported by a coordinator, a secretary, and a treasurer. Within that group are smaller groups of six to twelve *jóvenes* under the guidance of a young adult leader who guides them and maintains communication with the coordinator.

**Activities:** (a) A social gathering for those who want to become members, with separate times for reflection on human development, encounter with Jesus, and the particular needs of the group; (b) weekly meetings of the small groups; (c) combined meetings of all the small groups, to which are invited *jóvenes* who do not belong to any group where they are offered an evangelizing experience; (d) a retreat for all group members to deepen their faith; and (e) varied activities that allow the *jóvenes* to express their faith and talents, such as: testimonials in front of the community, camping trips, talent shows, and community service.

**Needs to which it responds:** Holistic formation, evangelization, and communities of mutual support.

**Implementation:** International model. *Reference: Parish of Saint Rose of Lima, San Fernando, California.*

## Children of Mary

**Goal:** To grow in faith as a community centered in Christ through devotion to Mary.

**Spirituality:** (a) Instruction in Marian spirituality as a pathway to Christ; (b) belief in the intercession of the Virgin Mary as the Mother of God; and (c) emphasis on participation in the Eucharist.

**Organizational structure:** Coordinating group that delegates duties to various members.

**Activities:** (a) A traveling statue of the Virgin visits the home of a different group member each week, selected by a raffle; and (b) commitment to pray the rosary all week in the family or community.

**Needs to which it responds:** (a) Nurtures a love for the Mother of God; and (b) increases and strengthens the Catholic faith.

**Implementation:** *Archdiocese of Miami.*

## Gangs for Christ

**Goals:** (1) To impart an intimate knowledge of Christ and human development through interaction with other adolescents; and (2) to grow in the faith.

**Spirituality:** (a) Christ as an adolescent; (b) Mariology; and (c) the joy of serving.

**Organizational structure:** (a) Coordinator, secretary, and treasurer; and (b) committees for liturgy, social activities, music, entertainment, cleanup, food, and volunteers.

**Activities:** (a) A week-long retreat with a joyful Mass every day, themes of interest to adolescents, *dinámicas*, sports, spontaneous skits, and a Christian party; (b) weekly growth experience: prayer before the Blessed Sacrament, the rosary, 15-minute thematic presentation, sports, and socializing; and (c) sometimes the growth experience is exchanged for a community work of charity such as visits to the sick, orphans, the imprisoned, or assistance for the most needy.

**Needs to which it responds:** (a) Growth in the faith; (b) healthy socializing; and (c) integration into society through charitable actions.

## Meditated Rosary

**Goals:** (1) To increase and share the spirituality of the *jóvenes;* (2) to interact with the *jóvenes;* and (3) to share with the family in particular homes.

**Spirituality:** (a) Marian; (b) domestic church; (c) praises to God between meditated mysteries; and (d) social interaction within the framework of a spiritual practice.

**Organizational structure:** (a) Selection of the home of one of the members of the *grupo juvenil;* (b) invitation to all the members of the group to go to that home to pray the Rosary on a selected night.

**Activities:** (a) Assign the persons who will lead each decade; (b) praises to Mary and to God; (c) petitions; (d) praying a decade of the Rosary; (e) meditation song; (f) closing and more praise; and (g) socializing and refreshments.

**Implementation:** Common practice in many places with local adaptations.

# PJ-34 Apostolic movements of Hispanic young people

## Search for Christian Maturity

**Goals:** (1) To improve self-knowledge, raise the young person's self-esteem, and strengthen his or her identity; (2) to know the Lord better; and (3) to evangelize young people, which promotes their holistic maturity.

**Spirituality:** Evangelization and faith formation.

**Organizational structure:** (a) National movement with diocesan supervision and co-ordination and a spiritual director; (b) diocesan board composed of young people, with leadership changing annually; (c) young people facilitate the retreat, chosen by vote each time; and (d) use of the retreat guide.

**Activities:** (a) Eight meetings in preparation for each retreat; (b) weekend retreats for adolescents and for *jóvenes* in English and Spanish; (c) follow-up with weekly meetings and formation topics; (d) "Re-Search": a leadership retreat for young people who have experienced a Search retreat; (e) support for immigrant ministry and other parish *grupos juveniles;* and (f) fund-raising activities.

**Needs to which it responds:** (a) Self-knowledge; (b) raising self-esteem; (c) improving and maturing social behavior; and (d) improving the relationship with parents.

**Implementation:** Present in various dioceses. www.searchretreat.org

## True Love Waits

**Goals:** (1) To promote awareness of sexuality as part of God's plan; and (2) to evangelize young people to help them love with chastity before and during marriage.

**Spirituality:** Holistic.

**Organizational structure:** (a) Central committee; (b) regional, diocesan, and parish committees; and (c) a priest as spiritual director.

**Activities:** (a) Initial retreat about sexuality during which participants make a vow of chastity; (b) retreat for a deeper encounter with Christ and to discover a call to a holy life and pastoral action; (c) retreat for engaged couples; (d) leadership formation; (e) social activities; and (f) Masses, etc.

**Needs to which it responds:** Poor sexual education and sexual licentiousness.

**Implementation:** International movement present in various dioceses throughout the country. www.truelovewaits.com

## Encuentros de Promoción Juvenil (Gatherings to advance young people)

**Goals:** (1) To have a personal encounter with the Risen Christ and enter a process of conversion; and (2) to obtain a holistic formation with deep spirituality in order to evangelize the world.

**Spirituality:** (a) Conversion, praise, and prayer; and (b) apostolate both within and outside of the movement.

**Organizational structure:** (a) Leadership at the international, national, regional, and local levels; (b) diocesan committees, spiritual director, board of directors, spiritual advisers, priests, and deacons; (c) formation of leaders to facilitate the retreats; and (d) the use of a formation manual.

**Activities:** (a) Retreats of three-and-a-half days with themes, prayer, reflection on one's life, the Eucharist, adoration of the Blessed Sacrament, recreation, and dramatic skits; (b) continuing formation provided weekly in small groups; and (c) the apostolate of the members.

**Needs to which it responds:** (a) Relationship with God; (b) increasing self-esteem and self-confidence, and overcoming fear of others, of God, and of talking about God; and (c) exercising the leadership of young people.

**Implementation:** International apostolic movement present in various dioceses of the country. *Reference: Archdiocese of Galveston-Houston.*

## Jornadas de Vida Cristiana (Christian Life Journeys)

**Goals:** (1) To evangelize *jóvenes* by means of other *jóvenes,* called *jornadistas* (the ones who have taken the journey); and (2) to make the Kingdom of God more visible every day.

**Spirituality:** (a) Centered in Jesus, who is called *"Chuito"* (little Jesus) as a term of endearment; (b) based on the baptismal call to evangelize; and (c) Marian inspiration: "All to Jesus through Mary and all to Mary through Jesus."

**Organizational structure:** (a) Directed by a core team of *jornadistas,* supervised by a spiritual director; (b) coordinated by delegates representing zones of the parish; and (c) enlivened and supported by parish delegates.

**Activities:** (a) Preparation for the weekend retreat called the *jornada* (journey, event); (b) the *jornada* itself; (c) follow-up through weekly meetings for faith formation in parish groups; (d) leadership training through a formation-in-action process; and (e) complementary activities such as the Walk, the Annual Encounter in Haverstraw, or the Prayers.

**Needs to which it responds:** (a) Helping the *jóvenes* find the meaning of their lives and satisfy their thirst for God; and (b) forming true Christians who wish to live the essence of Christianity, conscious of their personal and non-transferable vocation received through Baptism.

**Implementation:** Apostolic movement in the metropolitan New York area, especially in the Diocese of Brooklyn. www.jornadista.org

## Legion of Mary

**Goal:** To bring Communion and the Word of God to the sick in hospitals, homes, and nursing homes.

**Spirituality:** (a) Leading a Christian life; and (b) performing acts of mercy for the sick.

**Organizational structure:** Assignment of visits from a central office, called "the curia."

**Activities:** Weekly prayer and reflection meetings, a yearly retreat to meditate on the Lord and the Virgin, and visits to the sick.

**Needs to which it responds:** The Christian life of its members and care of the sick.

**Implementation:** International apostolic movement present in many parishes throughout the country with local variations. www.legiondemaria.org

## *Movimiento de Jornadas Juveniles* (Movement of Journeys for Young People)

**Goals:** (1) To lead *jóvenes* to find themselves and to encounter God in their lives; and (2) to experience a conversion in life in order to give witness to God wherever they go.

**Spirituality:** (a) Centering one's life in God and in the Catholic faith; (b) reading the Bible; and (c) giving witness to the faith.

**Organizational structure:** (a) Diocesan coordination, a board of directors made up of *jóvenes,* and adult advisers; (b) weekend retreats for young men and women respectively; (c) training of leaders to facilitate the retreats; and (d) promotion in all the parishes of the diocese.

**Activities:** (a) Sessions to prepare the team; (b) retreats; (c) follow-up meetings with topics of interest to the *jóvenes;* and (d) fundraising.

**Needs to which it responds:** (a) Spiritual and moral development; and (b) active participation in parish life.

**Implementation:** International movement present in various dioceses in the country with local variations. *Reference: Dioceses of Austin and Fort Worth.*

## Prevention and Rescue or *Barrios United in Christ*

**Goals:** (1) To train families, children, and *jóvenes* to avoid falling into gangs, drugs, alcohol, and addictions in general; and (2) to rescue *jóvenes* and adults with problems of addiction to alcohol and drugs, as well as gang members, through evangelization.

**Spirituality:** (a) Evangelization with great power in order to obtain the abundant fruits that do not wither (Jn 15:8-16); (b) encounters with Jesus; (c) prayer before the Blessed Sacrament; and (d) prayer with a focus on liberation.

**Organizational structure:** (a) Board of directors; (b) zone coordinators; (c) young evangelizers; and (d) workshops on evangelization.

**Activities:** (a) Family assemblies; (b) street ministry to care for the homeless and rescue people; (c) home visits; (d) referrals to centers for individual therapy, rehabilitation, detoxification, and tattoo removal; (e) job referrals; (f) intensive retreats or camp for holistic human formation; (g) visits to jails and penitentiaries to evangelize and offer support upon release; (h) weekly meetings; (i) monthly or bi-monthly retreats; and (j) consciousness-raising workshops and conferences.

**Needs to which it responds:** (a) Liberation from addictions and gang membership; (b) growth in the faith, religious education, and Christian values; and (c) the formation of evangelizing leaders.

**Implementation:** Headquartered in Los Angeles and present in various dioceses in California. www.prevencionyrescate.org

## Catholic Charismatic Renewal

**Goals:** (1) To renew the Catholic faith; (2) to grow in faith and prayer; and (c) to form community in an environment of prayer, praise, and joy.

**Spirituality:** (a) Outpouring of the Holy Spirit, asking for his intervention; and (b) deepening of prayer, preaching, and teaching.

**Organizational structure:** (a) Boards of directors that meet twice a week; (b) weekly meetings for the small communities in the movement; (c) spiritual director; (d) school of formation for leaders; and (e) retreats for the leaders throughout the year.

**Activities:** (a) Weekly group meetings with prayer, praise, teaching, socializing, fund-raising, and external activities; (b) evangelizing concerts; and (c) contributions through donations and sponsorships by the members.

**Needs to which it responds:** (a) Theological reflection that enlivens small Christian communities; (b) instrument of unity between generations and cultures; (c) volunteer work opportunities, participation in the life of the Church, and expressing one's faith without fear of rejection; (d) growth as a person in all dimensions; (e) formation of the laity and a better society; and (f) attention to personal, spiritual, and social needs.

**Implementation:** International movement present in multiple parishes and dioceses with local variations.

## Integral System of the New Evangelization (SINE, initials in Spanish)

**Goals:** (1) To have a lively personal encounter with God; (2) to become a Christian disciple, apostle, and follower of Jesus; and (3) to form small communities in the parish.

**Spirituality:** (a) Discovering one's personal vocation and God-given talents for service to the community; (b) facilitating personal conversion, discipleship, apostleship; and (c) an organized and progressive catechesis in the faith.

**Organizational structure:** (a) Acceptance by the pastor as a model for the whole parish; (b) evangelization retreat with a pre-established program; (c) preparation of the people by doing home visits and getting to know their reality; and (d) several stages: pre-evangelization with a message of love and salvation; initiation retreat; follow-up and creation of small communities according to the different sectors of the parish.

**Activities:** (a) Weekly community meetings directed by trained catechists wherein members pray together, share, help and listen to each other, and work together; (b) periodic visits by the parish priests to the families; (c) vocational formation of the *jóvenes,* who are integrated in the community with the adults; and (d) active participation in the Church, community, and society with an aim to grow spiritually and morally.

**Needs to which it responds:** Covers the spiritual and human needs, from children to the elderly.

**Implementation:** International movement present in various parishes. www.sinecentral.org

## Teens Encounter Christ – TEC

**Goals:** (1) To acquire knowledge of the Christian life and the Church; and (2) have fun.

**Spirituality:** (a) Strong on closeness to Jesus; (b) strengthening of the Catholic identity; (c) growth in the faith; and (d) promotion of service to others.

**Organizational structure:** (a) Coordination from the national headquarters; (b) volunteer opportunities for a year for young adults who wish to facilitate retreats for adolescents; and (c) retreats at the parish level, facilitated by young adults for adolescents.

**Activities:** Promote evangelization and missionary activities among youth and young adults.

**Implementation:** National movement with headquarters in Festus, Missouri, and the possibility of offering retreats at the parish level throughout the nation.
www.tecconference.org

# PJ-35   Institutes and programs of leadership formation

## John Paul II School of Evangelization

**Goals:** (1) To form evangelizers; and (2) to offer formation courses.

**Spirituality:** Adoration of the Blessed Sacrament, with a charismatic approach.

**Organizational structure:** Approximately 34 courses divided into six levels of five courses each, starting with a course in Christian initiation.

**Activities:** (a) Promoting the courses in different parishes of the diocese; and (b) invitation to people who may not be involved in the Church.

**Needs to which it responds:** Faith formation of the laity.

## Formation, Spirituality, Integration, Communication, and Apostolate (FEICA, initials in Spanish)

**Goals:** (1) To assist in the formation, spirituality, communication, and apostolate of the *jóvenes;* and (2) to promote unity in the diocese through a common model of *PJH.*

**Spirituality:** (a) Follow the life example of Jesus Christ; (b) live in community; (c) seek holiness; and (d) participate actively in the evangelization of the world.

**Organizational structure:** (a) Coordination from the office of *PJH;* (b) in each *grupo juvenil* there is a person responsible for each area: formation, spirituality, integration, communication, and apostolate; and (c) active participation of the *jóvenes* in all five areas.

**Activities:** (a) *Formation* through the *Escuela Católica Arquidiocesana* (ECA, the Archdiocesan Catholic School) and through thematic reflections in the parish groups; (b) *spirituality* such as rosaries, monthly Masses for the *jóvenes,* night-time adoration of the Blessed Sacrament, vigils, evenings of praise, retreats, and *Pascua Juvenil;* (c) *integration* activities such as dances, sporting events, volleyball, soccer, birthdays, tournaments, t-shirts, and envisioning the future together; (d) *communication* through the *JUV* newsletter, flyers, mail, website, and telephone; and (e) *apostolate:* ushers, visits to the sick, and missions.

**Needs to which it responds:** Practicing the faith in four areas: human and religious formation; spiritual growth; integration into groups, parishes, and the diocese; and use of the media for one's faith life and for evangelization.

**Implementation:** *Archdiocese of Atlanta.* juvatlanta.com/index.html

## Catholic Hero's Journey – Catholic Leadership Institute (CLI)

**Goals:** (1) To acquire clarity about God's purpose and mission; (2) to gain confidence in one's ability to guide others, courage to respond to the call, and commitment to lead by service following the example of Jesus Christ.

**Spirituality:** (a) Discover God's plan for each person; (b) integrate one's life project with the mission of Jesus as a member of the Church; and (c) commit to prayer as servant leaders, following the example of Jesus.

**Organizational structure:** (a) Initial and final retreats at Malvern Retreat House; and (b) ten monthly sessions through the Internet, supervised by a certified professor, carried out at the most convenient time and place for the participants, who should be young adults.

**Activities:** (a) LEAP (Leaders Experiential Adventure Program) retreat; (b) ten monthly sessions directed by a CLI supervisor using materials accessible through the Internet, CDs and workbook; and (c) retreat to integrate one's mission with that of Jesus and of the Catholic Church.

**Needs to which it responds:** Responds to the four "C's": (a) *clarity* about their God-given mission and purpose; (b) *confidence* and skills to lead others; (c) *courage* to answer their calling; and (d) *commitment* to prayerful servant leadership following the example of Jesus Christ.

**Implementation:** Northeast of the country originating at the McShain-Horstmann Family Life Center at the Malvern Retreat House. www.catholicleaders.org

## Leadership Formation System of *Instituto Fe y Vida* (Institute for Faith and Life)

**Goals:** (1) To train young leaders and adult advisers through a system of holistic and progressive formation; (2) to create shared leadership; (3) to assist in the establishment of an interdisciplinary diocesan team for *PJH;* and (4) to promote a professional *PJH* as a pastoral specialization in the United States.

**Spirituality:** (a) Evangelizing, communitarian, and missionary approach; (b) incorporates the vocation and mission of young people as the foundation of their spirituality as they become prophets of hope in the Church and society; (c) Christocentric with a solid grounding in the Scripture and faith formation; (d) ecclesial, with a model of the Church as a community of communities, and promotion of communion in mission.

**Organizational structure:** (a) Central office with personnel dedicated to bilingual and bicultural PJH—with adolescents and *jóvenes;* (b) mobile pastoral team comprised of professional and paraprofessional (alumni trained as instructors) members; (c) a series of formation programs offered at the diocesan and national levels: Initiation Course in *Pastoral Juvenil Hispana;* Certificate Program for Advisers and Leaders in *Pastoral Juvenil Hispana*; Biblical Course "The Bible through the Eyes of Young Latinos;" a National Leadership Symposium; Advanced Seminars for Specialization; and Training of Trainers Programs; and (d) a research center, publishing department, and a strong commitment to advocacy in order to achieve the goals.

**Activities:** (a) Courses and programs for the *jóvenes* and adult advisers; (b) consultations and planning processes; (c) workshops and conferences to raise consciousness of the needs of Latino young people; (d) research; (e) publications; and (f) promotion of a Biblical ministry among *jóvenes* in the U.S. and throughout Latin America.

**Needs to which it responds:** (a) Leadership formation among *jóvenes,* adults, and professional ministers, focused on ministry with Latino young people; (b) scientific studies of the reality of Catholic Hispanic youth and young adults in the United States; and (c) publications to promote an evangelizing, communitarian, and missionary *PJH.*

**Implementation:** (a) Local programs in approximately fifteen dioceses per year; (b) annual national program with the participation of more than thirty dioceses; and (c) conferences and workshops in dioceses and institutions throughout the country. www.feyvida.org, www.BibliaParaJovenes.org

## Southeast Pastoral Institute (SEPI)

**Goal:** To accompany *jóvenes* in their growth as human beings and in the development of their Christian commitment. This goal includes an aspect of conversion (participation in the Paschal Mystery of Christ) which challenges them to live in the fullness of life which Christ came to offer.

**Spirituality:** Participation in a process of conversion which gradually presents the *jóvenes* with ever greater challenges, which impart an experience of the sacraments and deep prayer that leads them to life in the Church and society, not only emotionally, but also with a serious commitment.

**Organizational structure:** (a) A team of instructors with specialization in *PJH* that accompanies the *jóvenes* of different dioceses in all of the formation programs; (b) a school for adult advisers of *PJH* on the SEPI campus, with occasional mobile teams to serve a particular diocese; and (c) bi-annual regional encuentros for *jóvenes,* organized by SEPI's pastoral team.

**Activities:** (a) Friendship Day, a one-day workshop for creating *grupos juveniles;* (b) workshop to set the objectives for a group; (c) *Experiencia Cristo:* a retreat for the conversion of *jóvenes* conducted by *jóvenes;* (d) *Experiencia de Experiencias:* a three-day retreat to renew the Christian commitment and apostolate of the *jóvenes;* (e) a week-long Leadership Course in *PJH* including: pastoral methodology, Hispanic culture, spirituality, and the life project; (f) School for Adult Advisers: a week-long course in Miami for three consecutive years to form Adult Advisers in *PJH* including: sociology, adolescent psychology, the methology of *PJH,* and spiritual, vocational, and theological discernment; (g) vocational retreats; (h) the process of *Pascua Juvenil,* including four weekend workshops and the production of *El Libro de la Pascua* by the *jóvenes;* and (i) celebration of a Regional Encuentro every two years to evaluate the status of *Pastoral Juvenil* in the region and plan the main goals for the following two years.

**Needs to which it responds:** Preparation for life in society and the mission of the Church by creating communitarian, spiritual, and cultural leaders among the *jóvenes.*

**Implementation:** Headquarters in Miami; work in the southeastern dioceses of the United States. www.sepimiami.org

# PJ-36 Models in other pastoral areas

## Catholic Campus Ministry at UTB

**Goals:** (1) To gather the Catholic students to facilitate their getting to know each other; (2) to celebrate the Eucharist together; (3) to study the Bible; and (4) to do community service.

**Spirituality:** (a) Encounter with Jesus; (b) unity; (c) humility; (d) sharing one's gifts; and (e) community service.

**Organizational structure:** Meetings once a week.

**Activities:** In addition to those mentioned in the goals, missions in different places within and outside of the country, as well as fundraising.

**Needs to which it responds:** Promoting activities motivated by faith.

**Implementation:** University of Texas, Brownsville. www.cdob.org/utb

## Vocational Cenacle for Adolescents

**Goal:** The spiritual formation of adolescents based on prayer for vocations and spiritual direction.

**Spirituality:** Vocational.

**Organizational structure:** Invitation to the youth to participate punctually and responsibly in the bi-weekly meetings (maximum 1½ hours).

**Activities:** (a) Reading the Bible, singing, individual and group prayer, and adoration of the Blessed Sacrament; (b) praying for vocations and reciting the rosary; (c) collaboration in diocesan activities such as vocational awareness celebrations, vigils for vocations, and the prayer alliance for vocations; (d) *dinámicas;* and (e) trips. The activities are planned ahead and only two or three are implemented at each meeting.

## Hispanic Evangelization Leadership Program (HELP)

**Goal:** To prepare adolescent leaders for the evangelization of their peers.

**Spirituality:** Encounter with Christ.

**Organizational structure:** (a) Coordination at the vicariate level; and (b) directed by young people who are active in parish groups.

**Activities:** Eight monthly sessions presented by pastoral ministers.

**Needs to which it responds:** Leadership formation.

**Implementation:** North Manhattan Vicariate, New York.

### *Respeto* (Respect)

**Goal:** To create a way of working through which youth can express their true ideals.

**Spirituality:** Deepening of the faith by means of catechesis.

**Organizational structure:** Coordinated by religious sisters.

**Activities:** Sessions with singing, *dinámicas,* and prayer.

**Needs to which it responds:** Leadership formation.

**Implementation:** Diocese of Springfield, Missouri.

# 4. Conclusions regarding the profile, formation, and promotion of leadership in *Pastoral Juvenil Hispana*

## CALLED TO SERVE: OUR LEADERSHIP

*SIMON, SON OF JOHN, DO YOU LOVE ME? FEED MY SHEEP – JN 21:17*

The great positive changes in society and in the Church only occur if there are good leaders. All of us who have participated in this Encuentro have exercised some form of leadership, and that is why we feel this is a highly important topic. In our regional encuentros we concerned ourselves with identifying concrete ways to train the leaders in our dioceses and parishes and from there ways to promote leadership for society and the Church. At the National Encounter we identified the characteristics of a young Christian leader and completed the work done at the regional level.

Training leaders at the personal, communal, and social levels is essential, and in *Pastoral Juvenil Hispana* it is a priority. Only with leaders who have a solid human and Christian formation and are trained in the various skills necessary for effective ministry, will it be possible to expand and improve ministry among Hispanic young people. To neglect the young leadership is to neglect the Church of today and of tomorrow, since many Hispanic leaders in the Church come from *PJH*.

The analysis conducted by the delegates at the regional encuentros was based on their own vision and experience. On the other hand, at the National Encuentro it was based on a dialogue with a panel of ecclesial leaders consisting of bishops, priests, religious sisters and brothers, and lay pastoral agents working in *PJH*.

This chapter presents the conclusions of the delegates to the National Encuentro in two sections: (a) conclusions for ministry with adolescents; and (b) conclusions for *pastoral de jóvenes*. Each section is subdivided into three parts:

1. **Profile of the leader in the corresponding ministry.** This profile was constructed from personal experience, the contributions of the panelists, and the delegates' dialogue with them.

2. **Characteristics of leadership formation and training.** As formation and training are complementary processes, they are presented in one section.

3. **Ways or means to promote the leadership of Latino young people.** The *jóvenes* can only exercise their leadership if the Church promotes and accompanies them in their process of maturing as leaders; this issue was analyzed in both the regional and National Encuentros.

# CONCLUSIONS OF THE ADOLESCENTS

**Ad-40**  ## Profile of the leader in ministry with adolescents

When the summary was made, due to the way the conclusions were edited, it was not possible to distinguish which qualities referred to adolescents as leaders and which to the pastoral ministers who work with them. Therefore, the following qualities refer to any leader in ministry with adolescents:

- Takes the initiative to design and start projects and assumes responsibility for her or his actions.

- Has the necessary education and training to exercise effective leadership and is willing to work hard to achieve the goals.

- Knows how to work on a team and is prepared to make decisions that promote the lives of adolescents and their community.

- Actively lives her or his faith, gives witness of a Christian life, and thinks critically about the signs of the times.

- Advocates for adolescents and insists on a response from the Church to their needs, working as a bridge between them and the people with the responsibility to make decisions in favor of ministry with adolescents.

- Is proactive, takes time to plan pastoral activities so that leaders in other areas of ministry and society take her or him seriously.

- Has a love and a passion for this ministry; recognizes and builds on the strengths and gifts of others, is open to diversity, and is capable of recognizing and forgiving mistakes.

- Is joyful, authentic, positive, honest, respectful, and sensitive; knows her or his culture and is proud of it.

- Develops a communion in mission with the community; knows how to listen in a Christian way and knows how to delegate responsibility.

- Actively participates in the Church, is politically involved in society, speaks courageously in the face of injustice, and is willing to work with authorities and institutional structures.

- Communicates effectively in both positive and negative situations at the personal, family, and community levels.

**Ad-41**  ## Characteristics of leadership formation and training

Some of the characteristics of leadership formation and training for ministry with Latino adolescents refer only to adolescent leaders; others refer to this ministry and its adult pastoral leaders. Read together, they manifest the adolescents' desire that youth ministers exercise a shared leadership with them, helping them to be formed as leaders by entrusting leadership roles and responsibilities to them.

- It is urgent that programs be offered to prevent dropping out of school, and to provide the Latino youth with information about scholarships, financial aid, helpful alternatives, etc. Very little is being done to improve their basic academic formation, which is a necessity for any other formation for leadership.

- The formation programs for leadership should include the different aspects of *PJH*: human development and relationships, the social and pastoral context of Hispanics in the United States, human sexuality, Bible, liturgy, spirituality, morality, theology, sociology, and civics.

- The leaders should be trained in methodologies for organizing and conducting orderly meetings and on how to create and develop projects. Language lessons should also be offered so that leaders learn to speak, read, and write in Spanish and English.

- Formation programs should be attentive to the gifts and talents of each and every leader in order to help them develop the best of themselves.

- It is very important that pastors understand that training the youth to be leaders is the best investment they can make, and that it is their responsibility not to neglect this endeavor.

- It is imperative to give the leaders a sense of responsibility and unity, and to support them in maintaining a positive attitude and overcoming shyness, a fear of criticism, and a lack of self-confidence.

- Courses should offer the cultural tools needed for work with Latino adolescents, such as: knowledge of their psychology, learning to use *dinámicas* and culturally appropriate motivational techniques, organization, and participatory leadership.

- It is suggested that a mobile institute be created whose goal is to form youth leaders based on their needs, testimonials, and ideas.

## Ad-42 Ways or means to promote Latino youth leadership

- Latino adolescents recognize that their own leadership depends on the capacity of the youth ministers who work with them to exercise shared leadership and to empower them as leaders through formation-in-action processes.

- Diocesan schools of ministry are an excellent structure for the continuous formation of leaders, enabling them to better understand Hispanic adolescents.

- Leaders should help Hispanic adolescents discover their vocation, delegate responsibilities to them, share leadership with them, and show joy when serving in the community.

- Youth leadership is developed by formation-in-action, such as: participating in civic marches, coordinating parish events, and doing volunteer work, especially in assistance to the poor and in religious education.

- Latino adolescents learn to be leaders by following the example of leaders who take them seriously, affirm and value them; who know how to respond to their situations and to improve their lives; who know how to handle their own problems and realize they can help others in spiritual matters; and, above all, who recognize themselves as beloved children of God.

- Leaders promote the leadership of Hispanic adolescents when: they are motivated to serve them and support their initiatives; they allow them to participate actively in the celebrations and activities of the Church; they invite them to plan activities; they share their hope for a new world and a new Church, with horizons open to making things new according to the will of God.

- The mutual exchange of resources among nearby parishes is a good strategy for leaders of different communities to become known among other groups.

# CONCLUSIONS OF THE *JÓVENES*

## Jo-43 Profile of the leader in *pastoral de jóvenes*

The *jóvenes* specified the qualities they demand of themselves as leaders, which need to be taken into consideration as much for them as for their adult advisers. *Jóvenes* who are leaders in *Pastoral Juvenil*:

- Have a relationship with Jesus, with whom they identify and become instruments of his mission; read Sacred Scripture, listen to its call, and respond to it; know how to accept their cross; participate in the Eucharist and follow the example of the disciples on the road to Emmaus.

- Are sensitive and open to accepting the reality of others, and are friends with everyone, accompany and walk with others, while taking initiative and serving as a bridge and guide.

- Participate in ministry with a communion-in-mission approach; have a clear desire to form one ecclesial community; are friendly with other ministers and know how to get along with all; maintain communication and a collaborative spirit with the priests.

- Recognize the value and richness of each person; are honest and sincere in their relations; know how to accompany and support others in the discernment of their vocation; and promote leadership among their peers.

- Are involved in a continuous formation process; have a drive to achieve; receive spiritual direction and seek advice and support from more experienced leaders; know how to discern the signs of the time; and are willing to assume responsibility in ministry.

- Identify with Hispanics, know how to work using their reality as a starting point, are bilingual, handle the cultural diversity in which we live with love, and seek the common good.

- Are hospitable and honest servant-leaders; are courageous and capable of overcoming fear; give of themselves to others; are self-assured, accept correction, act naturally, and know how to forgive; are compassionate in the face of others' needs; do not get discouraged and learn that there is a time for everything.

- Encourage and listen to others without seeking their own agenda; know how to organize, negotiate, empower, and let others discover their own talents and potential; can speak comfortably and in depth on subjects of interest to the *jóvenes*.

- Trust in the Holy Spirit as a guide; are people of prayer; give witness with their lives by being faithful to the Word; have a loving commitment to serve the poor and marginalized with a missionary spirit; and do their ministry with an emphasis on social justice.

- Are decisive and energetic; know how to take action and are willing to take risks; are balanced and flexible; learn to make the right decisions; and know how to handle conflicts and pressures.

- Have, or are in the process of acquiring, a professional and academic education in the faith; seek the necessary knowledge through courses, books, the Internet, ecclesial organizations, movements, or formation groups; have the capacity to train others.

- Have patience, passion, a broad vision, effectiveness, and perseverance in pastoral work; stay in contact with the community in order to lead it; work with available resources and at the same time know how to create new pastoral tools.

- Are advocates for the *jóvenes;* pray for them and help them find support through the appropriate means, such as letters to bishops and diocesan directors; are persistent with people in positions of authority in the Church, in order to meet the needs of the *jóvenes*.

## Jo-44    Characteristics of leadership formation and training

The *jóvenes* mentioned several characteristics for their formation and training. Even the tone they used in writing them reveals how they have made a commitment to their formation as leaders.

- Sacred Scripture, liturgy, prayer, and spiritual formation are the university of every good leader.

- We need to develop a spirituality of leadership because we can only become good leaders if we do it in the style of Jesus.

- All leaders should prepare themselves to be good missionaries, not only by preaching, but also by embracing the values of Christ in their lives and learning to be accountable to them.

- We need leadership classes in order to learn the psychological techniques, pastoral skills, and spiritual agility that help us accomplish our mission.

- We must develop our leadership in order to become a bridge between cultures. We live in a multicultural environment and should prepare ourselves for such. A good way to achieve this is by learning to read and write correctly in both English and Spanish.

- We have to be accountable for our responsibilities, setting goals that can be evaluated and reviewing them periodically.

- We need to overcome our shyness, fear of criticism, and lack of self-confidence.

## Jo-45    Ways or means to promote the leadership of *jóvenes*

In reference to the ways or means to promote leadership, the *jóvenes* mentioned some responsibilities for diocesan personnel and pastoral ministers, others for themselves, and others for all of them.

- Schools of ministry and schools that specialize in leadership development are a basic resource for the *grupos juveniles*.

- *Jóvenes* promote their own leadership when they:
  - Strive to have a positive attitude, to be capable of loving; understand the reality of the community in which they work; and take on leadership in a natural way.
  - Have, share, and transmit a vision of solidarity in service, being capable of reciprocating both giving and receiving.
  - Knock on doors to seek and find the necessary resources for their training; read the Scriptures and church documents; seek ways and places to serve such as: parishes, apostolic movements, *grupos juveniles,* Catholic social action associations, etc.

- Leaders are supported when their vocation, conversion, and prayer life are cultivated; when they receive social, moral, spiritual, sexual, and theological formation from a holistic perspective; and when ministers work collaboratively with them.

- The Encuentro has been a very positive experience of promoting leadership; similar experiences must be repeated.

- We must foster leadership by providing *jóvenes* with spiritual and material assistance so they do not have to stop their studies.

- Attention to the *jóvenes* in their own language—English, Spanish, or bilingual—is very important so that nobody feels excluded; in particular, attention to the marginalized *jóvenes* among whom there are many talents needed by the Church and society.

- The witness and support of the older leaders with more experience help new and younger leaders act with greater confidence.

# 5. Conclusions regarding strategies for *Pastoral Juvenil Hispana* nation-wide and the role of *La Red*

## THE HARVEST IS GREAT; LET US ORGANIZE OUR MISSION: STRATEGIES AND RESOURCES

*CAST THE NET OVER THE RIGHT SIDE OF THE BOAT AND YOU WILL FIND SOMETHING – JN 21:6*

We cannot finish this event without suggesting practical ways to implement what we have learned and reflected upon throughout the entire process. The best way for our Encuentro to produce the anticipated fruits is for us to take action in an organized way. It is important that in each diocese and region we put into practice the conclusions reached in their respective encuentros. It is also vital that we work with an authentic spirit of communion-in-mission to advance the ministry at the national level, which in turn will have positive repercussions on our local ministries.

This chapter presents the strategies proposed by the delegates to the diocesan, regional, and National Encuentros to accomplish the mission of *Pastoral Juvenil Hispana* and respond effectively to their needs and aspirations. This chapter is divided into two sections:

1. Strategies proposed by adolescents.

2. Strategies proposed by the *jóvenes*.

At the same time each section is subdivided as follows:

1. **Strategies at the parish level.** These were proposed throughout the entire process.

2. **Strategies at the diocesan level.** These were proposed at the regional encuentros.

3. **Strategies at the regional level.** These were proposed at the regional encuentros.

4. **Strategies at the national level.** These were proposed at the National Encuentro and, thus, do not reflect the direct contributions from adolescents as they were not present.

# STRATEGIES PROPOSED BY THE ADOLESCENTS

Some strategies for ministry with Latino adolescents were proposed by them and others by pastoral ministers. In some cases the source is unknown, so they are all presented together.

## Ad-50  Strategies at the parish level

- Involve Hispanic adolescents and foster their commitment to serve in parish ministries and activities, knowing how to listen to them without criticizing them, allowing them to express themselves, and empowering them to put their qualities and gifts into practice.

- Allow the adolescent groups in the parish to announce their activities in the bulletin in order to make their activities known to the community.

- Obtain the support of the pastor and priests, a place for meetings, and a professional bilingual pastoral minister to serve the Latino adolescents and *jóvenes.*

- Create parish groups in which Latino adolescents feel welcome and are offered holistic formation, Biblical themes, and interesting educational and cultural activities.

- Offer healing celebrations and services for adolescents and *jóvenes.*

## Ad-51  Strategies at the diocesan level

- Conduct periodic diocesan activities that promote unity and communication among all the groups in the diocese, such as youth Masses, retreats, workshops, analysis and evaluation meetings, etc. These need to be adequately announced and promoted.

- Allow Latino adolescents and *jóvenes* to be part of the planning process of diocesan religious and cultural events that respond to the needs of the Hispanic community.

- Have dioceses give priority to *Pastoral Juvenil Hispana* by hiring professional bilingual personnel who can undertake such work at the diocesan level, not only as a resource, but also offering direct support and accompaniment to the *grupos juveniles* and communities, given that usually there is no one responsible for *PJH* in parishes.

- Implement a communion-in-mission approach so that ministry with Latino adolescents does not become just another activity, but a priority for the good of the Church as a whole.

- Prepare leaders who serve Latino adolescents in a specialized manner, responding to their needs as they grow and mature.

## Ad-52  Strategies at the regional level

- Establish a regional network for *Pastoral Juvenil* to support ministry with Latino adolescents by developing an action plan based on their reality and led by the adolescents themselves.

- Have a budget to support the production of appropriate materials for the region's needs and to do research on what is happening in the life of Latino adolescents, in such a way that we can respond to them with holistic formation programs.

- Establish an annual regional meeting regarding *PJH* that covers both ministry with Hispanic adolescents and *pastoral de jóvenes.*

- Create a mobile institute whose main purpose is the formation of young Latino leaders, starting from the testimonies, needs, and ideas presented by the *jóvenes.*
- Benefit from a greater presence of bishops and priests in ministry with Hispanic adolescents.

# STRATEGIES PROPOSED BY THE *JÓVENES*

## Jo-53    Strategies at the parish level

- Motivate priests to support *PJH* financially and spiritually, at the same time that we, the *jóvenes,* agree to serve in liturgical and catechetic ministries.
- Offer a holistic formation with professional pastoral ministers to reach *jóvenes* who are alienated from the Church.
- Establish and utilize channels of communication with other parish ministries, thereby fostering a spirit of communion in mission.
- Promote social gatherings, retreats, and activities to keep *PJH* alive.
- Maintain the continuity of all *PJH* programs.

## Jo-54    Strategies at the diocesan level

- Make *PJH* a priority by having a paid, bilingual, bicultural coordinator of *PJH,* who facilitates the holistic formation of leaders and the participation of *jóvenes* and adolescents in the planning and implementation of diocesan activities.
- Develop a diocesan plan for *PJH,* to be convoked by the bishop and evaluated on a yearly basis, which takes into account the conclusions from the Encuentro and the local reality. This plan is to be prepared by young Hispanic leaders and those responsible for their ministry in parishes, movements, and diocesan offices.
- Establish a diocesan council or team for *PJH* that unites the *grupos juveniles* and apostolic movements in the diocese, as well as connecting with the region and the nation. The council's task is to support the parishes and conduct periodic diocesan activities to keep *PJH* alive, such as: youth Masses, retreats, workshops, and analysis and evaluation sessions, all adequately publicized and promoted.
- Motivate the priests to provide spiritual support to *PJH* as well as financial resources and formation in order to create a communion-in-mission with other movements, and to have continuity while maintaining an openness to change.
- Create a monetary fund to provide economic support for the programs and activities of the *jóvenes.*
- Persuade the diocesan and parish leaders or coordinators of *PJH* to participate in the annual membership meeting of *La Red* to enrich their ministry.
- Guide the diocesan and parish leaders or coordinators of *PJH* to engage in a closer relationship with the bishop and diocesan authorities, and to begin making ourselves visible and working with the leaders of mainstream youth and young adult ministry.
- Have institutes for holistic pastoral formation that are open to *jóvenes,* using interdiocesan, regional, national, and international resources, and ensure that the leaders in *PJH* participate.

- Conduct encuentros or retreats for vocational discernment at the diocesan level, following up with those delegates to the National Encuentro who felt a calling.

- Promote musical education programs among musicians and within the community to increase a spirit of healthier enjoyment.

## Jo-55   Strategies at the regional level

- In regions where it is not possible to hire trained personnel at the diocesan level, either because of financial reasons or because *PJH* is just starting: (a) hire a person at the regional level to support the dioceses with formation, guidance, training, and strategies for evangelization that have already been tested in the region; and (b) create mobile teams to visit the dioceses giving missions, retreats, courses, trainings, etc.

- Establish a regional network of *PJH* led by *jóvenes* with an action plan for an annual regional gathering, where resources and experiences are shared and unity among the dioceses of the region is fostered, building on the opportunities for exchange and communication created by the Encuentro.

- The regional coordinators should interact with and be a part of the National Federation for Catholic Youth Ministry (NFCYM).

## Jo-56   Strategies at the national level and the role of *La Red*

- Have a national organization *(La Red)* that: recommends, supports, and promotes the conclusions of the Encuentro; serves as an intermediary and advocate for the *jóvenes* before the bishops; elaborates a national plan for *PJH* with participation from young leaders and directors of *PJH;* offers opportunities for the formation of leaders not only in the big cities, but also in the rural areas; and facilitates the sharing of experiences and resources.

- Have a national institute that trains leaders, offers a national certificate in *PJH* similar to the "National Certificate in Youth Ministry Studies," and provides information and resources for *PJH*.

- Raise funds annually to provide scholarships for training leaders for *PJH,* conducting events such as: concerts, retreats, and encuentros that attract *jóvenes*.

- Make extensive use of the media—the Internet, TV, radio, and national newspapers—for evangelization, promotion of the Catholic faith, and sharing information and ideas about developing *PJH* and the leadership of young Latinos.

- Create a bilingual website with open access and interactive materials for the development of *PJH;* in which programs, materials, and activities that have been used with success in various dioceses can be shared; and to facilitate communication between dioceses and regions.

- Ensure that the Encuentro process continues periodically in order to update the needs and aspirations of Hispanic *jóvenes,* to share effective strategies for *PJH,* to form leaders, to circulate the advances in *PJH,* and to evaluate pastoral practices.

- Establish a national plan that will serve as a guideline for dioceses or parishes that want to start or renew their ministry with young Latinos.

- Promote membership in *La Red* more widely and intensely—so that it reaches parishes—through the media and by creating and making available a directory of all the Encuentro participants with the help of a marketing team. Find sponsors to enable *La Red* to accomplish its mission.

- Create a national committee of *jóvenes,* sponsored and supervised by *La Red,* which will have members on *La Red's* board of directors in order to share the vision of the *jóvenes.*
- Design and implement a structure for *PJH* that links parishes, dioceses, and regions, thereby guaranteeing national unity in the development of the ministry, and take advantage of the diocesan offices of *PJH* and of mainstream Youth and Young Adult Ministry to provide information to the parishes.

# PART THREE

# STATISTICS ON THE PARTICIPANTS

# STATISTICS ABOUT THE PARTICIPANTS
# IN THE ENCUENTRO PROCESS

## Introduction

The First National Encounter for Hispanic Youth and Young Adult Ministry was designed from the beginning as a process that would gather the religious experiences, hopes, frustrations, and pastoral insights of as many Latino/a Catholic *jóvenes* (single youth and young adults, roughly between the ages of 15 and 30) as could be reached in an 18-month period. As a result, this document represents the voices of many thousands of Hispanic *jóvenes* who participated in the process and who were represented at the national event by delegates from their diocese.

Because the Encuentro process was organized and carried out primarily by diocesan and parish personnel who were already working with Latino adolescents and young adults in the Catholic Church, the level of participation in the Encuentro is in some ways a measure of the pastoral care and accompaniment currently being provided to Hispanic *jóvenes* in parishes and apostolic movements throughout the country. For this reason, it is important to gather and analyze the information generated by the Encuentro process with respect to the number, location, and type of individuals who participated at the parish, diocesan, regional, and national levels.

The purpose of this section is to summarize the information gathered and highlight certain pastoral concerns that arise from the findings. Before getting into the details, it is helpful to understand how the data was collected over the course of the Encuentro process, as well as certain limitations that apply to the data presented here. The Encuentro was carried out in four steps as follows (see also the diagram on page 35):

1. **The parish encuentro process** began with five catechetical sessions that were conducted in existing parish youth and/or young adult groups, apostolic movements, and small communities of Hispanic *jóvenes,* either in English or Spanish. The process guided participants to conduct a missionary outreach to their Catholic peers who are not active in the Church, soliciting their opinions about the Church by means of a survey.

The inactive Hispanic *jóvenes* were also invited to participate in a parish encuentro, which served as the culmination of the local gatherings. All of the parish groups and apostolic movements participated together in this event, and the *jóvenes* elected some of their peers to represent them as delegates to the diocesan encuentro.

2. **The diocesan encuentros** brought together delegates from all of the parishes participating in the Encuentro process to reflect on the pastoral situation of young Hispanic Catholics in their diocese. Together they identified a set of goals, principles, important elements, and pastoral models for ministry with Hispanic young people. They then chose delegates to bring the insights from their conversations to the regional encuentro.

3. **The regional encuentros** provided the opportunity for the delegates from each diocese to share the pastoral needs, hopes, commitments, principles, and best practices for *Pastoral Juvenil Hispana.* The organizers of the regional encuentros were asked to maintain records of the number of delegates from each diocese, as well as their ages, the languages used in the proceedings of the encuentro, and the number of lay ministers, priests, and bishops in attendance.

During the regional encuentros, the delegates from each diocese gathered and reported the following information from their respective diocesan encuentros, either based on their records or according to their best recollection:

- The number of parish groups represented at the diocesan encuentro, as well as the ages served and the languages used in each group.

- The name and pastoral model for the apostolic movements represented, as well as the ages served, the languages used, and the approximate number of groups of each movement present in the diocese, whether or not each group had representatives at the diocesan encuentro.

- The number and ages of the delegates to their diocesan encuentro, as well as the number of parishes represented, the number of lay ministers, priests, and bishops present, and the languages used in the diocesan encuentro.

4. **For the National Encuentro,** each of the eight regions prepared a summary of its pastoral needs, hopes, commitments, principles, and best practices. These reports were then synthesized to form the working document for the National Encuentro. In terms of the participants, due to problems with the registration process the only data available from the National Encuentro were the names and dioceses of each of the participants, and whether they were attending as a delegate or an observer.

As indicated above, the data on which this section is based were collected only at the regional and national levels. It should be kept in mind that the people compiling the information were pastoral workers, not social scientists, so they did not always exercise the same level of care in reporting their results. Furthermore, the forms themselves were not pilot-tested and validated prior to being printed in the regional encuentro workbooks. As a result, there were significant variations between dioceses and regions in the interpretation of the forms, and a number of dioceses

did not complete them because they did not have all of the data available.

Therefore, the following limitations should be taken into account when reading the data in the remainder of this section:

- National-level records for the participants in the parish encuentro processes are not available, so it is not possible to determine the full extent of the outreach conducted through the encuentro process. The 40,000 participants mentioned on page 11 are an estimate based on pastoral experience of the average number of youth and/or young adults at meetings of parish groups and apostolic movements.

- The data regarding the diocesan encuentros contain a mixture of estimates and actual records of participation. Consequently, they should only be considered estimates.

- A quick survey of the diocesan, regional, and national data shows that many dioceses that did not have a diocesan encuentro nevertheless participated in their regional or National Encuentros. Similarly, it should not be assumed that parishes and apostolic movements present at their diocesan encuentros actually completed the first step of the encuentro process. In fact, anecdotal evidence suggests that there was considerable variation and adaptation of the process at every step before the national event.

# THE NATIONAL ENCUENTRO

As mentioned in the introduction, there were a few dioceses that sent delegations to the National Encuentro not having participated in the prior encuentros, but there were also some dioceses that had participated in the regional events that did not send delegations. Most of the latter were dioceses that had only a few parishes participate in their diocesan encuentro and a very small delegation to their regional encuentro. A map of the regions and the dioceses included in each can be found on page 24.

As envisioned, the delegates to the National Encuentro were supposed to be Hispanic young adults (ages 18 to 30) who had been sent from their parish or apostolic movement, diocese, and region to share the insights and concerns that had been raised at each of the prior steps of the process. On reviewing the registration data, it seems that some dioceses actually sent lay ministers (unknown number), men and women religious (34 of them), and priests or deacons (28 of them) as delegates instead of sending them as observers.

## Table 1 – Participation in the National Encuentro by Region

| Hispanic Ministry Region | # of Dioceses that Participated | % of the Dioceses in the Region | Total # of Participants | Delegates | Observers | Exhibitors | Media | Volunteers and Others | Priests and Deacons | Religious Sisters and Brothers |
|---|---|---|---|---|---|---|---|---|---|---|
| Northeast | 25 | 68% | 319 | 278 | 41 | 0 | 0 | 0 | 15 | 9 |
| Southeast | 22 | 71% | 477 | 416 | 61 | 0 | 0 | 0 | 15 | 10 |
| Midwest | 22 | 76% | 283 | 243 | 40 | 0 | 0 | 0 | 6 | 11 |
| North Central | 14 | 56% | 107 | 93 | 14 | 0 | 0 | 0 | 4 | 4 |
| Southwest | 11 | 61% | 180 | 153 | 27 | 0 | 0 | 0 | 7 | 8 |
| Mountain States | 7 | 70% | 142 | 126 | 16 | 0 | 0 | 0 | 3 | 1 |
| Northwest | 6 | 55% | 71 | 61 | 10 | 0 | 0 | 0 | 0 | 1 |
| Far West | 13 | 87% | 338 | 310 | 28 | 0 | 0 | 0 | 6 | 4 |
| Organizations | N/A | N/A | 165 | 0 | 13 | 116 | 4 | 32 | 14 | 21 |
| **Total** | **120** | **68%** | **2082** | **1680** | **250** | **116** | **4** | **32** | **70** | **69** |

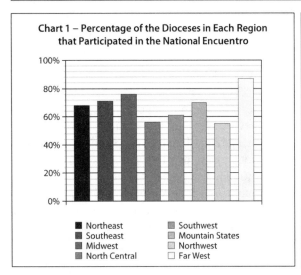

Chart 1 – Percentage of the Dioceses in Each Region that Participated in the National Encuentro

Northeast, Southeast, Midwest, North Central, Southwest, Mountain States, Northwest, Far West

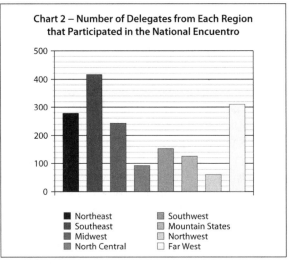

Chart 2 – Number of Delegates from Each Region that Participated in the National Encuentro

Northeast, Southeast, Midwest, North Central, Southwest, Mountain States, Northwest, Far West

Some of them were neither Hispanic nor young adults, yet they are included in the delegate and diocesan counts in Table 1 because they apparently participated in the national process as such. Perhaps there was some confusion about who should be sent as a delegate in dioceses and regions that did not complete the full encuentro process as designed. In any case, it was apparent at the event that the vast majority of the delegates (easily 90% or more) were both Hispanic and young adults.

It should also be noted that the counts for priests, deacons, and religious in Table 1 were based only on the registration data. Specifically, these are people who registered with their title as part of their first name. It is likely that there were more clergy and religious in attendance who did not register using their title. In addition, there were at least 21 bishops who attended or visited the National Encuentro, but most did not register for the event.

# THE REGIONAL ENCUENTROS

**Table 2 – Participation in the Regional Encuentros**

| Hispanic Ministry Region | # of Dioceses that Participated | % of the Dioceses in the Region | Total # of Delegates | Delegates Under Age 18 | Delegates Ages 18 to 21 | Delegates Ages 22 to 29 | Delegates Over Age 30 | Delegates with Unknown Age | Lay Ecclesial Ministers | Priests | Bishops | Langages Used in the Regional Encuentro ** |
|---|---|---|---|---|---|---|---|---|---|---|---|---|
| Northeast | 26 | 70% | 328 | 1 | 89 | 198 | 38 | 2 | 25 | 12 | 2 | 1 |
| Southeast * | 24 | 77% | 606 | 0 | 272 | 289 | 45 | 0 | 45 | 16 | 1 | 2 |
| Midwest * | 22 | 76% | 360 | 28 | 104 | 192 | 35 | 1 | 64 | 14 | 3 | 2 |
| North Central | 17 | 68% | 164 | 46 | 54 | 58 | 3 | 3 | 36 | 7 | 1 | 2 |
| Southwest | 10 | 56% | 218 | 37 | 60 | 121 | 0 | 0 | 43 | 5 | 1 | 3 |
| Mountain States | 6 | 60% | 172 | 21 | 102 | 40 | 9 | 0 | 7 | 3 | 1 | 1 |
| Northwest | 6 | 55% | 203 | 25 | 60 | 69 | 49 | 0 | 9 | 5 | 4 | 1 |
| Far West | 13 | 87% | 398 | 20 | 195 | 139 | 44 | 0 | 30 | 4 | 11 | 1 |
| **Total** | **124** | **70%** | **2449** | **178** | **936** | **1106** | **223** | **6** | **259** | **66** | **24** | |

\* Did not retun the ages of the participants over age 18; the numbers are estimates based on the proportions in their diocesan encuentros.

\*\* 1 = Only Spanish    2 = Spanish with translation into English    3 = Spanish and English Equally

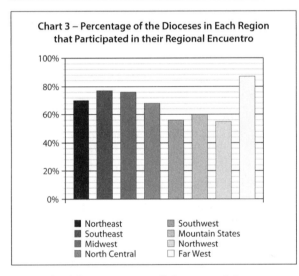

**Chart 3 – Percentage of the Dioceses in Each Region that Participated in their Regional Encuentro**

- Northeast
- Southeast
- Midwest
- North Central
- Southwest
- Mountain States
- Northwest
- Far West

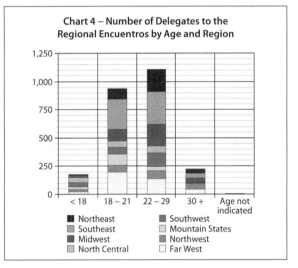

**Chart 4 – Number of Delegates to the Regional Encuentros by Age and Region**

- Northeast
- Southeast
- Midwest
- North Central
- Southwest
- Mountain States
- Northwest
- Far West

It is a significant accomplishment of the encuentro process that more than half of the dioceses in all eight regions sent delegations to their regional encuentros. The Far West region distinguished itself by having the highest percentage of dioceses participating at 87%.

It is interesting that the Northeast, Southeast, and Midwest regions had the largest number of priests in attendance, while the Northwest and Far West regions were attended by a higher number of bishops. In comparison, the participation of lay ecclesial ministers was more evenly distributed, although the Midwest and North Central regions had a higher

proportion relative to the number of delegates at their events.

The regional encuentros were asked to keep records of the range of ages among the delegates in attendance. Clearly the Northeast and Southeast regions opted not to accept delegates under age 18, but even the regions that accepted minors had only a small proportion of adolescent delegates.

The vast majority of the delegates were between the ages of 18 and 29, as shown in Chart 4. It should be noted that the Southeast and Midwest regions did not report the ages of delegates over 18 years. In order to provide comparisons with the other regions, the delegates over 18 in those regions were allocated in proportion to the number of delegates in each age group at the diocesan encuentros within the region. Therefore, the totals in each age group for these two regions are not exact numbers, but they are probably a close estimate.

The use of language in the regional encuentros is a significant indicator of the success of the encuentro process in gathering Hispanics of different generations. Ideally, the process was designed to raise the voice of young Hispanic Catholics irrespective of their language or how long their family had been in the United States.

According to Instituto Fe y Vida estimates for 2007, there are about 9 million Hispanic Catholics in the U.S. between the ages of 13 and 29 (about 47% of all Catholics in that age range). Of these, roughly 45% are immigrants, 32% are the children of immigrants, and 23% are the children of U.S.-born Hispanics. In this context, the fact that 7 out of the 8 regional encuentros were conducted either entirely or primarily in Spanish indicates that the encuentro process was much more successful at attracting the participation of immigrants than later generations of Latinos. Only in the Southwest region, where a large proportion of Hispanics has been in the U.S. for many generations, was the regional encuentro conducted completely bilingually.

# NATIONAL OVERVIEW OF THE DIOCESAN ENCUENTROS

In comparison to the national and regional statistics described above, there is much more detail available regarding the diocesan encuentros. As a result, the data paints a more varied picture of what happened in and leading up to these events. For example, there are considerable differences between dioceses in the ages represented, the use of languages, and the number and type of apostolic movements that participated. These dissimilarities are a result of a number of factors that varied from diocese to diocese and region to region, such as:

- The organization of *Pastoral Juvenil Hispana* at the regional level.
  - Some regions have a long history of formation and networking for *Pastoral Juvenil*, so lines of communication between the region, the diocese, the parishes, and the apostolic movements were already established and easy to build upon.
  - Other regions had to build channels of communication and identify leaders from scratch in order to carry out the encuentro process.
  - In some cases they were able to leverage the communication networks from youth ministry, but since so few parish and diocesan youth ministers were

themselves Hispanic, it was often difficult to explain what was expected or how it should be done.

- The organization of *Pastoral Juvenil Hispana* at the diocesan level.
  - Dioceses that had a coordinator of *Pastoral Juvenil* or had participated in *La Red* were able to begin preparations for the encuentro process at a much earlier date.
  - In dioceses where responsibility for the encuentro was shared between the various offices, it was often not clear who should be the contact person for communications from the national level. In some cases they did not have contacts in the parishes and apostolic movements with whom to work.
  - In some dioceses, collaboration was never established and the process was carried out mostly by one office or the other, often to the exclusion of certain segments of the young Hispanic population.
- The level of communication between diocesan offices and the apostolic movements.
  - Even in dioceses with full-time coordinators of *Pastoral Juvenil*, there had

often been little or no contact or collaboration between the diocesan offices and the leaders of the apostolic movements in the diocese.

- Many of the apostolic movements operate independently from parish structures as well, so they may not have been included in the parish-level step at the beginning of the encuentro process.

# PARTICIPATION IN THE DIOCESAN ENCUENTROS

| Table 3 – Participation in the Diocesan Encuentros by Region | | | | | | | | | | | |
|---|---|---|---|---|---|---|---|---|---|---|---|
| Hispanic Ministry Region | # of Dioceses that Had an Encuentro | % of the Dioceses in the Region | Total # of Delegates | Delegates Under Age 18 | Delegates Ages 18 to 21 | Delegates Ages 22 to 29 | Delegates Over Age 30 | Delegates with Unknown Age | Lay Ecclesial Ministers | Priests | Bishops |
| Northeast | 23 | 62% | 2738 | 1086 | 605 | 792 | 214 | 41 | 160 | 79 | 15 |
| Southeast | 24 | 77% | 2365 | 609 | 786 | 835 | 130 | 5 | 139 | 59 | 12 |
| Midwest | 13 | 45% | 2461 | 525 | 607 | 1115 | 203 | 11 | 123 | 39 | 8 |
| North Central | 11 | 44% | 618 | 364 | 100 | 74 | 26 | 54 | 86 | 20 | 2 |
| Southwest | 7 | 39% | 702 | 332 | 134 | 164 | 56 | 16 | 53 | 13 | 6 |
| Mountain States | 2 | 20% | 295 | 55 | 160 | 60 | 20 | 0 | 12 | 3 | 3 |
| Northwest | 5 | 45% | 358 | 139 | 101 | 88 | 22 | 8 | 31 | 4 | 4 |
| Far West | 13 | 87% | 2224 | 494 | 611 | 721 | 201 | 197 | 93 | 34 | 14 |
| **Total** | **98** | **56%** | **11761** | **3604** | **3104** | **3849** | **872** | **332** | **697** | **251** | **64** |

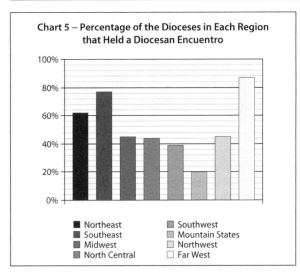

Chart 5 – Percentage of the Dioceses in Each Region that Held a Diocesan Encuentro

Chart 6 – Number of Delegates to the Diocesan Encuentros by Age and Region

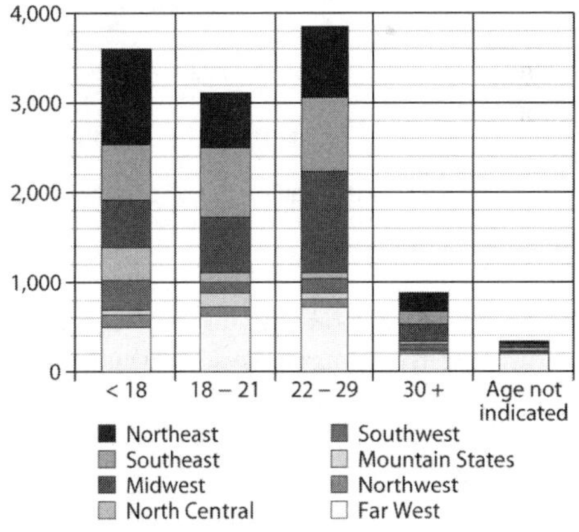

The greatest difference between the delegates to the diocesan and regional encuentros lies in the much higher participation of adolescents at the diocesan level. This is easily evident when comparing Charts 6 and 4.

The teens were especially prominent in the Northeast, North Central, and Southwest regions. In contrast, the Midwest, Southeast, and Far West regions had the highest concentrations of young adults over 22 years of age.

It should be noted that the diocesan statistics for the Midwest region were dominated by the Archdiocese of Chicago, whose archdiocesan encuentro brought in 1,236 delegates from 61 parishes. Of those, none were under the age of 18, and 71% were over the age of 22.

With respect to diocesan participation, 21% of the dioceses represented at the regional encuentros never held a diocesan encuentro. Such dioceses were especially prominent in the Midwest, North Central, and Mountain States regions. This fact suggests that the dioceses in these regions found it challenging to organize their parishes and apostolic movements for the encuentro process. The Far West region was the only one in which all of the dioceses that participated in the regional encuentro also conducted a diocesan encuentro.

Another important success shown in Table 3 is the high level of moral support provided by pastoral ministers in the Church as demonstrated by their attendance at the diocesan encuentros. At 98 events, there were 697 lay ecclesial ministers (including women and men religious), 251 priests, and 64 bishops in attendance, in addition to the 11,761 Hispanic youth and young adults who participated as delegates.

# REPRESENTATION AND LANGUAGE USAGE IN THE DIOCESAN ENCUENTROS

| Hispanic Ministry Region | # of Parishes Represented | % of Parishes with Mass in Spanish | # of Parish Groups Represented | % of Diocesan Encuentros with Parish Groups | # of Groups in Diocese from Represented Apostolic Movements* | % of Diocesan Encuentros with Apostolic Movements | # of Encuentros that Only Used Spanish | # of Encuentros in Spanish with Translation to English | # of Encuentros that Used Spanish and English Equally | # of Encuentros in English with Translation to Spanish | # of Encuentros that Did Not Indicate Language Usage |
|---|---|---|---|---|---|---|---|---|---|---|---|
| Northeast | 239 | 31% | 240 | 91% | 106 | 52% | 10 | 5 | 4 | 3 | 1 |
| Southeast | 213 | 31% | 417 | 100% | 218 | 54% | 17 | 3 | 4 | 0 | 0 |
| Midwest | 141 | 33% | 170 | 100% | 54 | 46% | 4 | 2 | 7 | 0 | 0 |
| North Central | 61 | 39% | 78 | 100% | 24 | 55% | 4 | 3 | 3 | 1 | 0 |
| Southwest | 87 | 11% | 100 | 100% | 48 | 71% | 2 | 0 | 3 | 2 | 0 |
| Mountain States | 14 | 5% | 13 | 100% | 8 | 100% | 2 | 0 | 0 | 0 | 0 |
| Northwest | 39 | 22% | 42 | 100% | 52 | 60% | 3 | 1 | 0 | 0 | 1 |
| Far West | 219 | 28% | 246 | 100% | 241 | 100% | 9 | 2 | 2 | 0 | 0 |
| **Total** | **1013** | **25%** | **1306** | **98%** | **751** | **61%** | **51** | **16** | **23** | **6** | **2** |

Table 4 – Representation and Language Usage in the Diocesan Encuentros by Region

* Among the movements that had participants at the diocesan encuentros, this number is an estimate of the number of active groups they have in the dioceses. It does not mean that all the groups were present, nor does it count the movements that did not participate.

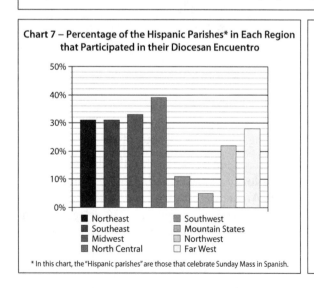

Chart 7 – Percentage of the Hispanic Parishes* in Each Region that Participated in their Diocesan Encuentro

Northeast, Southeast, Midwest, North Central, Southwest, Mountain States, Northwest, Far West

* In this chart, the "Hispanic parishes" are those that celebrate Sunday Mass in Spanish.

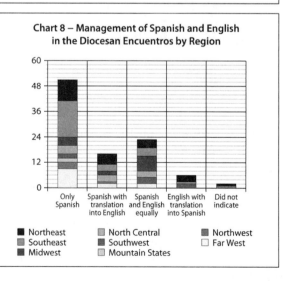

Chart 8 – Management of Spanish and English in the Diocesan Encuentros by Region

Only Spanish, Spanish with translation into English, Spanish and English equally, English with translation into Spanish, Did not indicate

Northeast, Southeast, Midwest, North Central, Southwest, Mountain States, Northwest, Far West

There were 1,013 parishes that had delegates at the diocesan encuentros held throughout the country. This represents slightly more than 5% of all the Catholic parishes in the U.S., but it would be unrealistic to expect that every parish has enough Hispanic *jóvenes* to support sending representatives to a diocesan gathering. A more realistic measure of the number of parishes that could in theory send a delegation is the total number of parishes that celebrate at least one Sunday Eucharist in Spanish. Even that is probably a low estimate, since there are undoubtedly many parishes with no Mass in Spanish that nevertheless serve a sizeable population of U.S.-born Hispanic families in English.

The challenge lies in finding an accurate count of the number of parishes with Sunday Mass in Spanish for each diocese in the country. To that end, the U.S.C.C.B. Secretariat for Hispanic Affairs contacted every diocese in the Spring of 2007, providing an assessment tool to measure the extent of services the parishes in the diocese provide to Spanish-speaking Catholics, and inviting them to share their assessment with the Secretariat. As of November, 2007, 82 dioceses had shared their results.

To complete the data, a search for Masses in Spanish was conducted in the remaining dioceses using the data available on the www.masstimes.org website on November 13, 2007. In all, there were 4,019 churches identified that provided regular weekend Eucharistic celebrations in Spanish. This is likely to be a conservative estimate since the number of parishes identified by the website was consistently lower than the number provided by the diocesan offices in the 82 dioceses that had both. In any case, the percentages listed in the second column of Table 4 indicate the number of parishes represented in the diocesan encuentros of the region as a fraction of the total number of churches in the region with at least one weekend Mass in Spanish.

In every region except the Mountain States, there were more parish groups represented at the diocesan encuentros than there

were parishes. In fact, the Southeast region averaged two parish groups per parish. This reflects the fact that some parishes had separate groups for adolescents and young adults, others had separate English and Spanish groups, some had developed a ministry based in multiple small communities, and still others had a single group that serves youth and young adults together in a bilingual setting. Some of these variations are explored in greater detail in the following section.

It is interesting to note that there were only two diocesan encuentros that did not involve any parish groups, both in the Northeast. Both of those two encuentros consisted only of participants from apostolic movements.

In contrast, 39% of the diocesan encuentros overall had no delegates from apostolic movements. This does not mean that there are no apostolic movements actively working with Hispanic Catholic *jóvenes* in these dioceses, but rather it simply indicates that they did not participate in the encuentro. Only the Far West and Mountain States regions had representatives of apostolic movements in all of their diocesan encuentros.

The number of groups from the apostolic movements listed in the fifth column of numbers in Table 4 is not a count of the local-level groups that had delegates at the encuentro, but rather an estimate of the total number of local-level groups active in the diocese for each apostolic movement that had at least one delegate at the encuentro.

With respect to languages used at the diocesan encuentros, more than half of these events were conducted only in Spanish. Nevertheless, a majority of the diocesan encuentros in the Midwest and Southwest regions were conducted completely bilingually or primarily in English. The Northeast and North Central regions also had a significant number of bilingual and English-oriented events. Nevertheless, the overall impression one gets from Chart 8 is that the diocesan encuentros were mostly geared toward the Spanish-speaking.

# REGIONAL PROFILES
# OF THE DIOCESAN ENCUENTROS

## Introduction

The layout of Tables 6 through 13 mirrors that of Table 5, except that the data provided only describe the parish groups and apostolic movements represented at the diocesan encuentros of a single region. Therefore, the explanation of the content of Table 5 applies to the following tables as well, so it will not be repeated.

In general, it is hoped that the statistics in this section will assist regional networks of youth and young adult ministers to identify and prioritize the areas of ministry they need to improve or address with additional resources. To that end, the variations in the ages and languages served by the parish groups tell a great deal about the level of outreach achieved by *Pastoral Juvenil Hispana* in each region. The numbers basically speak for themselves, so no further comment will be provided.

# Profile of the Diocesan Encuentros in the Northeast Region

**Table 6 – Profile of the Parish Groups and Apostolic Movements Represented in the Diocesan Encuentros of the Northeast Region (percentages)**

Parish Group Participants' Ages

| Langages Used by Parish Groups at their Meetings (N=242) | Only Under 18 Years | Only Over 18 Years | Youth and Young Adults Together | Total |
|---|---|---|---|---|
| Only English | 10% | 2% | 2% | **14%** |
| Only Spanish | 10% | 27% | 15% | **52%** |
| Bilingual | 21% | 3% | 10% | **34%** |
| **Total** | **40%** | **33%** | **27%** | |

| Pastoral Model of the Apostolic Movements (N=62) | |
|---|---|
| Prayer | 65% |
| Social Action | 7% |
| Retreats and Evangelization | 18% |
| Pastoral Accompaniment | 11% |

| Languages Used at the Meetings of the Apostolic Movements (N=61) | |
|---|---|
| Only English | 16% |
| Only Spanish | 54% |
| Bilingual | 30% |

| Ages of Participants at the Meetings of the Apostolic Movements (N=88) | |
|---|---|
| Only Under 18 Years | 5% |
| Only Over 18 Years | 28% |
| Youth and Young Adults Together | 67% |

| Names of the Apostolic Movements Represented in the Diocesan Encuentros of the Region | # of Diocesan Encuentros in which Participated | # of Groups from the Movement in those Dioceses | Languages Used | Ages of Participants |
|---|---|---|---|---|
| **Common Movements** | | | | |
| Charismatic Renewal / Renovación | 5 | 13 | Bilingual | 14 + |
| Cursillos de Cristiandad | 3 | 6 | Bilingual | 14 + |
| Jornadas de Vida Cristiana | 2 | 44 | Bilingual | 10 + |
| Legion of Mary | 1 | 9 | Spanish | 12 + |
| Prayer Group / Grupo de Oración | 1 | 5 | Bilingual | All |
| Daughters of Mary / Hijas de María | 1 | 1 | Bilingual | 12-17 |
| **Others** | | | | |
| Grupos Juveniles | 4 | 25 | Bilingual | 12 + |
| Escuelas de Liderazgo | 1 | 10 | Spanish | 14 + |
| Effetá | 1 | 2 | Spanish | 18 + |
| Retreat Team | 1 | 2 | Bilingual | 18 + |
| Blessed Sacrament | 1 | 1 | English | 12-18 |
| Cámbiame a mi Señor | 1 | 1 | Spanish | 18 + |
| Defensores de la Santísima Trinidad | 1 | 1 | Spanish | 14 + |
| Grupo Emmanuel | 1 | 1 | Bilingual | 12-18 |
| Jóvenes con Cristo | 1 | 1 | Spanish | 18 + |
| La Casa del Padre | 1 | 1 | Spanish | 18 + |
| Marriage Preparation Group | 1 | 1 | Bilingual | 18 + |
| Matrimonios Unidos en Cristo | 1 | 1 | Spanish | 18 + |
| Mensajeros de la Paz | 1 | 1 | Bilingual | 12-17 |
| Movimiento Franciscano | 1 | 1 | Spanish | 18-26 |

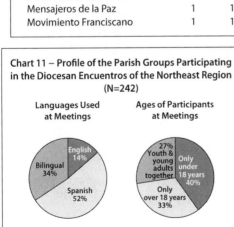

Chart 11 – Profile of the Parish Groups Participating in the Diocesan Encuentros of the Northeast Region (N=242)

Languages Used at Meetings: English 14%, Bilingual 34%, Spanish 52%

Ages of Participants at Meetings: Youth & young adults together 27%, Only under 18 years 40%, Only over 18 years 33%

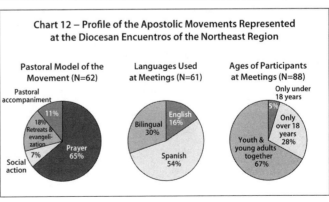

Chart 12 – Profile of the Apostolic Movements Represented at the Diocesan Encuentros of the Northeast Region

Pastoral Model of the Movement (N=62): Pastoral accompaniment 11%, Retreats & evangelization 18%, Social action 7%, Prayer 65%

Languages Used at Meetings (N=61): English 16%, Bilingual 30%, Spanish 54%

Ages of Participants at Meetings (N=88): Only under 18 years 5%, Only over 18 years 28%, Youth & young adults together 67%

# Profile of the Diocesan Encuentros in the Southeast Region

Table 7 – Profile of the Parish Groups and Apostolic Movements Represented in the Diocesan Encuentros of the Southeast Region (percentages)

**Parish Group Participants' Ages**

| Langages Used by Parish Groups at their Meetings (N=422) | Only Under 18 Years | Only Over 18 Years | Youth and Young Adults Together | Total |
|---|---|---|---|---|
| Only English | 1% | 3% | 5% | **9%** |
| Only Spanish | 9% | 30% | 26% | **65%** |
| Bilingual | 8% | 8% | 9% | **26%** |
| **Total** | **19%** | **41%** | **41%** | |

| Pastoral Model of the Apostolic Movements (N=238) | |
|---|---|
| Prayer | 22% |
| Social Action | 14% |
| Retreats and Evangelization | 31% |
| Pastoral Accompaniment | 33% |

| Names of the Apostolic Movements Represented in the Diocesan Encuentros of the Region | # of Diocesan Encuentros in which Participated | # of Groups from the Movement in those Dioceses | Languages Used | Ages of Participants |
|---|---|---|---|---|
| **Common Movements** | | | | |
| Movimiento Juan XXIII | 3 | 27 | Spanish | 15 + |
| Grupo de Oración | 3 | 19 | Spanish | 13 + |
| Cursillos de Cristiandad | 2 | 19 | Spanish | 18 + |
| Renovación Carismática | 2 | 13 | Spanish | 16 + |
| Hijas de María | 1 | 12 | Spanish | 13-18 |
| Jornadas Juveniles | 1 | 5 | Bilingual | 14 + |
| St. Vincent de Paul | 1 | 4 | Bilingual | 13 + |
| | | | | |
| **Others** | | | | |
| Pastoral Juvenil | 5 | 61 | Bilingual | 12 + |
| Choir / Music Ministry | 2 | 2 | Bilingual | 30+ |
| Movimiento Juvenil Parroquial | 1 | 10 | Spanish | 18 + |
| Retiros de Pastoral Juvenil | 1 | 5 | Spanish | 15 + |
| Misioneros Laicos Guadalupanos | 1 | 3 | Spanish | 24 + |
| Alvernia | 1 | 1 | Spanish | 18 + |
| Amor en el Principio | 1 | 1 | Spanish | 18 + |
| True Love Waits / Verdadero Amor | 1 | 1 | Bilingual | 14 + |
| Encuentros Familiares | 1 | 1 | Spanish | 13 + |
| Encuentros Juveniles | 1 | 1 | Bilingual | 13-17 |
| Ministerio Alianza Nueva | 1 | 1 | Spanish | 18 + |
| Adolescent Ministry | 1 | 1 | Bilingual | 13-18 |

| Languages Used at the Meetings of the Apostolic Movements (N=246) | |
|---|---|
| Only English | 2% |
| Only Spanish | 90% |
| Bilingual | 8% |

| Ages of Participants at the Meetings of the Apostolic Movements (N=181) | |
|---|---|
| Only Under 18 Years | 10% |
| Only Over 18 Years | 69% |
| Youth and Young Adults Together | 22% |

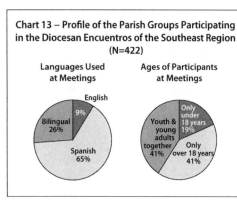

Chart 13 – Profile of the Parish Groups Participating in the Diocesan Encuentros of the Southeast Region (N=422)

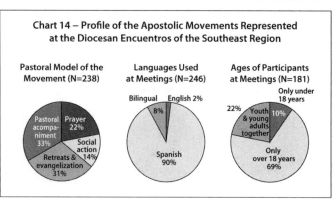

Chart 14 – Profile of the Apostolic Movements Represented at the Diocesan Encuentros of the Southeast Region

# Profile of the Diocesan Encuentros in the Midwest Region

**Table 8 – Profile of the Parish Groups and Apostolic Movements Represented in the Diocesan Encuentros of the Midwest Region (percentages)**

### Parish Group Participants' Ages

| Langages Used by Parish Groups at their Meetings (N=168) | Only Under 18 Years | Only Over 18 Years | Youth and Young Adults Together | Total | Pastoral Model of the Apostolic Movements (N=51) | |
|---|---|---|---|---|---|---|
| Only English | 2% | 2% | 7% | **10%** | Prayer | 92% |
| Only Spanish | 2% | 32% | 7% | **41%** | Social Action | 4% |
| Bilingual | 6% | 16% | 27% | **49%** | Retreats and Evangelization | 4% |
| **Total** | **10%** | **49%** | **41%** | | Pastoral Accompaniment | 0% |

| Names of the Apostolic Movements Represented in the Diocesan Encuentros of the Region | # of Diocesan Encuentros in which Participated | # of Groups from the Movement in those Dioceses | Languages Used | Ages of Participants | Languages Used at the Meetings of the Apostolic Movements (N=51) | |
|---|---|---|---|---|---|---|
| **Common Movements** | | | | | Only English | 2% |
| Charismatic Renewal / Renovación | 2 | 17 | Bilingual | | Only Spanish | 94% |
| Jornadas de Vida Cristiana | 1 | 13 | Spanish | | Bilingual | 4% |
| Jóvenes para Cristo | 1 | 7 | Spanish | | | |
| El Verdadero Amor Espera | 1 | 3 | Spanish | | **Ages of Participants at the Meetings of the Apostolic Movements (N=16)** | |
| Grupo de Oración | 1 | 2 | Spanish | 14 + | | |
| Cursillos de Cristiandad | 1 | 1 | Bilingual | | Only Under 18 Years | 0% |
| | | | | | Only Over 18 Years | 0% |
| **Others** | | | | | Youth and Young Adults Together | 100% |
| Adolescent Groups | 1 | 4 | Bilingual | 12-18 | | |
| Young Adult Groups | 1 | 4 | Spanish | 18 + | | |
| Caminando con Jesús | 1 | 1 | Spanish | 15 + | | |
| Dios Está Aquí | 1 | 1 | Spanish | 15 + | | |
| Grupo Jeremías | 1 | 1 | Spanish | 15 + | | |
| Grupo Juvenil Ilusión | 1 | 1 | Spanish | 13 + | | |
| Youth to Youth | 1 | 1 | English | 0 + | | |

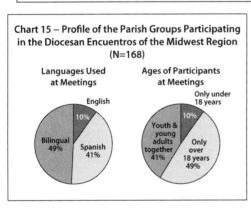

**Chart 15 – Profile of the Parish Groups Participating in the Diocesan Encuentros of the Midwest Region (N=168)**

Languages Used at Meetings — English 10%, Bilingual 49%, Spanish 41%

Ages of Participants at Meetings — Only under 18 years 10%, Youth & young adults together 41%, Only over 18 years 49%

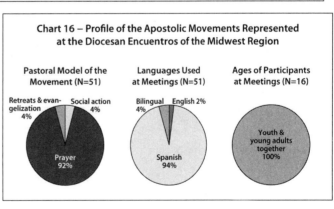

**Chart 16 – Profile of the Apostolic Movements Represented at the Diocesan Encuentros of the Midwest Region**

Pastoral Model of the Movement (N=51) — Retreats & evangelization 4%, Social action 4%, Prayer 92%

Languages Used at Meetings (N=51) — Bilingual 4%, English 2%, Spanish 94%

Ages of Participants at Meetings (N=16) — Youth & young adults together 100%

# Profile of the Diocesan Encuentros in the North Central Region

Table 9 – Profile of the Parish Groups and Apostolic Movements Represented in the Diocesan Encuentros of the North Central Region (percentages)

**Parish Group Participants' Ages**

| Langages Used by Parish Groups at their Meetings (N=78) | Only Under 18 Years | Only Over 18 Years | Youth and Young Adults Together | Total | | Pastoral Model of the Apostolic Movements (N=24) | |
|---|---|---|---|---|---|---|---|
| Only English | 6% | 1% | 1% | **9%** | | Prayer | 63% |
| Only Spanish | 13% | 10% | 18% | **41%** | | Social Action | 21% |
| Bilingual | 32% | 3% | 15% | **50%** | | Retreats and Evangelization | 17% |
| **Total** | **51%** | **14%** | **35%** | | | Pastoral Accompaniment | 0% |

| Names of the Apostolic Movements Represented in the Diocesan Encuentros of the Region | # of Diocesan Encuentros in which Participated | # of Groups from the Movement in those Dioceses | Languages Used | Ages of Participants | | Languages Used at the Meetings of the Apostolic Movements (N=24) | |
|---|---|---|---|---|---|---|---|
| **Common Movements** | | | | | | Only English | 21% |
| Grupo de Oración | 1 | 2 | Spanish | 14 + | | Only Spanish | 71% |
| Renovación Carismática | 1 | 2 | Spanish | 15 + | | Bilingual | 8% |
| Jóvenes para Cristo | 1 | 1 | Spanish | 13 + | | | |
| | | | | | | **Ages of Participants at the Meetings of the Apostolic Movements (N=6)** | |
| **Others** | | | | | | | |
| Santa Sabina Parish | 1 | 1 | Bilingual | 13 + | | Only Under 18 Years | 0% |
| | | | | | | Only Over 18 Years | 0% |
| | | | | | | Youth and Young Adults Together | 100% |

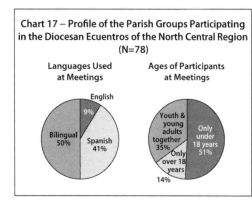

Chart 17 – Profile of the Parish Groups Participating in the Diocesan Ecuentros of the North Central Region (N=78)

Languages Used at Meetings

Ages of Participants at Meetings

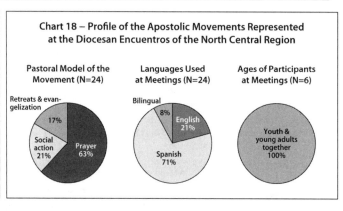

Chart 18 – Profile of the Apostolic Movements Represented at the Diocesan Encuentros of the North Central Region

Pastoral Model of the Movement (N=24)

Languages Used at Meetings (N=24)

Ages of Participants at Meetings (N=6)

# Profile of the Diocesan Encuentros in the Southwest Region

**Table 10 – Profile of the Parish Groups and Apostolic Movements Represented in the Diocesan Encuentros of the Southwest Region (percentages)**

### Parish Group Participants' Ages

| Langages Used by Parish Groups at their Meetings (N=100) | Only Under 18 Years | Only Over 18 Years | Youth and Young Adults Together | Total |
|---|---|---|---|---|
| Only English | 8% | 8% | 8% | **24%** |
| Only Spanish | 0% | 12% | 18% | **30%** |
| Bilingual | 15% | 12% | 19% | **46%** |
| **Total** | **23%** | **32%** | **45%** | |

| Pastoral Model of the Apostolic Movements (N=36) | |
|---|---|
| Prayer | 33% |
| Social Action | 14% |
| Retreats and Evangelization | 44% |
| Pastoral Accompaniment | 8% |

| Names of the Apostolic Movements Represented in the Diocesan Encuentros of the Region | # of Diocesan Encuentros in which Participated | # of Groups from the Movement in those Dioceses | Languages Used | Ages of Participants |
|---|---|---|---|---|
| **Common Movements** | | | | |
| ACTS | 3 | 9 | Bilingual | 18 + |
| ACTS for Teens | 2 | 3 | Bilingual | 13-18 |
| Disciples in Mission | 1 | 50 | Bilingual | 13 + |
| Knights of Columbus | 1 | 20 | Bilingual | 18 + |
| Neo-Catechumenate | 1 | 7 | Spanish | 13 + |
| Jóvenes para Cristo | 1 | 5 | Bilingual | 14 + |
| Legion of Mary | 1 | 3 | Bilingual | 14 + |
| Cursillos de Cristiandad | 1 | 2 | Bilingual | 18 + |
| Search / Búsqueda | 1 | 1 | Spanish | 15-18 |
| Life Teen | 1 | 1 | English | 14-18 |
| **Others** | | | | |
| Nocturnal Adoration | 1 | 8 | Spanish | 13 + |
| Campus Ministry | 1 | 3 | Bilingual | 18 + |
| Teen Life | 1 | 3 | Bilingual | 13-17 |
| Certificación Básica | 1 | 1 | Spanish | 18 + |
| Jornada Juvenil de Cristiandad | 1 | 1 | Spanish | 18 + |
| Juventud Misionera | 1 | 1 | Spanish | 18 + |

| Languages Used at the Meetings of the Apostolic Movements (N=36) | |
|---|---|
| Only English | 6% |
| Only Spanish | 25% |
| Bilingual | 69% |

| Ages of Participants at the Meetings of the Apostolic Movements (N=48) | |
|---|---|
| Only Under 18 Years | 17% |
| Only Over 18 Years | 29% |
| Youth and Young Adults Together | 54% |

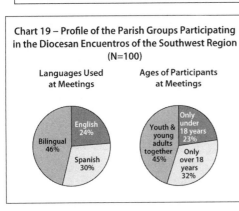

**Chart 19 – Profile of the Parish Groups Participating in the Diocesan Encuentros of the Southwest Region (N=100)**

Languages Used at Meetings

Ages of Participants at Meetings

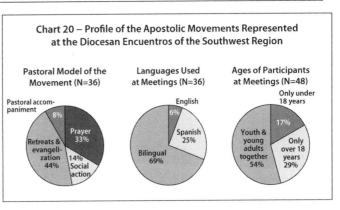

**Chart 20 – Profile of the Apostolic Movements Represented at the Diocesan Encuentros of the Southwest Region**

Pastoral Model of the Movement (N=36)

Languages Used at Meetings (N=36)

Ages of Participants at Meetings (N=48)

# Profile of the Diocesan Encuentros in the Mountain States Region

Table 11 – Profile of the Parish Groups and Apostolic Movements Represented in the Diocesan Encuentros of the Mountain States Region (percentages)

| Langages Used by Parish Groups at their Meetings (N=13) | Parish Group Participants' Ages | | | |
|---|---|---|---|---|
| | Only Under 18 Years | Only Over 18 Years | Youth and Young Adults Together | Total |
| Only English | 0% | 0% | 0% | **0%** |
| Only Spanish | 23% | 54% | 15% | **92%** |
| Bilingual | 0% | 0% | 8% | **8%** |
| **Total** | **23%** | **54%** | **23%** | |

| Pastoral Model of the Apostolic Movements (N=6) | |
|---|---|
| Prayer | 0% |
| Social Action | 0% |
| Retreats and Evangelization | 100% |
| Pastoral Accompaniment | 0% |

| Names of the Apostolic Movements Represented in the Diocesan Encuentros of the Region | # of Diocesan Encuentros in which Participated | # of Groups from the Movement in those Dioceses | Languages Used | Ages of Participants |
|---|---|---|---|---|
| **Common Movements** | | | | |
| Jóvenes para Cristo | 2 | 4 | Spanish | 15 + |
| Cristo y Yo | 1 | 3 | Spanish | 15 + |
| **Others** | | | | |
| Pastoral Maya | 1 | 1 | | 15 + |

| Languages Used at the Meetings of the Apostolic Movements (N=6) | |
|---|---|
| Only English | 0% |
| Only Spanish | 100% |
| Bilingual | 0% |

| Ages of Participants at the Meetings of the Apostolic Movements (N=8) | |
|---|---|
| Only Under 18 Years | 0% |
| Only Over 18 Years | 0% |
| Youth and Young Adults Together | 100% |

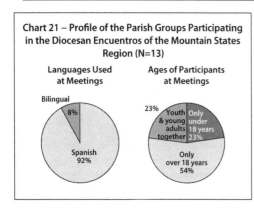

Chart 21 – Profile of the Parish Groups Participating in the Diocesan Encuentros of the Mountain States Region (N=13)

Languages Used at Meetings

Ages of Participants at Meetings

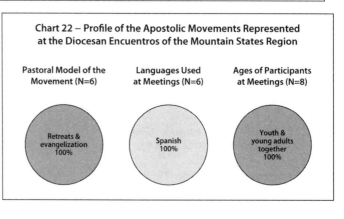

Chart 22 – Profile of the Apostolic Movements Represented at the Diocesan Encuentros of the Mountain States Region

Pastoral Model of the Movement (N=6)

Languages Used at Meetings (N=6)

Ages of Participants at Meetings (N=8)

# Profile of the Diocesan Encuentros in the Northwest Region

## Table 12 – Profile of the Parish Groups and Apostolic Movements Represented in the Diocesan Encuentros of the Northwest Region (percentages)

### Parish Group Participants' Ages

| Langages Used by Parish Groups at their Meetings (N=42) | Only Under 18 Years | Only Over 18 Years | Youth and Young Adults Together | Total |
|---|---|---|---|---|
| Only English | 0% | 0% | 0% | 0% |
| Only Spanish | 7% | 31% | 52% | 90% |
| Bilingual | 10% | 0% | 0% | 10% |
| **Total** | **17%** | **31%** | **52%** | |

| Pastoral Model of the Apostolic Movements (N=56) | |
|---|---|
| Prayer | 21% |
| Social Action | 21% |
| Retreats and Evangelization | 34% |
| Pastoral Accompaniment | 23% |

| Names of the Apostolic Movements Represented in the Diocesan Encuentros of the Region | # of Diocesan Encuentros in which Participated | # of Groups from the Movement in those Dioceses | Languages Used | Ages of Participants |
|---|---|---|---|---|
| Did not indicate the names of the apostolic movements that participated. | | | | |

| Languages Used at the Meetings of the Apostolic Movements (N=56) | |
|---|---|
| Only English | 0% |
| Only Spanish | 100% |
| Bilingual | 0% |

| Ages of Participants at the Meetings of the Apostolic Movements (N=0) | |
|---|---|
| Only Under 18 Years | N/A |
| Only Over 18 Years | N/A |
| Youth and Young Adults Together | N/A |

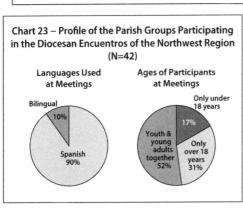

Chart 23 – Profile of the Parish Groups Participating in the Diocesan Encuentros of the Northwest Region (N=42)

Languages Used at Meetings

Bilingual 10%
Spanish 90%

Ages of Participants at Meetings

Only under 18 years 17%
Only over 18 years 31%
Youth & young adults together 52%

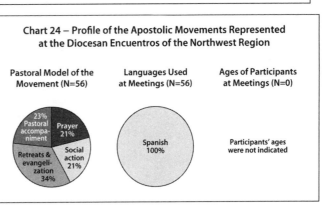

Chart 24 – Profile of the Apostolic Movements Represented at the Diocesan Encuentros of the Northwest Region

Pastoral Model of the Movement (N=56)

23% Pastoral accompaniment
Prayer 21%
Social action 21%
Retreats & evangelization 34%

Languages Used at Meetings (N=56)

Spanish 100%

Ages of Participants at Meetings (N=0)

Participants' ages were not indicated

# Profile of the Diocesan Encuentros in the Far West Region

Table 13 – Profile of the Parish Groups and Apostolic Movements Represented in the Diocesan Encuentros of the Far West Region (percentages)

| Langages Used by Parish Groups at their Meetings (N=246) | Only Under 18 Years | Only Over 18 Years | Youth and Young Adults Together | Total |
|---|---|---|---|---|
| Only English | 4% | 2% | 10% | **16%** |
| Only Spanish | 24% | 28% | 25% | **77%** |
| Bilingual | 5% | 1% | 1% | **7%** |
| **Total** | **33%** | **31%** | **36%** | |

**Pastoral Model of the Apostolic Movements (N=86)**

| | |
|---|---|
| Prayer | 30% |
| Social Action | 7% |
| Retreats and Evangelization | 43% |
| Pastoral Accompaniment | 20% |

| Names of the Apostolic Movements Represented in the Diocesan Encuentros of the Region | # of Diocesan Encuentros in which Participated | # of Groups from the Movement in those Dioceses | Languages Used | Ages of Participants |
|---|---|---|---|---|
| **Common Movements** | | | | |
| Renovación Carismática | 8 | 119 | Spanish | 14 + |
| Jóvenes para Cristo | 6 | 81 | Spanish | 15 + |
| Jornadas de Vida Cristiana | 2 | 4 | Spanish | 18 + |
| Encuentros de Promoción Juvenil | 2 | 2 | Spanish | 16 + |
| Life Teen | 2 | 2 | English | 15-18 |
| Catholic Action / Acción Católica | 1 | 20 | Bilingual | |
| Search / Búsqueda | 1 | 7 | Bilingual | 16 + |
| El Verdadero Amor Espera | 1 | 2 | Spanish | 15 + |
| Cursillos de Cristiandad | 1 | 1 | Bilingual | 18 + |
| **Others** | | | | |
| Grupo Juvenil / Youth Group | 1 | 3 | Spanish | 14 + |
| Recolección | 1 | 2 | Spanish | 15 + |
| Católicos Cristianos por Jesús | 1 | 1 | Spanish | 15 + |
| Cristo Vive | 1 | 1 | Spanish | 15 + |
| Discípulos de Cristo Rey | 1 | 1 | Spanish | 15 + |
| Encuentro Hijos e Hijas | 1 | 1 | Spanish | 15 + |
| Engaged Encounter | 1 | 1 | English | 18 + |
| Kairos | 1 | 1 | Spanish | 18 + |
| Marriage Encounter | 1 | 1 | Bilingual | 18 + |
| Otro Joven para Cristo | 1 | 1 | Spanish | 15 + |
| Pax Christi | 1 | 1 | English | 18 + |
| Tarde para Novios | 1 | 1 | Spanish | 18 + |

**Languages Used at the Meetings of the Apostolic Movements (N=77)**

| | |
|---|---|
| Only English | 9% |
| Only Spanish | 83% |
| Bilingual | 8% |

**Ages of Participants at the Meetings of the Apostolic Movements (N=80)**

| | |
|---|---|
| Only Under 18 Years | 3% |
| Only Over 18 Years | 41% |
| Youth and Young Adults Together | 56% |

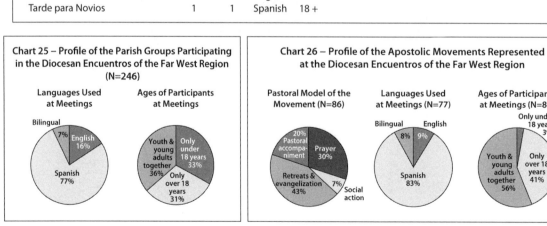

Chart 25 – Profile of the Parish Groups Participating in the Diocesan Encuentros of the Far West Region (N=246)

Languages Used at Meetings: Bilingual 7%, English 16%, Spanish 77%

Ages of Participants at Meetings: Youth & young adults together 36%, Only under 18 years 33%, Only over 18 years 31%

Chart 26 – Profile of the Apostolic Movements Represented at the Diocesan Encuentros of the Far West Region

Pastoral Model of the Movement (N=86): 20% Pastoral accompaniment, Prayer 30%, Retreats & evangelization 43%, 7% Social action

Languages Used at Meetings (N=77): Bilingual 8%, English 9%, Spanish 83%

Ages of Participants at Meetings (N=80): Only under 18 years 3%, Only over 18 years 41%, Youth & young adults together 56%

# PART FOUR

# KEYNOTE ADDRESSES

# KEYNOTE ADDRESSES AND PRESENTATIONS AT THE NATIONAL ENCUENTRO

The words of the speakers invited to guide the reflections of the delegates at the National Encuentro were motivational and gave a message of hope. The following syntheses, taken from extracts of the keynote addresses, are presented here so that they can continue to be an inspiration for the *jóvenes* (single youth and young adults, roughly between the ages of 15 and 30) and their advisers in *Pastoral Juvenil Hispana.*

## Address of Most Rev. Plácido Rodríguez, CMF
### *Bishop of Lubbock and Chairman of the USCCB Committee on Hispanic Affairs*
Thursday, June 8, 2006

Dear *jóvenes,*

I would like to read a very special letter to you; it is a privilege to present this message from the Papal Nuncio to the United States, Archbishop Prieto Samby, in the name of His Holiness Benedict XVI:

*Dear Brothers and Sisters,*

*Now that you are gathered for your First Encuentro, it is a privilege for me as Papal Nuncio to bring to you a message from His Holiness Benedict XVI, who sends you his congratulations and best wishes.*

*The Holy Father has all of you close to his heart and is praying that your gathering will be fruitful. Each one of you is a treasure, designed and formed by our living God. And each of us is called to be a witness of the crucified and resurrected Christ. Today, the Church asks you to be generous with your gifts and talents, offering them to Jesus and permitting him to use all that you have for the good of the Church.*

*During this time of Encuentro, I pray that you may be open to discern whether God is calling you to a religious vocation, to be a priest or a sister.*

*You are all positioned to assume your role in the leadership of the Church and have this responsibility among millions of young Catholics in the United States. I pray that, by the power of the Holy Spirit, this gathering will be a time of grace and renewal for each one of you and that you will return to your* communities with greater determination to proclaim the Gospel of Jesus Christ.

*On this occasion of joy I am very happy to give all of you, gathered here, the Apostolic Blessing of His Holiness Benedict XVI.*

*Sincerely in Christ,*
*Archbishop Prieto Samby*
*Apostolic Nuncio to the United States*

Now I direct myself to you in a Spirit of great joy and hope. Your presence in this place—in Notre Dame, under the mantle of Mary, the mother of Jesus, and with the purpose of our Encuentro—is a profoundly ecclesial and prophetic event that leaves its mark, changes hearts, and makes paths to follow. It is a sign of the times.

There was already in the past an ecclesial event very similar to this one. It was at Trinity College in Washington, DC that Hispanic leaders gathered for the *I Encuentro Nacional Hispano de Pastoral* (The First National Encuentro for Hispanic Ministry) in 1972. That Encuentro brought the Hispanic people out of anonymity and gave them a face in the Church. It was a new beginning, a journey of faith that forged the awareness and identity of the Hispanic Catholic people in the United States. It was a starting point that would transform Hispanic Ministry from being an isolated occurrence into an organic response of the Church toward this community of people, which has been its largest source of growth in the last few decades.

Thirty-four years after that *Primer Encuentro de Pastoral Hispana,* we come together now in another first encuentro, the first for *Pastoral Juvenil Hispana.* Like in 1972, this Encuentro in 2006 is also a shaking of the Holy Spirit that seeks to bring out of anonymity the young Hispanics whose faces are not recognized by the Church with sufficient clarity, familiarity, and affection. This Encuentro marks the beginning of an era in which a unique identity is being forged for Hispanic young people, as they become more and more aware of their reality and prophetic vocation.

As such, this Encuentro should be a starting point that transforms *Pastoral Juvenil Hispana* from being an isolated occurrence that depends on the pastoral care of a few, to being an organized response of the Church. This will be accomplished to the degree that in every parish, in every school, in every Catholic organization and institution, Latino young people are made welcome and given the space to be what they are—Hispanic/Latino Catholic *jóvenes.*

In this moment of grace, and echoing the words of the bishops in their 1983 pastoral letter, *The Hispanic Presence: Challenge and Commitment,* I say to you that Hispanic young people in the United States are a blessing from God. This truth becomes more evident in the work you have done during the past 18 months; the faith-filled process of consultation and the formation-in-action you have carried out will show their fruit during these days that we spend together.

We bishops are ready to learn more about you, your needs, your dreams, and your commitment to building the "Civilization of Love" to which our Lord Jesus Christ calls us. I exhort you to raise your prophetic voice and tell us how the Church can better welcome you and accompany you in your journey of faith, as young disciples of Jesus Christ.

As pastors of the Church, we are ready to accept the challenges that you present us, and we want to give pastoral responses that are appropriate for your reality. We are very aware that the response the Church offers Hispanic young people today will determine, to a great extent, the future of the Catholic Church in the United States. You constitute almost half of the total number of young Catholics in this country. If the Church knows how to give you support today in your faith formation, your sacramental life, your academic education, your economic and social development, your participation as citizens, etc., it will find in you, your children, and in your grandchildren the leaders and faithful disciples that future generations need in order to continue the mission of the Church on this earth.

Let us walk then as a Church, as faithful disciples of Jesus, conscious that we walk in the midst of many challenges and in the company of people from many different cultures. Let us be *gente puente*—people who are bridge-builders. Let us share with others the richness of being a *mestizo* people, heirs of different races and cultures with the blood of many peoples running in our veins, because in the world today, *mestizaje* is the human dimension of globalization.

With this First Encuentro, my dear *jóvenes,* you are clearly expressing what you need from the Church. In actuality, I am here to tell you that the Church needs you even more, because the harvest is great but the workers are few. That is how I interpret today the theme of our Encuentro, "Weaving the Future Together."

This labor of love consists above all in discovering ways of strengthening the unity of the Church, coming from our integral, unique, and irreplaceable reality. We are ready for you, Latino *jóvenes,* to share with us your perspective on how to weave the future of the Church, both in this nation and in the world. We ask the Virgin Mary—the young woman of Nazareth who knew how to say "yes" to God's plan, the mother who protects us under her mantle the way Our Lady of Guadalupe did with St. Juan Diego, turning him into a prophet—that we may all be saints for the greater glory of God and the good of his people.

# Address of Most Rev. José H. Gómez

*Archbishop of San Antonio and Episcopal Moderator of* **La Red**

Thursday, June 8, 2006

Dear *jóvenes,*

This Encuentro is a sign that we are in a new phase of our journey as Hispanic people and as a Church. We are here to speak about the future, to speak about you and your place in the Church and in our country. The theme of our Encuentro this weekend is "Weaving the Future Together," and we have been doing this since we started the Encuentro process, we will do it intensely here, and we shall continue doing it in the future.

God is calling you to be leaders and apostles of the new generation. Whether as priests, auto mechanics, teachers, or mothers, you are part of the new generation of apostles—the new generation of leaders of the Hispanic community, of the Church, and of our country.

To be a leader means, in the first place, accepting Jesus Christ as the Lord of your life. To be true leaders, the living Christ must be your king; Jesus must be the Lord whom you follow and serve in all that you do.

Authority and the power do not come from social status or money. Jesus said to his apostles that to be a leader means to serve. A true leader is neither selfish nor worried about fame or power. A true leader does everything to serve God and to help others (Jn 13:1-17).

My friends, you must prepare yourselves to exercise leadership and service. Look for the knowledge and skills required to serve others. Stay close to the Church and practice your faith every day.

It is necessary for you to be the apostles of your companions. Don't just preach to them; teach them by example. Have a personal friendship with Jesus, be good sons and daughters, good brothers and sisters, good neighbors and friends. This is how to be an apostle, it is how one brings others to Jesus.

To be apostles, my friends, you must believe in the family. Jesus came from a family just as we do. But today our families are being attacked. In a certain way the culture of today treats the family much the same way as it does religion. It tells us that families are not really important, that it does not matter if babies or old people live or die, that it doesn't matter if children grow up with their fathers and mothers. Instead of a culture of life we are creating a culture of death.

Remember that the call you receive is not only to be Hispanic leaders. We should be proud of our heritage and deepen our awareness of our Hispanic identity and the traditions and customs of our ancestors. But you are also *Catholics* and that means "universal," that we cannot define ourselves, nor permit society to define us only by our ethnic identity. The call is to be leaders, not only for the Hispanic community, but in all areas of culture and society.

As Catholic leaders and as Hispanics we must recover this culture for God. We need to help our brothers and sisters to discover that they need God in their lives. We also have to work for our society to become more like the one that God wants for humanity.

Even many of our Catholic brothers and sisters, themselves children and grandchildren of immigrants, seem to have forgotten the teaching of the Lord that when we welcome a stranger we are welcoming him, and when we reject a stranger we are rejecting him (Mt 25:35-43).

As leaders and apostles, you ought to make known the Good News of the social teachings of the Church. We should promote laws and policies that respect the dignity that God has granted to each person; the right people have to seek a better life for themselves and for their families; and the responsibility we have to share our blessings with others.

More than three hundred years ago, our Spanish-speaking ancestors were the first evangelizers in this continent. Today the Lord needs for you to be the new evangelizers of this continent. This same calling was given by Pope John Paul II in San Antonio in 1987:

"Now it is your turn to be the evangelizers of each other and of those whose faith is weak and who have not yet surrendered themselves to the Lord." This is also my challenge and my prayer for you: "Now it is your turn!"

# Address of Sister María Elena González, RSM
## *President of the Mexican American Cultural Center (MACC)*
Friday, June 9, 2006

I give you my congratulations for being here today. Not only have you been picked as delegates for this Encuentro by your parish, diocesan, and regional communities, but more importantly, you were chosen by God; it is God who wants you today, here and now.

The tragic reality is that many Hispanic *jóvenes* have experienced discrimination first hand. Today, even though discrimination is illegal, it still occurs in hidden and open ways.

There are so many young Hispanics who try to fit into the dominant culture, who try to forget their own culture and language, and even reject them, ridicule them, and try to change their physical appearance! We have all known *jóvenes* who try to lighten their skin, straighten their hair, and even go so far as to wear blue contact lenses. Painfully this leads to a deep loss of their identity and sense of self. I also went through that experience when I felt ashamed of my parents who did not speak English, were poor, and were poorly educated.

Dear friends, you have to make a choice. You can choose to be bitter, or you can choose to be better. My hope is that you, as young adult leaders, and all who are gathered here, will create communities of love and respect where our *jóvenes* can discover healing and empowerment. To be effective ministers in the Church of today, you have to at least be bilingual; but it is far more important to be conscious and sensitive to our own cultural identity and that of others.

A leader who tries to be like Jesus is oriented toward action. As true leaders, you should put your faith into action. Your Hispanic presence is a gift when you make your values visible through loving service, education, conflict resolution, confrontation with injustice, and when you are the voice of those who have no voice, helping them to regain their voice.

Our Lady of Guadalupe also sends us to open doors and to be the voice of those who have no voice when she says to us: *"Do not be afraid. Am I not here who am your mother?"*

111

# Presentation of Rev. Virgilio Elizondo, Ph.D.

*Professor of Theology and Hispanic Ministry, University of Notre Dame*

Friday, June 9, 2006

Dear *jóvenes* gathered here, my presentation has three points:

Our Church is being challenged. It is important that we **come to know our faith and not be afraid to deepen it**. Doctrine is not an imposition, it is a service that keeps us from going to extremes. Know your faith more deeply.

Also, look for **intellectual knowledge**. It is painful to know that of all minority groups, Hispanics have the highest drop-out rate. You need discipline to stay in school. We cannot have a leadership today that is not well educated. We need you! We need for you to be educated!

There is no substitute for the hours spent studying, which can sometimes be boring and sometimes fun. There is no substitute for learning literature, mathematics, science… We need well-educated leaders. Take advantage of education. One word we must not use is an excuse. It is our choice: *sí se puede*—yes, we can. Concentrate, kneel before God and say: "Help me dear God, give me the strength and the energy." Do it!

It is not enough to finish high school. It may be difficult to go to the university; some are here without immigration papers and it may seem impossible, but nothing is impossible if we trust in God. We only need to search for a way and never stop looking for it. Do not be afraid to challenge our Catholic colleges and universities: we have the obligation to find the way to make your education possible, because as Catholics we have a moral obligation toward all of you.

My dear friends, think about studying beyond a bachelor's degree. The greatest shortage among Hispanics is at the master's and doctoral levels. In universities we see few or no Hispanic professors because there are no Hispanics with doctorates. Think of a master's degree or a doctorate in sociology, chemistry, etc.; we need Catholic leaders in each subject area that exists. We need you, and we know that it can be done. There are ways. Find them!

Have a great **respect for the body** God gave you. Your bodies are holy; do not allow yourselves to be swept away by the energy and emotions you feel. Rather, use that energy for the good. Do not fall into the temptation of having sexual relations before the right time; do not bring children into the world outside the commitment of holy matrimony.

In closing, follow these three points of advice and you will be the leaders that the Church and the world need today. Do not forget: deepen your faith; study and obtain advanced degrees; and always respect your body. These are three ways of having life and having it in abundance; grasp it for yourselves and share it with others. May the Lord guide you always in your lives, may you allow yourselves to be guided by him, and may you lead many other *jóvenes* on his pathway of love!

# Address of Cardinal Óscar A. Rodríguez Maradiaga

*Archbishop of Tegucigalpa, Honduras*

Saturday, June 10, 2006

Dear brothers and sisters,

You have to look at Hispanic *jóvenes* through the eyes of God. I am conscious of the difficulty of the issue of immigration, and I do not want to oversimplify the facts. It seems easier or at least more appealing, in the short term, to build, administer, preach, or celebrate than to accompany. Our consciences become more at peace that way.

I do not dispute nor minimize the value of preaching and celebrating. I could not do it. But there is no substitute for being face to face—the Cyrenian who helps carry the cross; the experienced traveler who encourages another who is ready to give up along the way, showing that what appears to be a mountain is only a small hill.

This most basic aspect of service is and will be to place in the hands of the Lord those who immigrate; he is the one who carries them in the palms of his hands. It is looking at them with the eyes of God, who cares for them as the apple of his eye. It is loving them with the heart of the Father, who always waits, watching the horizon without making himself known, yet never neglecting to be there. We can see with the same eyes of God.

I want to offer you a triple proposal that implies three attitudes: *respect the freedom of others, accompany with humility, and discover the language of love.*

**Respect freedom** as God does with us. Do not give in to spying or wanting to restrain or tie down, not even with invisible threads. The only permissible tie is that of love, which always liberates.

**Accompany with humility**, placing your experience at the service of others. Love never humiliates another. Much less in our case, in that we are conscious of our limitations, incoherencies, and postponed conversions. God seduces, invites, encourages, stimulates, corrects, and warns. Love never imposes.

To accompany one who has come from afar and has left family and home, is to make oneself vulnerable with the soul of a father and the heart of a mother, who wants to offer the best of their love, knowing that *the best* also has its pitfalls. Never will we be sufficiently mature or generous to measure up to the task at hand.

It is normal for there to be a give and take between parents and children; in a similar way we who welcome immigrants learn much from them: from their authenticity, their inner searching, their delicate conscience, and the greatness of their heart.

Those who welcome immigrants are called to **discover the language of love**—not only in word, but also in gestures. It is obvious. If it is of God, this is the only way because that is his language. It is Jesus placing his hands on the children, looking with intense love at the rich young man, speaking up for the woman caught in adultery, or for the one in the house of Simon. It is Jesus with his arms on the cross, ex-tended between heaven and earth, reconciling this wounded humanity. The one who sees Jesus sees the Father.

It is Jesus who speaks the words of love most hoped for, most innovative, most revealing. He speaks with authority because, with his eyes of love, he is capable of discovering what is inside of each one of us. And that look is always ready for whoever wants to learn to see with the eyes of God.

From that look come well-chosen words, good advice, revealing moments that help a person realize who they are and who they belong to... We can treat one another as brothers and sisters. Yes, this is possible; God has given us the tools.

It is not enough to just listen to the words of those who look for new horizons: we must be attentive to their gestures, their eyes, their hands, their silence... to be able to understand what words do not know how to say and sometimes cannot say. This same attention is reflected in the attitude of the one who receives the immigrant, who invites him, welcomes him, encourages him, and accompanies him. This is the message of Jesus for all of you, today in this Encuentro with him and with Hispanic young people; it is his message for tomorrow and forever.

# Address of Most Rev. Jaime Soto

*Auxiliary Bishop of Orange and Chair of the USCCB Subcommittee*
*on Youth and Young Adults*
Saturday, June 10, 2006

Throughout the process of the Encuentro, we have seen that young people live in a world where moral ambiguity provokes the response of "I don't know," where not being prepared paralyzes them and holds them in the posture of "I can't," and where indifference frequently causes them to declare "I don't care." Let us now analyze these three dimensions of the reality of the young, recognizing that they are a part of the challenging social environment in which many Hispanic young people live.

First is **the ambiguity, the "I don't know."** Ambiguity exists when sight is obscured or confused, and this is the way many people see the world today. Ironically, in an era in which science and technology are so advanced and place so much information at our fingertips, there exists a great deal of uncertainty. In spite of the exorbitant mounds of information inundating us through the Internet, we remain indecisive and confused.

In these recent months, in your dialogues and in our exchanges, you have mentioned the same reality often cited in the media: the lack of academic preparation among so many Latino *jóvenes*. They also speak of the technological gap between Latino *jóvenes* and their peers in what is known as the "digital divide." But it is not only the lack of access to education and the channels of information; in many places the school system denies Latino young people a moral compass that would help them to assimilate the information in a way that builds their humanity and integrity.

This ambiguous mentality is clearly seen in the area of sex education. Many of our school districts only want to speak of sexuality in scientific terms, without a single moral orientation, leaving it up to the young people to decide how to express their sexuality without offering them critical and ethical tools. In this area, the Church has also failed. Many pastors, catechists, and parents have kept quiet with their children and teenagers concerning sexuality, and this silence has left a void that

other cultural influences have taken advantage of in order to distort the meaning of human sexuality, reducing it to a form of recreation according to the preferences of each person.

Next is the notion of **paralysis, the "I can't."** Many *jóvenes* fall into this attitude because they have always heard "You can't," in part as a result of moral ambiguity. People who use this expression do so because they do not know what to do. This is the consequence of not being listened to or consulted, which implies at the same time that the person is only considered to be the object of an action or of a strategy, but not as a protagonist.

**Indifference, the "I don't care,"** is the posture taken by people when ambiguity and paralysis have debilitated their soul. Frequently saying, "I don't know," and "I can't," leads people to not care about anything. "I don't care" is the chant of an anonymous and individualistic society. People opt to be anonymous and focus their attention and energy on a private life.

When faced with ambiguity, love clarifies; when faced with the paralysis of anonymity, love strengthens and renews; and when faced with indifference, love gives of itself. Without love, life is reduced to: "I don't know," "I can't," "I don't care." With love, life becomes "I know," "I can," "I care." Let us look at the person of Jesus, in order for him to show us a love that will take us from ambiguity to a prophetic vision; from anonymity without power to being a royal people; from indifference to a priestly life.

I also want to stress that the presence of the representatives of the Council of Latin American Bishops (CELAM) makes present and tangible the ties of solidarity that should exist among us as brothers and companions in faith, united in the same evangelical mission that has no borders. It is our task to arrive at the unity that comes from living the Eucharist we celebrate each Sunday. The priesthood of Jesus reached its climax when he gave himself up on the cross, the greatest gesture of God's solidarity with humanity. His entire ministry was summed up in his death for his friends, and as Christians we are called to serve as he has done.

Bishop Plácido Rodríguez as chair of the Bishops' Committee on Hispanic Affairs, and I as your servant and chair of the Subcommittee on Youth and Young Adults, take your commitment seriously. In turn, we commit ourselves to send a letter to the boards of directors of *La Red* and of the National Federation for Catholic Youth Ministry, proposing a follow-up to this process. Our following Jesus invites us to take up the call to be prophets of hope, servants of his Kingdom, and priests of the new creation.

The young people of the world and of our Church frequently ask us bishops, "Who is responsible for youth and young adult ministry?"

I hope the dialogues that we have had and those that will follow will motivate you to take on a portion of our shared responsibility for the urgent tasks at hand and say with firmness, courage, and joy, "Here I am, Lord. Here we are together to do your will."

I hope that these thoughts will be like a seed or a spark that will enlighten or ignite your conversations this afternoon. I trust that these small contributions are compensated by the sincere admiration of my brother bishops and your humble servant, for the testimony and the impact of this national process that you have left in us, your pastors, and in the whole Church in the United States. This has been a wonderful accomplishment. May God bless you!

# Homily by Most Rev. Gustavo García-Siller, M.Sp.S.
### *Auxiliary Bishop of Chicago*
Sunday, June 11, 2006

What a joy to be able to conclude in prayer the efforts, the work, the initiative, and the determination of spirit that we have witnessed and achieved during these days after a long journey! This event is of great value to the large number of Latino *jóvenes,* transcending those who worked with their sights set on this National Encuentro for so many months. The climactic moment of this event is the Eucharist because the Eucharist transcends and because the celebration in God, with God, and for God transcends in favor of our brothers and sisters, and in this case, our brothers and sisters who are *jóvenes.*

It is necessary to end this process that we have been involved in for some time, especially in these past few days. We need a conclusion after having analyzed multiple scenarios and having reflected on the presentations, some with much information, others with a deep, wide, or incisive vision. All of this has penetrated our interior, and it is important that we conclude in the triune God.

I invite you to place yourselves before God and to live his presence through the Spirit who, in Jesus, makes us his sons and daughters. We are a large group, but how many more *jóvenes* need to have the experience of God! They need to speak of the experience of God that is presented to us in Deuteronomy, a God that is near and who walks with his people and wants to win them over. It is God who loves us and reveals that love in Christ Jesus; it is God who, by giving us his Holy Spirit, convinces us that we are his sons and daughters.

115

Now, *jóvenes*, if we turn our face to God, that God will take us beyond the boundaries we have imposed on one another. I have just crossed the border and that fence really is a clear sign that we have set limits, and yet our God is a God without limits. God, being three in one, breaks open the borders that are individual, communal, social, political, and economic because God is love. This God who is love can only be experienced in his personal individuality, and this is the invitation that I make to you in concluding the Encuentro on this feast of the Holy Trinity.

To have a relationship with God who is Father, Son, and Holy Spirit, we need to converse with God the Father, the Son, and the Holy Spirit in common and ordinary ways. The presence of God the Father, Son, and Holy Spirit should be something natural in all of us, in the *jóvenes* of this generation and those to follow.

Our God is a God who belongs to every person. God wants to be your Father, our Father. Jesus wants to be your savior and Lord; he wants to be the one who moves you, your whole being, your spirit. The Holy Spirit wants to be the soul of your soul. God the Father, Son, and Holy Spirit is the one who gives us hope.

As we get close to the people who seek God, we are sanctified. All of us, all of you *jóvenes* have had an encounter with God, and that encounter can be with God the Father, with God the Son, and with God the Holy Spirit. It is true that people who already have had an encounter with God tend to associate with people who seek God, and that is what you have all been doing, *jóvenes,* in the name of all the *jóvenes* in the United States: seeking God so that those who come in contact with you may also be sanctified.

To worship the Father is to live a life being like Jesus, imitating Jesus. To worship God is to allow oneself to be moved by the Spirit so that we do not live like slaves and we do not make ourselves slaves to one another or take others as personal property, but rather that we live free in order to love with the Holy Spirit.

These days have been very beautiful and filled with much enthusiasm. These processes will be transcendent, marking history, making an imprint, and opening new horizons for the development of our young people.

This room is teeming with energy to worship God, the one true God who is Father, Son, and Holy Spirit. Let us live the message of God so that others can also come to worship him.

Jesus, with the authority given to him, says: "Go and make disciples of all nations." (Mt 29:19) Get out of the typical circles that surround you, go to all the corners of the earth, and share the Gospel of God.

The way is that of the cross. Only by carrying the cross of each day can we give testimony to the great love of the Father; to the Son who offers himself for the salvation and redemption of the world; and to the Holy Spirit who wants to move humanity until it ignites with the flame of love, until we are all one in Christ Jesus.

This First Encuentro carries that message: "Weaving the future together," to keep creating this vision together. This is only possible if we are prepared to carry our own cross and that of our brother or sister. Through the cross of the other, on which God is hung, we can discover the faces of our sisters and brothers and can, with God, carry the cross and make a difference.

Break open life-giving alternatives for others. This is the time of the *joven* and, as *jóvenes* and with *jóvenes*, you will bring the needed response to the world: showing that God is alive and that he is God the Father, Son, and Holy Spirit, and shouting to the world that God lives among us.

# GLOSSARY OF TERMS

- **Adolescentes:** *youth/teens/adolescents.* Boys and girls between 13 and 17 years old. It is not appropriate to use the term *jóvenes* to define them, unless they are more than 16 years old and participate in groups with *jóvenes* over 18 years old.

- **Animador/a:** not translated. Common concept in Hispanic youth and young adult ministry (*Pastoral Juvenil Hispana*), with no parallel in the practice of youth and young adult ministry in the dominant culture of the United States. It refers to the person who inspires or is the soul of the group or small community, because of the care he/she exercises over them and their members.

- **Asesor de pastoral juvenil:** *adviser of pastoral juvenil.* Given that it is the young people themselves who exercise leadership in Hispanic young adult ministry, the adults accompany them as advisers. The advisers must have the ability to inspire the *jóvenes* to be leaders and must have sufficient pastoral experience to support and guide them, especially in the early stages of the community, in times of transition, and moments of crisis.

- **Dinámica:** not translated. A common practice in *Pastoral Juvenil Hispana* that consists of engaging the young people in a lively process or activity with a gospel message.

- **Grupo de adolescents:** *youth group.* Group composed only of adolescents, younger than 18 years old.

- **Grupo de jóvenes:** not translated. Group composed only of single young adults, from 18 to 30 years old.

- **Grupo juvenil (parroquial):** not translated, or *youth and young adult group.* A group composed of adolescents and single young adults together, or the equivalent of a *youth group* or *grupo de jóvenes,* if the context is clear.

- **Pastoral con adolescentes hispanos:** *ministry with Hispanic adolescents.* This phrase refers to ministry with Hispanic adolescents, between 13 and 17 years old, whether conducted in English, Spanish, or bilingually, and whether the adolescents are in school or not. Because the adolescents are under 18 years old, they need to be accompanied by adult leaders who supervise their meetings and activities.

- **Pastoral de jóvenes:** not translated, or *Hispanic young adult ministry.* This ministry is "of" the *jóvenes* because those who carry it out are mostly *jóvenes* between 18 and 30 years old, supporting one another and fulfilling their baptismal mission in the Church and in the world as a peer group. Older adolescents may participate with the permission of their parents and the pastor, taking into account the local guidelines for maintaining safe environments in ministry with adolescents. Generally these *jóvenes* are single and, because they are over 18 years of age, do not require the supervision of an adult in their meetings and activities. Nevertheless, the leaders should be in constant communication with an adult adviser, such as the pastor, the director of religious education, or a certified adviser for *Pastoral Juvenil Hispana.*

- **Pastoral juvenil hispana:** not translated. If necessary, this phrase can be translated as *Hispanic youth and young adult ministry* when referring to joint efforts between ministry with Hispanic adolescents and Hispanic young adult ministry, including the work of apostolic movements related to Hispanic young people.

- **Jóvenes:** not translated. When using the term for the first time in a document, it should be explained that it refers to single Hispanic youth and young adults, from 16 to 30 years old.

- **Director/coordinator of youth ministry:** *director/coordinador de youth ministry* or *director/coordinador de pastoral con adolescentes*. It must be clarified that this title refers to the adult responsible for pastoral programs for adolescents in the diocese, parish, or school.

- **Youth/teens/adolescents:** *adolescentes*. It is not appropriate to use the term *jóvenes* to define them, unless they are more than 16 years old and participate in groups with *jóvenes* over 18 years old. The phrase *estudiantes de preparatoria* (high school students) may be used if the context is clearly talking about students, but since many adolescents do not finish high school, this is not an acceptable term to describe the age group in general.

- **Youth ministry:** not translated. If necessary, use *pastoral con adolescentes*. It would be a mistake to translate "youth ministry" as *pastoral juvenil* because it connotes a different kind of ministry in Spanish. Whether translated or not, it should be made clear that the term generally refers to parish or campus ministry with adolescents of high school or junior high age under the direction of an adult youth minister.

- **Youth ministry leaders:** *líderes en youth ministry* or *líderes en la pastoral con adolescentes*. This term refers to the adults and adolescents who serve as members of a team of volunteers for ministry with adolescents with regard to the planning, coordination, and implementation of programs, events, and activities for the adolescents in a parish or school.

- **Young adults:** not translated, or *jóvenes*. When using the term for the first time in a document, it should be explained that it refers to young people ages 18 to 39, whether they are single, married, or with children.

- **Young adult ministry:** not translated. If necessary, use *pastoral juvenil*. It must be clarified that this phrase refers to U.S.-style young adult ministry, which means that it generally attends to college-educated Catholics from 18 to 39 years old, in parishes, dioceses, and universities, whether they are single, married, or with children.

# NOTES
# REGARDING MY CHRISTIAN
# SPIRITUALITY

# NOTES
# REGARDING MY VOCATION
# AND LIFE PROJECT

# BIBLICAL PASSAGES THAT ENCOURAGE ME AND ILLUMINATE MY LIFE

# TEACHINGS OF THE CHURCH THAT MOTIVATE ME IN A SPECIAL WAY

# NOTES
# REGARDING MY MISSION
# IN PASTORAL JUVENIL

AUTOGRAPHS
OF MY FRIENDS
IN PASTORAL JUVENIL

# MESSAGES FROM MY ADVISERS AND SPIRITUAL GUIDES

# THOUGHTS FOR
# THE NEXT ENCUENTRO

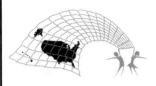

# PRAYERS THAT COME FROM THE HEART